13/01/2022
29/01/2022

W0371229

TOUT EST MÉDITATION

DU MÊME AUTEUR
CHEZ GUY TRÉDANIEL ÉDITEUR

Métahumain, 2020.

Le Jeu des sept lois spirituelles du succès, avec Marc Kucharz, 2019.

Une brassée de miracles, avec Bernie Siegel, 2018.

Ayurvéda : Le guide de référence, avec Sahara Rose Ketabi, 2018.

Développez vos facultés d'autoguérison, avec Rudolph E. Tanzi, 2018.

Le Pouvoir de l'Univers est en vous, avec Menas Kafatos, 2017.

Beauté du corps, beauté de l'esprit, avec Kimberly Snyder, 2017.

Être soi dans l'instant présent, avec Eckhart Tolle, 2016.

Le Fabuleux pouvoir de vos gènes, avec Rudolph E. Tanzi, 2016.

Les Cartes de la pensée positive, 2014.

Le Fabuleux pouvoir de votre cerveau, avec Rudolph E. Tanzi, 2013.

Les 7 lois spirituelles pour faciliter l'éveil de la conscience, 2012.

Les 7 lois spirituelles des super-héros, 2012.

L'Oracle de la Kabbale, 2011.

Jésus : Histoire d'une illumination, 2010.

Se libérer des dépendances, avec David Simon, 2008.

Bouddha : Histoire d'une illumination, 2008.

La Vie après la mort, 2007.

Pouvoir, liberté et grâce, 2007.

Les Sept lois spirituelles du succès, 2007.

Osons la paix, 2006.

Le Livre des secrets, 2005.

Auteur best-seller du *New York Times*
Deepak Chopra

TOUT EST MÉDITATION

PRATIQUES MÉDITATIVES POUR VIVRE EN CONSCIENCE

Guy Trédaniel éditeur
19, rue Saint-Séverin
75005 Paris

Titre original anglais : *Total Meditation.*

Publié pour la première fois par Harmony Books,
Penguin Random House.
© 2020, Deepak Chopra.
© 2021, Guy Trédaniel éditeur, pour la traduction française.

Traduit de l'anglais par Olivier Vinet.

ISBN : 978-2-8132-2402-6

Aucune partie de cette publication ne peut être reproduite, stockée dans un système de récupération ou transmise sous quelque forme que ce soit ou par quelque moyen que ce soit, électronique, mécanique, photocopie, enregistrement ou autre, sans l'autorisation écrite préalable de l'éditeur.

www.editions-tredaniel.com
info@guytredaniel.fr
www.facebook.com/editions.tredaniel
@editions_tredaniel

13/01/2022

À toutes celles et tous ceux
qui créent un monde plus conscient.

SOMMAIRE

ENRICHISSEZ VOTRE PRATIQUE

INTRODUCTION

Un appel à s'éveiller

Chère lectrice, cher lecteur,

Il existe une multitude de bonnes raisons de méditer, raisons qui remontent à des milliers d'années. Toutefois, ce livre n'a pas été écrit dans l'idée de se plonger dans le passé, mais dans l'avenir. Je vous parlerai dans cet ouvrage de l'importance de mener une vie consciente, c'est-à-dire d'être dans la lumière, de trouver la grâce et de se libérer de la souffrance. Car c'est ainsi que vous pourrez incarner le bonheur véritable. Et la méditation de la complétude est la clé qui permet d'accéder à tout cela.

Si je peux vous convaincre qu'il vous est possible de vivre ainsi, ce qui vous attend est littéralement inimaginable. Les choses qui vous arriveront aujourd'hui, demain et pour le restant de vos jours, ne relèveront plus de schémas prévisibles. Chaque journée sera synonyme de nouveauté et de créativité, à condition que vous n'entraviez pas la marche du bonheur.

Mais d'abord, nous devons nous poser la question la plus fondamentale qui soit. Qu'est-ce qui rend une personne vraiment heureuse : l'amour, une vie de famille posée, la réussite professionnelle, etc. ? Il y a probablement autant de réponses que de personnes dans le monde. Mais au-delà des directions que nous avons l'habitude de prendre pour trouver le bonheur, la situation évolue. Quelque chose de nouveau, d'urgent et de palpitant est en train de se produire. Mais vous ne pourrez prendre part à ce changement qu'en explorant en profondeur votre vie quotidienne.

Tout un chacun construit son bonheur autour d'un mode de vie. Jour après jour, nous faisons individuellement des choix en fonction de nos préférences. Par exemple, pour le dîner, voulez-vous manger chinois ? Peut-être, peut-être pas. Ou alors, avez-vous vérifié vos e-mails ? Pas encore, mais cela viendra. Au cœur de ces choix anodins du quotidien se trouve quelque chose de plus important : les décisions majeures que nous avons prises en rapport avec notre mode de vie. Ce n'est que dans les dernières décennies que la société a commencé à s'intéresser au fait que le bien-être de l'individu dépend essentiellement de son mode de vie.

Vous êtes libre de choisir un mode de vie médiocre tournant autour du tabagisme, de l'alcoolisme, de l'absence d'exercice physique et d'une alimentation riche en produits transformés. Mais avez-vous vraiment envie de vivre ainsi ? De nos jours, on dispose de suffisamment d'informations pour éviter d'avoir à faire ces choix inconsidérés. Il est donc possible de faire des choix plus conscients, portant sur des aliments purs et sur l'importance de mettre son corps en mouvement de manière bénéfique et de respecter l'environnement. On pourrait même se demander : « Quel est LE mode de vie le plus élevé ? » Cette question peut être profondément transformatrice et si elle est prise au sérieux, elle modifiera fondamentalement le sens que l'on donne au bonheur.

De plus en plus de personnes font des choix bénéfiques en matière de mode de vie et décident de bien s'alimenter, de faire de l'exercice physique, de ne pas fumer, etc. Mais elles n'ont pas encore découvert le mode de vie le plus élevé qui soit. Ne vous en voulez pas. La société laïque moderne est organisée autour de tendances dominantes qui sont contraires à un bien-être durable, authentique. Presque personne n'est épargné par l'anxiété. Voici quelques-unes des tendances qui engendrent toujours plus de stress chez l'individu et qui compliquent les choses :

- un rythme de vie de plus en plus rapide ;
- un déluge de distractions, notamment Internet et les jeux vidéo ;
- de plus en plus de personnes vieillissantes et atteintes de démence ;
- un consumérisme effréné qui se répand dans d'autres pays ;
- une fragilisation et un éclatement des familles traditionnelles ;
- une épidémie d'angoisse et de dépression ;
- des problèmes mondiaux, tels que le changement climatique, le terrorisme et l'exil des réfugiés ;
- un effondrement de la confiance dans les institutions publiques et la politique ;
- le fossé qui se creuse entre les riches et les pauvres.

Ces difficultés persistent et se propagent. Chaque jour, on en entend parler ou on en fait l'expérience directe. Des problèmes aussi considérables sont inéluctables et l'individu, malgré toute sa bienveillance, sera incapable de les résoudre. Chaque problème, pris séparément sur cette liste, suffit à vous submerger si vous creusez la question en profondeur. Que ce soit l'épidémie de malaria en Afrique, la toxicomanie dans certaines régions sinistrées, le suicide chez les anciens combattants ou la maladie d'Alzheimer qui menace la génération du baby-boom, vous pouvez consacrer toutes vos journées à tenter de résoudre l'une ou l'autre de ces crises majeures. Certaines personnes se sont attelées à la tâche et s'il est vrai que l'on fait de grands progrès, il n'en demeure pas moins que la majorité de nos problèmes de longue date perdure.

Mais pour le commun des mortels, ces menaces constituent un chaos de fond qui n'a de cesse de les troubler. On aura beau faire l'autruche, ces problèmes nous rattraperont toujours. Même si l'on a une alimentation parfaite et si l'on fait de l'exercice physique, de la méditation et du yoga, on n'a pas la solution.

En ayant tout cela à l'esprit, j'ai entrepris de trouver le meilleur mode de vie assurant le bien-être de l'individu malgré le chaos du monde moderne. Le mode de vie idéal peut être décrit très simplement : il faut s'éveiller. Ou, en d'autres termes, être conscient de tout ce qui nous entoure. S'éveiller, c'est s'engager à sortir des sentiers battus et à aller au-delà des croyances et opinions que nous tenons tous des autres, des attentes auxquelles nous nous accrochons et des désirs de l'ego. S'éveiller, c'est accéder à une conscience supérieure, autrement dit, plus profonde. Il ne s'agit pas d'un objectif distant, mais d'une réalité que l'on peut vivre au quotidien, en commençant ici et maintenant.

Les gens ne se rendent toujours pas compte de la prépondérance de la conscience. Être conscient, c'est remarquer quelque chose que l'on n'avait pas encore vu. C'est ne plus porter son attention sur quelque chose que l'on tenait pour vrai, mais sur quelque chose d'inattendu. Ce que vous faites de cette prise de conscience change littéralement tous les aspects de votre vie. Par exemple, quand on prend conscience qu'il commence à faire trop chaud dans la pièce où l'on se trouve, on baisse le thermostat. Ou alors, on se rend compte qu'une amie appelle moins souvent que d'habitude et on décide de lui téléphoner pour prendre de ses nouvelles. Ces exemples simples ont pour but d'illustrer un fait essentiel : rien ne peut changer dans la vie tant qu'il n'y a pas eu de prise de conscience. À première vue, cela paraît évident ; pourtant, il a derrière ce principe une profondeur, une force et une ouverture sur de nouvelles possibilités que l'on comprend rarement.

Notre mental fige la réalité. Mais s'il est vraiment ouvert et s'il demeure sans confusion ni conflit, la réalité sera perçue sous forme d'un infini champ des possibles. Si cela paraît exagéré, sachez que tel n'est pas le cas : nous avons tout simplement appris à nous satisfaire d'attentes extrêmement limitées. Nous sommes piégés dans un niveau de conscience qui alimente le chaos et la confusion, quand bien même nous estimons que les choses vont bien dans notre vie. Au fil des années, à mesure que nos mauvaises habitudes sur le plan physique, mental, psychologique et spirituel ont pris racine, nous nous sommes enfermés. Les murs que nous avons érigés autour de nous sont invisibles, car ils sont le produit du mental, mais ils n'en demeurent pas moins solides et parfois indestructibles.

Pour illustrer cela, imaginons qu'un inconnu, capable d'observer la nature humaine avec lucidité, vous ait suivi aujourd'hui. Il ne constitue en rien une menace, mais il sait lire dans vos pensées. Voici à quoi pourraient ressembler ses notes :

7 h 30 : au réveil, le sujet s'est mis à penser et à planifier. Activité mentale à 90 % identique à la veille.

8 h 30 : conversation autour du petit déjeuner. Échanges habituels. Le sujet part travailler, activité mentale neutre.

9 h : le sujet arrive au travail. Activité mentale habituelle. Le sujet espère que cette journée sera plus intéressante que la veille.

11 h : le sujet est plongé dans son travail, il commence à ressentir un peu de stress lié à ses collègues, son patron et son environnement.

Midi : le sujet est content de partir manger. Activité mentale détendue, anticipation d'un moment agréable.

14 h : les sensations plaisantes liées au déjeuner ont disparu. Le sujet se remet au travail. Activité mentale à 80 % identique à n'importe quelle journée de travail.

Et ainsi de suite. Si on lui demandait des détails, notre observateur clairvoyant décrirait la fréquence à laquelle vous répétez les mêmes mots et pensées, vous échangez les mêmes opinions, vous évitez les mêmes désagréments et ainsi de suite, en fonction d'un ensemble de schémas figés dont vous ne déviez que très peu. Seul un observateur clairvoyant serait capable de repérer ces schémas figés, car globalement nous-mêmes ne les remarquons pas. Et malheureusement, une très grande partie de notre journée est consacrée à des tâches routinières, répétitives, habituelles et automatiques.

Est-ce vraiment de cela dont vous avez envie ?

CE QUE VOUS DEVEZ FAIRE

Le processus de prise de conscience et d'identification de nos schémas, dans le but d'agir différemment dans la vie, doit être continu. Cela doit devenir un mode de vie, car il y a énormément de comportements inconscients dans l'existence de tout un chacun, même quand, en apparence, tout semble bien aller.

Au fil des années, j'ai été stupéfait de voir que les gens ne s'intéressent pas vraiment à leur état de conscience. Mais j'ai compris pourquoi. Que nous le sachions ou non, nous sommes tous fascinés par notre activité mentale, c'est-à-dire par le flot constant de désirs, de peurs, de souhaits, d'espoirs, de rêves, de projets, d'attentes et, pour les plus chanceux, de prises de conscience, d'intuitions et d'idées créatives. En d'autres termes, nous nous laissons séduire par nos pensées, qui savent nous attirer, nous distraire et sont parfois dangereuses. En comparaison, la conscience est calme et silencieuse. Elle n'engendre pas le même type de pensée que la plupart d'entre nous entretiennent au quotidien. On ne peut l'observer en mouvement ou s'agripper à sa prochaine activité. Étant uniforme et constante, la conscience est considérée par tout un chacun comme allant de soi. Par voie de conséquence, nous sommes peu attentifs à elle, ce qui crée un cercle vicieux : moins nous sommes conscients, moins nous faisons appel à notre pouvoir de création de notre réalité personnelle.

Par le passé, les gens avaient besoin de tellement d'aide pour simplement survivre qu'ils se servaient de la conscience comme d'un gilet de sauvetage dans une mer déchaînée. La douleur et la souffrance étaient la norme ; manger à sa faim était un combat quotidien ; et la probabilité d'être victime de la maladie, d'un accident ou de violences était extrêmement élevée. C'est dans ce contexte qu'on a assisté à l'essor de traditions spirituelles telles que le védisme, le bouddhisme, le christianisme et l'islam. Le fait est que la vie de tous les jours était tellement remplie de menaces provenant de toutes parts que les prêtres, les gurus, les saints, les sages et les avatars disposaient d'ores et déjà d'un public désirant ardemment transcender son existence dangereuse.

Aujourd'hui, le besoin d'échapper aux dangers du monde se faisant beaucoup moins ressentir, la motivation est bien moindre, bien que le désir de transcendance ait subsisté. Les pratiques spirituelles les plus basiques sont devenues optionnelles ; nous pouvons choisir parmi une abondante sélection, comme on choisirait son plat sur une carte dans un restaurant. Souvent, les gens prient ou méditent pour *échapper* aux soucis de la vie terrestre et accéder à quelque chose de « supérieur ». Mais j'ai été frappé par un commentaire du célèbre moine bouddhiste vietnamien, Thích Nhất Hạnh : « La méditation n'est pas une évasion, mais une rencontre sereine avec la réalité. » C'est ce que les gens doivent entendre à notre époque. Ils ont besoin d'une motivation qui fasse que la méditation soit plus qu'un simple choix sur une carte.

Pour faire en sorte que chacun adopte une vie consciente, il faut passer à la vitesse supérieure d'une manière que beaucoup considéreraient comme drastique, comme le comprend bien Thích Nhất Hạnh.

> « Nous sommes très actifs, nous allons à une cadence infernale, la situation est difficile et beaucoup

> disent : “Ne restez pas là à ne rien faire, agissez.” Mais si l’on accomplit encore plus de choses, la situation ne fait qu’empirer. En fait, on devrait dire : “Arrêtez d’agir, restez là à ne rien faire.” Restez au calme, arrêtez-vous, soyez d’abord vous-même, puis les choses commenceront à se mettre en place. »

Cette phrase de Thích Nhất Hạnh étant belle et simple, j’ai eu envie d’écrire aussi simplement que possible dans ce livre, en m’adressant à vous de manière informelle, de vous à moi. Et je vous demande à vous aussi qui lisez ce livre d’adopter la même attitude et de considérer qu’il vous est adressé personnellement, car c’est la vérité. J’y explique qu’il existe bel et bien un mode de vie idéal. C’est le mode de vie conscient. Rien de ce qui est bon pour vous dans votre vie actuelle ne doit être sacrifié. Au contraire, la conscience embellira encore plus votre vie. L’enjeu véritable est de prendre la décision de s’éveiller, ici et maintenant. C’est la première étape vers un avenir porteur, au lieu de demeurer dans un présent qui menace d’avoir raison de nous. Ce qui s’applique à la méditation s’applique également la transformation : *restez au calme, arrêtez-vous, soyez d’abord vous-même.*

Avec tout mon soutien,
Deepak

LA MÉDITATION DE LA COMPLÉTUDE :

Une voie nouvelle et plus efficace

1

Pourquoi affirmer que « tout » est méditation ?

Si l'on me demandait quoi attendre de la méditation, je répondrais : « Tout est possible. » La méditation implique une transformation. Elle affecte le moindre aspect de votre bien-être et peut engendrer des changements positifs dans votre corps, influencer votre perception mentale, accroître votre aptitude à la prise de décision, et éliminer l'inquiétude et l'anxiété. Il existe de multiples techniques de méditation, qui peuvent vous emmener dans de nombreuses directions différentes, mais au fond, leur but commun est de répondre à une question délicate : l'existence peut-elle s'autogérer ? Si la réponse est non, alors toutes les difficultés et les frustrations qui font partie du quotidien sont justifiées. Nous croyons que, hormis nous-mêmes, rien ni personne ne va s'occuper de nous. C'est pourquoi nous sommes soumis à un tel stress.

Mais si la réponse est oui, c'est une nouvelle vie qui attend tout un chacun. L'idée selon laquelle on puisse être comblé par le seul fait d'exister, c'est-à-dire d'être simplement là, ici et maintenant, semble rebutante, voire étrange. Pourtant, elle n'a rien de singulier pour votre corps. Par nature, les cellules de votre corps fonctionnent sans aucun effort. De même, vos tissus et organes sont naturellement autonomes. En moyenne, au cours d'une vie, le cœur bat 1 milliard de fois, perspective qui déconcerte le mental, en particulier si l'on considère que le cœur est une machine qui doit continuellement pomper du sang sans droit à l'erreur. Aucun ordinateur ne peut être allumé et aucun avion ne peut décoller 1 milliard de fois sans courir le risque, voire être certain que survienne une panne mécanique. Mais dans la trame de la vie, le cœur, à condition, bien sûr, qu'il soit en bonne santé, accomplit son travail sans faire aucun effort. En moyenne, notre cœur bat entre 60 et 100 fois par minute. Ce qui est fascinant quand on y réfléchit vraiment. Mais prenons maintenant le cas d'une musaraigne, dont le cœur bat 1 000 fois par minute ou d'un colibri, dont le cœur peut atteindre 1 250 battements à la minute. Et ce qui est incroyable, c'est que leurs cœurs fonctionnent là encore sans fournir d'effort.

Le cœur, s'il est extraordinaire, n'est nullement une exception. Chez un individu normal en bonne santé, la communauté des organes, composée de la peau, du cœur, des poumons, du foie, du cerveau, etc., demeure en équilibre et en harmonie là encore sans qu'il y ait d'effort à fournir. Néanmoins, dans nos activités quotidiennes, il est rare que nous-mêmes soyons dans l'harmonie naturelle, soit intérieurement, soit dans nos relations avec les autres. Les guerres et les violences conjugales ont la même origine : la dysharmonie. Nos inquiétudes sont elles aussi un symptôme de la dysharmonie et la dépression, si elle survient, peut enlever toute volonté d'aller de l'avant. Penser que l'existence se suffit à elle-même semble absurde. Nous pouvons toutefois faire l'expérience de l'équanimité, par moments ou sur une période plus longue, ce qui pourra créer l'harmonie entre le corps, le mental et l'esprit. Ces moments de paix suggèrent que quelque chose de plus durable peut être atteint. C'est pourquoi la méditation est un cheminement et non simplement une pause, un moment de calme dans notre emploi du temps quotidien.

Si l'on arrive à vivre en sachant que l'existence peut vraiment s'autogérer au niveau de l'individu, un élément radicalement nouveau peut être ajouté à la vie moderne. Nous pouvons vivre dans un monde dans lequel il n'existe pas d'ennemi intérieur, tel que la peur ou la colère, qui agite le mental et échappe à notre contrôle. Les souvenirs douloureux et les sentiments inacceptables ne seront plus repoussés dans les recoins secrets de l'inconscient. Nous serons tirés d'un état de sommeil virtuel qui se traduit par une monotonie et une inertie mentales (si vous pensez que nous ne vivons pas dans un état de sommeil virtuel, regardez simplement le visage dénué d'expression des personnes rivées à leur smartphone ou en train d'attendre dans un aéroport). Quand on est sorti de sa torpeur, la vie est énergique et pleinement consciente, et les ennemis qui sont si souvent le produit de notre inconscience disparaissent.

LA MÉDITATION EST ABSOLUMENT UNIQUE

La méditation entraîne une transformation personnelle une fois qu'on se lance dans cette aventure. La première étape consiste à réaliser que la conscience, sous une forme ou une autre, est toujours présente. La nature véritable du mental n'est pas la pensée (en essence, le jugement), mais la conscience. En arrière-plan de tout ce que vous faites, votre cœur bat sans cesse. En arrière-plan de tout ce que vous pensez, la conscience observe continuellement. Dans les deux cas, nous considérons que cela va de soi, mais cela ne retire rien à leur mystère et à leur puissance. Toute une carrière passée à faire de la recherche en cardiologie peut ne permettre à un scientifique que de se rapprocher quelque peu de la compréhension des complexités cachées d'une seule cellule cardiaque (on a récemment découvert, à la grande surprise de tous, que le cœur contient douze récepteurs gustatifs du même type que ceux que l'on trouve généralement dans la bouche, récepteurs essentiellement sensibles au goût amer ; aucune explication raisonnable n'a encore été trouvée, mais après tout, nous ne savons même pas comment le cœur et l'appareil circulatoire réussissent à maintenir la même pression artérielle dans nos orteils et dans notre tête, en dépit de l'influence de la gravité).

Depuis des millénaires, on tente de percer les secrets du mental humain. Pourtant, il n'existe aucun consensus permettant d'expliquer la conscience et la capacité à être conscient de soi et du monde qui nous entoure. Il n'y a pas d'autre choix que de plonger dans notre propre conscience, ce qui est le commencement de la méditation. Cette dernière est pratiquement la seule entreprise humaine d'exploration du mental en l'absence de pensée. Tout le reste, que ce soit en philosophie, en psychologie ou dans tout autre domaine d'études, traite des pensées. Or la conscience précède la pensée. Mais dans la vie moderne, nous avons tellement inversé les choses que la vie de tout un chacun se construit à partir de l'activité mentale, alors qu'on n'a pas la moindre idée de l'origine des pensées. Certes, le cerveau joue un rôle dans ce processus, mais il ne détient pas la clé de toute l'explication. Bien que nous ayons grandement progressé dans la compréhension du 1,5 kg de masse grise qu'abrite notre crâne, rien n'indique dans un neurone que ce dernier traite des pensées, des sentiments et des sensations. Il existe des cas médicaux incroyables dans lesquels le cortex cérébral d'un individu, c'est-à-dire la fine couche à l'extérieur du cerveau qui est responsable de la pensée raffinée, a été radicalement comprimé par la pression exercée par le liquide céphalorachidien (on parle d'hydrocéphalie) dès la petite enfance. Pourtant, la personne a grandi sans qu'il y ait de signe visible, pour elle-même ou pour autrui, de dysfonctionnement de l'activité mentale. Encore plus rare, une excroissance bénigne peut occuper la moitié de l'espace crânien ou plus, sans que la personne semble mentalement affectée.

On pense que l'on s'en sort assez bien alors que l'on ignore tout de l'origine des pensées, mais tel n'est pas vraiment le cas. Au cours d'une conférence TED fascinante réalisée en avril 2019, un physicien israélo-britannique, David Deutsch, a fait remarquer qu'à travers l'histoire, l'univers a toujours été considéré comme une zone de guerre. Dans les sociétés anciennes, on parlait de guerre entre le bien et le mal, qui s'est intériorisée sous la forme d'envies bonnes et mauvaises s'affrontant à l'intérieur de nous. Aujourd'hui, la science a délaissé cette mythologie du passé, mais a gardé la notion de guerre, opposant ordre et chaos. Si cette analogie paraît abstraite, elle s'humanise quand on parle de la crise actuelle liée au changement climatique, où s'opposent deux perspectives : celle d'une terre stérile et celle d'une planète durable.

Mais ce ne sont là que des modèles mentaux, qui persistent depuis tellement longtemps, d'après le physicien, que nous sommes victimes d'une « monotonie cosmique ». Bien malgré elle, la science s'inscrit dans le prolongement de l'Ancien Testament, dans lequel il est dit : « Il n'y a rien de nouveau sous le soleil. » Quelle solution peut-on trouver ? D'après David Deutsch, les êtres humains sont les seuls à être capables d'apporter de la nouveauté dans l'existence, ce que nous faisons en renouvelant et en approfondissant notre compréhension des choses. Ainsi, quand nous devenons conscients, le cosmos en fait de même. Toujours selon le physicien, le réveil a déjà sonné, après des milliards d'années de monotonie.

Il est très audacieux d'arguer que les êtres humains peuvent éveiller l'univers. Mais nous avons là un physicien, c'est-à-dire une personne qui gère principalement des équations mathématiques, qui place la conscience au cœur même du processus créatif. Cela s'inscrit dans le prolongement d'une idée célèbre avancée dans les années 1950 par un physicien américain réputé, John Archibald Wheeler, qui a été le premier à affirmer que nous vivions dans un univers « participatif ». En d'autres termes, tout ce que nous considérons comme réel à l'extérieur dépend de nos croyances, perceptions, observations, interprétations et attentes intérieures.

Laissant de côté les implications cosmiques de cette vision des choses, les êtres humains créent sans nul doute une réalité individuelle. Ce que vous créez à partir de la « matière » brute qu'est la conscience est unique. Par conséquent, il tombe sous le sens d'explorer le fonctionnement de la conscience. Il existe des règles et des principes qu'il convient de connaître, dont les implications sont cruciales sur notre vie à tous.

LES PRINCIPES DE LA CONSCIENCE

La conscience est éveillée et lucide.

La conscience transcende les barrières du mental et du corps, de la matière et de l'esprit.

La conscience est créative.

Une fois qu'elle a créé quelque chose, la conscience en maintient l'équilibre.

La conscience est dynamique ; elle fait appel à l'énergie pour agir et changer.

La conscience est complète ; dans l'existence, chaque chose en est empreinte de manière égale.

La conscience est autonome ; elle supervise les systèmes et structures ordonnés.

La conscience est harmonieuse ; à tous les niveaux, la nature fait partie du tout. Le moindre aspect contribue à la grande fresque cosmique.

Ces principes paraissent abstraits, mais à votre insu, ils régissent tout ce que vous pensez, dites et faites. Si vous arrivez à formuler vos pensées de manière intelligible, contrairement à un schizophrène qui ne pourra que baragouiner, c'est parce que votre discours est ordonné, organisé et régulé. Un souvenir, par exemple celui de la fête de vos 6 ans, doit être récupéré dans diverses aires cérébrales éparpillées, dans lesquelles chaque souvenir est stocké par fragments. Ce n'est que grâce à une structuration quasi instantanée que vous pouvez obtenir un souvenir cohérent. Quand vous faites remonter un souvenir, vous reconstituez un véritable puzzle mental dans la conscience. De même, vous reconnaissez les visages grâce à la coordination entre plusieurs aires cérébrales. Et à un niveau encore plus fondamental, vous percevez une multitude de couleurs grâce à un processus complexe qui produit consciemment plus de 2 millions de nuances de couleurs reconnaissables, à partir du rouge, du bleu et du vert, les trois seules longueurs d'onde lumineuses auxquelles votre rétine réagit.

Tout ceci se déroule sans même qu'on ait à l'esprit les différents principes de la conscience. Il existe plus de 100 000 protéines qui construisent votre corps, voire peut-être 1 million. Pourtant, chacune est distincte. Chacune accomplit un travail spécifique avec précision, en faisant fi des milliers d'autres protéines, telles que des particules de poussière aléatoires, et chacune a mystérieusement acquis la connaissance de ce qu'elle doit faire, sans que l'esprit humain y comprenne quoi que ce soit.

En quoi tout ceci est-il important en rapport à la méditation ? La compréhension directe du fonctionnement de la conscience vous sera extrêmement bénéfique. Elle permettra que votre réveil soit unique. Devenir conscient, ce n'est pas penser, de même qu'être vif d'esprit, ce n'est pas être dans la confusion et être intelligent, ce n'est pas être lent d'esprit. S'éveiller, c'est apprendre le fonctionnement de la conscience, puis appliquer ses principes. Nul autre savoir n'est comparable et n'est plus précieux.

Les religions, traditions spirituelles et écoles de sagesse du monde entier sont la somme d'une montagne de textes et d'enseignements. Mais la conscience ne demande que peu de chose. Être conscient est un état simple. Un bébé âgé d'un jour regarde autour de lui sans y comprendre quoi que ce soit ; néanmoins, il est conscient. Bien qu'ignorant encore tout de sa propre vie, un nouveau-né est prêt à appréhender tout ce qui va lui arriver. De plus, nombreux sont les bébés qui ont un sourire irrésistible sur leur visage. Ils connaissent la joie, sans savoir de quoi il s'agit.

Mais surtout, en étant conscient, vous vous alignez sur l'élan créateur de la nature. Si la méditation n'est qu'une question de conscience, ce que nous pouvons accomplir est virtuellement illimité.

LA MÉDITATION DE LA COMPLÉTUDE

Le type de méditation que je préconise dans cet ouvrage s'appelle *la méditation de la complétude*, parce qu'elle englobe tous les principes de la conscience qu'il convient de comprendre et d'incarner. Les autres formes de méditation qui sont typiquement enseignées dans toutes les écoles ou traditions diffèrent. Car il s'agit de méditations occasionnelles, pratiquées à une certaine heure de la journée, en utilisant une technique spécifique, avant de continuer sa journée comme d'habitude. Ce genre d'approche est similaire à l'apprentissage du piano ou du tennis : on espère que plus on pratiquera, meilleur on deviendra. Si la méditation occasionnelle a des bienfaits (par exemple, elle peut vous calmer et diminuer temporairement votre fréquence cardiaque), elle n'en reste pas moins sérieusement limitée. En effet, les quelques minutes par jour consacrées à la méditation ne peuvent en rien aider à surmonter l'enchaînement débordant des expériences en dehors de la méditation.

La fugacité de la méditation occasionnelle n'entache nullement ce processus ; en effet, énormément de recherches valident cette pratique. La méditation ne saurait être mise en cause si l'on cherche à comprendre pourquoi on perd la bataille de la transformation de la vie moderne telle qu'elle a été conçue il y a des siècles de cela, en opposition à la tranquillité relative des individus qui passaient leur temps dans les fermes, les temples et en famille. Mais même à l'époque, on avait pris conscience que l'immersion totale dans la méditation était la réponse ultime à la souffrance, ainsi que la voie conduisant à la liberté. La vie indienne traditionnelle était divisée en quatre phases, ou *âshramas*, et la dernière, qui intervenait à la fin de l'âge mûr, était une forme de double retraite : d'une part, la personne cessait de travailler et d'avoir des obligations familiales, et d'autre part, elle s'isolait pour se replier sur elle-même et méditer.

L'immersion totale était également un choix que faisaient les rares personnes qui étaient naturellement des renonçantes, et qui aspiraient à une existence intérieure en lieu et place d'une vie familiale et professionnelle. Mais aucun de ces modèles ne correspond à la vie moderne, ni à notre penchant récent pour la spiritualité personnelle et à la quête que cela a suscitée chez beaucoup. Dans ce livre, je voudrais aller encore plus loin en vous proposant une forme d'immersion totale qui n'est ni traditionnelle ni «spirituelle» au sens religieux du terme (et qui ne vous oblige pas à renoncer à votre emploi). Comme je viens de l'exposer, la méditation de la complétude propose une exploration des mécanismes de la conscience, dans le but d'appliquer ces principes dans votre vie.

Pour la vaste majorité de personnes qui s'essayent à la méditation occasionnelle, il est bon de savoir que cette pratique donne un aperçu de la méditation de la complétude, un aperçu du silence. Cela peut sans nul doute s'avérer révélateur, car la plupart des gens n'ont pas vécu d'expérience durable de «paix du mental». Et même si ces personnes savent à quoi ressemble cette sérénité intérieure, elles ne peuvent y faire appel à volonté. Bien qu'il soit particulièrement agréable d'accéder à la paix et au calme intérieurs pendant la méditation, dès qu'on ouvre les yeux, que fait le mental ? Il reprend sa vie telle qu'il la connaît, enchaînement continuel d'inquiétudes, de désirs, d'exigences, de devoirs, de souhaits, d'espoirs et de peurs. Il n'empêche que la méditation occasionnelle, bien que limitée, peut créer le calme et constitue à ce titre une première étape vers la transformation globale.

Au début des années 1980, j'ai commencé à méditer, ce qui a marqué un tournant dans ma vie. Avec le recul, je revois ce médecin stressé de Boston, la trentaine, qui quittait son domicile avant l'aube et revenait après le coucher du soleil, et dont le système nerveux à vif semblait nécessiter sa dose quotidienne de cigarettes et d'alcool pour revenir au calme. J'ai pris ces habitudes, parce qu'à l'époque, tous les médecins qui m'entouraient, et en particulier les internes et les jeunes médecins, avaient le même *mode de vie.*

J'ai commencé à prendre un moment, deux fois par jour, pour pratiquer une méditation simple à base de mantras et en un an, mes mauvaises habitudes avaient complètement disparu. C'est ainsi que j'ai directement découvert quel genre de changements puissants pouvait survenir dans la vie de tout un chacun. Dans les quelques années qui ont suivi, je me suis donné pour mission d'enseigner la méditation à autant de personnes que possible. Depuis, j'ai continué l'enseignement et transmis différentes techniques. D'innombrables personnes ont appris à méditer à mes côtés et même si je ne voyais chacune que brièvement, au fond de mon cœur, j'étais certain que la méditation pouvait transformer leur vie.

Malheureusement, je me suis rendu compte qu'il y avait un fossé important entre le potentiel de la méditation et ses effets véritables. Ce fossé est lié en partie au fait que les gens ne laissent pas toute sa chance à la méditation. Ils essaient pendant un temps, puis finissent par délaisser leur méditation quotidienne, car leurs journées sont trop remplies. Bientôt, ils abandonnent leur pratique, en prétextant parfois qu'ils ont essayé de méditer, mais que cela n'a pas marché. Ou alors, ils sont en quête d'un bienfait spécifique, par exemple diminuer leur tension artérielle, mais cela demande trop de patience de leur part pour obtenir des résultats, en comparaison au simple fait de prendre une pilule. Il y a également d'autres facteurs : la désapprobation de la famille ou des amis (possibilité bien plus répandue il y a trente ans de cela qu'aujourd'hui, mais qui demeure bel et bien réelle) ou la peur de passer pour quelqu'un d'étrange et de se marginaliser, parce qu'on passe d'un objet brillant à un autre sur le marché spirituel.

LE MOI DIVISÉ

J'ai finalement compris que le problème était bien plus profond et qu'il ne résidait pas dans le mode de vie moderne, mais dans le moi divisé qui amenait l'individu à adopter ce mode de vie. Nous avons tous un moi divisé. Chaque jour, nous portons différents masques, en fonction de nos interactions. Nous sommes différents chez nous et au travail, en famille et avec des inconnus, dans l'intimité de nos pensées et dans les mots que nous employons.

Quand on médite, c'est comme si tous les chevaux et les soldats du roi essayaient de relever le Gros Coco[1]. On peut ressentir différentes forces en opposition à l'intérieur de soi. Une simple décision, par exemple choisir de perdre 2 kg, se transforme en combat entre nos voix mentales, qui représentent d'une part ce que nous voulons faire et d'autre part les raisons pour lesquelles nous n'allons pas y arriver (les habitudes, l'inertie, les désirs impulsifs, les comportements compulsifs, l'incapacité à résister à la tentation, etc.). Au bout du compte, les forces de la division l'emportent, et le régime échoue. On ne peut relever le Gros Coco,

1. Référence au roman *De l'autre côté du miroir*, de Lewis Carroll (NdT).

parce qu'on *est* le Gros Coco. Nulle personne extérieure n'est en mesure de guérir le moi divisé de quelqu'un, et dans la mesure où ce moi divisé est tellement enraciné en nous, il ne peut pas non plus se transformer lui-même.

La plupart des gens ignorent les expressions « moi divisé » ou « moi fragmenté ». Mais prenons en considération l'une de ses conséquences que chacun d'entre nous connaît : notre fascination collective pour la célébrité. Les grands médias nous font croire que les vedettes de cinéma et autres célébrités sont des êtres spéciaux qu'il faut admirer. Non seulement elles ont l'air belles, mais en plus chacune a une vie amoureuse parfaite et le mode de vie le plus épanouissant qui soit. Bien sûr, la réalité est tout autre et le revers de la médaille, c'est lorsque nous vibrons en apprenant la chute d'une célébrité qui s'est droguée, qui s'est séparée ou qui est prise dans un scandale. C'est toujours la même rengaine : les gens ont très envie d'aduler des idoles, mais ils finissent par les faire chuter de leur piédestal.

En vénérant les célébrités, nous vivons nos rêves à travers les autres. Car forcés de vivre avec notre moi divisé, nous projetons sur les célébrités la perfection, c'est-à-dire la complétude. Nous nous imaginons que ces êtres sont privilégiés et qu'ils sont à l'abri de la réalité. Dans notre vie, il y a constamment des hauts et des bas, des moments d'ennui, l'éternelle routine et l'emprise des mauvaises habitudes dont nous ne pouvons nous défaire. Nous devons nous rendre compte que ces limitations sont le produit du moi divisé. Le fait de vivre par procuration les rêves des autres n'aide pas vraiment à faire face à sa vie. Contrairement à la méditation de la complétude et au cheminement qu'elle propose.

Le moi divisé et fragmenté ne peut se guérir de lui-même. Il continuera à traverser des hauts et des bas et à se confronter à des contradictions intérieures, à la confusion et au conflit. Si vous vous observez avec honnêteté, il est probable que les défauts que vous constatez chez vous en ce moment existent depuis des années. Si vous êtes aujourd'hui angoissé et déprimé, il est hautement improbable que cela soit la première fois. Si vous vous laissez aller à de mauvaises habitudes, par exemple manger en excès, il y a en amont tout un passé fait de différentes décisions et actions. Si vous avez des tendances psychologiques négatives, par exemple si vous êtes irascible, si vous cédez trop facilement aux autres ou si vous vous posez en victime, ces caractéristiques reposent elles aussi sur des antécédents. La vie poursuit son cours sans changer, car lorsque vous tentez de lutter contre une habitude profondément enracinée, il y a opposition entre deux aspects du moi divisé : celui qui veut changer face à celui qui refuse coûte que coûte d'évoluer. Généralement, aucun des deux ne prend le dessus. Du coup, le face-à-face continue.

Au départ, quand je me suis mis à méditer, j'ai éprouvé le même enthousiasme que celui qu'ont ressenti d'innombrables personnes quand elles ont elles aussi commencé à méditer : j'ai découvert qu'il existait en moi un espace qui est libre du moi divisé. La paix et le calme intérieurs sont des expériences agréables, mais si elles sont vraiment importantes, c'est parce qu'elles permettent d'échapper au conflit intérieur, à la tourmente, à la peur, à la dépression, à l'inquiétude, à la confusion et au doute. Avec un peu d'entraînement, tout le monde peut accéder à cet espace intérieur, s'y rendre régulièrement et y découvrir un moi complet et serein. Mais c'est encore autre chose que de faire durer cette expérience.

DEVENIR CONSCIENT, ICI ET MAINTENANT

La question n'est pas de savoir si la méditation vous permet de transcender le moi divisé. Car elle le peut, sans l'ombre d'un doute. La vraie question est de savoir comment guérir le moi divisé, car dès qu'on ouvre les yeux à la fin d'une méditation, celui-ci retourne au train-train habituel. De fait, la seule solution à ce problème réside dans la persévérance. Si vous continuez de méditer jour après jour, année après année, tout sera résolu. « Persévérez » est un bon conseil et la promesse sous-jacente, à savoir qu'un jour, vous serez dans la complétude, est très souvent tenue. La tradition méditative remonte à des milliers d'années en Orient et il existe d'innombrables récits de personnes qui se sont éveillées et qui ont atteint l'illumination, la complétude ou la conscience de l'unité, quel que soit le nom qu'on donne à cet état.

L'éveil est un phénomène qui existe bel et bien, et souvent, il se produit de manière tout à fait imprévisible. Dans *Walden ou la Vie dans les bois*, Henry David Thoreau écrit : « L'homme solitaire, loué à la journée dans quelque ferme aux abords de Concord, qui, pourvu de sa seconde naissance [...] » (l'expression « seconde naissance » est apparue dans l'Inde védique il y a de cela de nombreux siècles). Le séjour de l'écrivain à l'étang de Walden symbolise le cheminement intérieur de la conscience, qui est le but et le résultat naturel de la méditation. Il exprime l'intemporalité et la vastitude de cette expérience de la manière suivante : « Zoroastre, il y a des milliers d'années, suivit la même voie et acquit la même expérience ; or lui, en sa qualité de sage, connut qu'elle était universelle. »

L'hiver à l'étang de Walden était particulièrement froid et les conditions météorologiques auxquelles l'écrivain s'est retrouvé confronté étaient rarement moins rudes que celle du yogi qu'on imagine traditionnellement assis dans sa grotte, dans les hauteurs de l'Himalaya. Cette image de difficultés et de privations a renforcé l'idée, aujourd'hui opiniâtrement enracinée dans toutes les cultures, selon laquelle il est ardu de se consacrer à la méditation. En plus des difficultés physiques, d'autres exigences paraissent des plus déplaisantes. Elles vont de la renonciation au monde à la mortification de la chair, en passant par la marginalisation et, dans les cas extrêmes, par la volonté d'être un martyr pour Dieu (dans l'idée que ce sacrifice doit permettre d'accéder à une récompense sacrée une fois aux Cieux).

Ces images profondément enracinées ont eu globalement pour effet de décourager le commun des mortels d'envisager que l'élévation de la conscience puisse être à portée de tout un chacun dans le quotidien. Mais si l'éveil est rare, c'est uniquement parce que nous lui collons cette étiquette. La société met à l'écart ceux qui ont atteint l'éveil, sont devenus des saints ou sont spirituellement avancés, quelle que soit la formule que l'on choisit. Mais la marginalité n'est pas signe de rejet. Car quand la société était dominée par la foi, ces personnages étaient mis à l'écart pour être révérés. Mais aujourd'hui, à une époque où la foi en une puissance supérieure est devenue plus suspecte, ces individus ont plus de chances d'être considérés comme des originaux et d'être ignorés ou oubliés.

En gardant cela à l'esprit, j'ai cherché un moyen d'intégrer la dimension de l'éveil dans le quotidien. Avant toute chose, *la méditation de la complétude doit être naturelle et ne demander aucun effort*, parce que sinon, méditer ne suffira pas. Une voie qui nécessite des mois et même des années de persévérance en employant une seule et même technique est loin d'être naturelle ou dénuée d'efforts. Nombreux sont les novices qui se demandent s'ils méditent correctement. Beaucoup d'autres trouvent que cette pratique n'a pas sa place dans la vie de tous les jours. En effet, le foyer ordinaire, trépidant d'activités, n'a que peu de choses en commun avec un temple, un monastère ou un ashram. Mais le processus qui nous rapproche de la tranquillité d'esprit et de la paix intérieure est peut-être plus simple que la plupart d'entre nous ne l'imaginent. Car il peut nous arriver d'avoir des aperçus de la sérénité en présence d'une œuvre d'art ou d'une musique de grande qualité. On ressent la paix intérieure (espérons-le) tous les soirs en s'endormant, à la fin d'une journée agréable et sans heurts (et si tel n'est pas notre cas, cela demeure l'expérience que font tous les jeunes enfants). Ces aperçus viennent naturellement, sans effort à faire.

En plus d'être naturelle, *la méditation de la complétude doit être spontanée*. Elle doit se dérouler dans le moment présent, aussi spontanément qu'un moment de bonheur inattendu ou lorsqu'on est frappé par la beauté d'un magnifique coucher de soleil. De la sorte, l'éveil peut survenir dans l'instant présent et fusionner avec ce que l'on fait.

Enfin, *la méditation de la complétude doit être alignée sur les désirs ultimes de chacun*. Il est tout à fait naturel de vouloir aller plus loin dans la vie ; pourtant, le cadre spirituel qui entoure la méditation s'oppose malheureusement dans de nombreux cas au désir. Pendant des milliers d'années, on a considéré que les désirs, en particulier ceux liés à la chair, rabaissaient les êtres humains au rang des animaux. Les désirs matériels sont censés susciter en nous une quête sans fin de choses extérieures telles que l'argent et le succès. De plus, le fait de succomber à nos passions est censé aller à l'encontre de la moralité. Sans compter que les plaisirs à court terme sont censés nous éloigner du bonheur durable. Si ce sont là des arguments familiers, il convient de souligner qu'en soi, le désir n'est pas une mauvaise chose.

On ne peut échapper au désir et nul ne devrait nous dire que le désir doit être évité. Sous toutes ses formes, la vie est faite de désir et dans la pratique, on échoue quand on cherche à éliminer les désirs supérieurs, par exemple l'aspiration à atteindre Dieu. Quant aux désirs prétendument inférieurs, ils font partie intégrante de l'expérience humaine. Le fait de les rejeter ne fait que renforcer le moi divisé.

Si ces trois critères sont réunis, c'est-à-dire si l'éveil est naturel et dénué d'efforts, spontané et aligné sur nos désirs personnels, alors le moi divisé peut prendre fin. Il faudra tout ce livre pour étayer ce genre d'affirmation, car quand on regarde autour de soi, on n'aperçoit pas de personne complète et unie. On ne peut nous reprocher de supposer qu'il n'y a pas d'échappatoire. Car la nature humaine est tout simplement fidèle à ce qu'elle a toujours été. Mais l'éveil a lui aussi toujours existé et quand il survient, c'est la conscience qui guérit le moi divisé, chose que ce dernier n'a pas su faire de lui-même.

TOUT EST MÉDITATION

LEÇON 1 : ÊTRE CONSCIENT

Dans ce livre, vous apprendrez à élargir votre conscience, à l'approfondir et, au bout du compte, à vous éveiller à une nouvelle réalité. Pour ce faire, vous devez comprendre en profondeur ce qu'est la conscience. À l'origine, il s'agit d'une expérience, la plus fondamentale possible. Si vous prenez conscience que la pluie commence soudain à tomber, la conscience fait l'expérience d'un changement. Si vous êtes assis au calme, les yeux fermés, en paix, la conscience fait l'expérience de l'immobilité et de l'immuabilité. Parfois, la vie change ; d'autres fois, non. Quoi qu'il en soit, la conscience remarque tout cela.

Voici quelques moyens de vous aider à prendre conscience de la conscience :

- Posez ce livre et écoutez n'importe quel son autour de vous. Cela vous permet de savoir que vous êtes présent ici et maintenant. Lorsque vous voyez, touchez, goûtez ou sentez quelque chose, là encore, vous savez que vous existez dans l'instant présent. Savoir que l'on est présent, c'est être conscient.

  Maintenant, détournez votre attention de ce son et ignorez-le. Vous êtes toujours présent, même quand vous ignorez les cinq sens. Car la conscience est plus fondamentale que les choses que vous voyez, les sons, les goûts, les textures ou les odeurs. Nos sens transmettent au mental des informations, dont la conscience n'a nul besoin. Car le simple fait d'être là est l'état primordial de la conscience.

- Regardez ce livre, puis fermez les yeux et représentez-vous-le mentalement. Pensez le mot livre, puis dites-le à voix haute. Qu'ont en commun ces quatre expériences ? Elles ont été vécues dans la conscience. Les mots, les pensées et les images changent constamment, mais pas le milieu qui les enregistre, c'est-à-dire la conscience.
- Restez assis sans bouger pendant quelques instants et faites le vide. Après quelques instants, ce vide laissera place à une pensée, une image ou une sensation. Alors, faites à nouveau le vide. Observez quand il est remplacé par une nouvelle pensée, image ou sensation. Mais que votre mental soit vide ou rempli, vous êtes toujours là. Vous avez une perception de vous-même, quoi qu'il arrive ou n'arrive pas. Cette perception de vous-même, c'est la conscience.

LA MÉDITATION DE LA COMPLÉTUDE ET VOUS

Maintenant que j'ai exposé l'objectif et la structure de la méditation de la complétude, approfondissons la question que nous nous sommes posée en début de chapitre et qui sous-tend tout : l'existence peut-elle s'autogérer ? La réponse est oui : la conscience maintient en place la création. En ce moment même, et à chaque instant depuis que vous êtes né, vous êtes entouré par l'intelligence infinie et la puissance créatrice de la conscience. Je sais que ces principes peuvent être un peu difficiles à cerner au début, mais ne vous découragez pas, parce qu'ils sont importants pour accéder à la méditation de la complétude.

S'il y a bien un secret que détient la nature et qui rend la vie sur terre compréhensible, c'est celui-ci : la vie *est* conscience. Vous savez déjà que vous *avez* une conscience. Sans elle, vous seriez un robot. Les principes qui régissent la conscience font partie intégrante de chaque chose. C'est une erreur de croire, comme le font automatiquement de nombreux scientifiques, que la conscience n'est apparue que quand l'évolution a permis à l'être humain d'être doté d'un cerveau. En effet, même les formes de vie les plus fondamentales suivent les principes de la conscience dans la mesure où elles sont autonomes et savent exactement comment rester en vie. Ces principes sont présents même chez les formes de vie que nous considérons comme totalement primitives.

En 1973, une Texane a remarqué une forme jaune particulière qui était apparue dans son jardin, un peu comme les « cercles de fées », phénomène qui désigne la poussée soudaine de champignons vénéneux, peuvent apparaître du jour au lendemain. Mais en l'occurrence, il ne s'agissait pas d'un champignon vénéneux, ni de quoi que ce soit que cette femme pouvait reconnaître.

On a consulté des biologistes, et bien que cet organisme unicellulaire surnommé « blob » soit rapidement mort, il a pu être identifié : il s'agissait d'une sorte d'amibe, forme de vie remontant à au moins 1 milliard d'années. La nouvelle variété, dénommée

Physarum polycephalum, a fait l'objet d'une médiatisation d'une grande ampleur, avant d'être oubliée jusqu'à octobre 2019, date à laquelle le Parc zoologique de Paris (anciennement zoo de Vincennes) a annoncé qu'il allait exposer cet organisme considéré comme un phénomène des plus extraordinaires. D'après la description de CNN, le « blob » :

> « est jaune vif, se développe à une vitesse allant jusqu'à 4 cm par heure, peut résoudre des problèmes alors même qu'il n'a pas de cerveau et peut s'autoguérir s'il est coupé en deux. [...] Il ne s'agit ni d'une plante, ni d'un animal, ni d'un champignon. Il n'a pas deux sexes, masculin et féminin, mais 720. Il peut également se diviser en plusieurs organismes, avant de fusionner à nouveau. »

Physarum polycephalum, en curiosité biologique, a fait sensation ; mais il y a un grand mystère à explorer. Les amibes sont des formes de vie incroyablement basiques. Il en existe 900 espèces, auparavant classifiées en tant que champignons, mais bénéficiant désormais de leur propre catégorie librement organisée. Il n'y a pas vraiment de lien entre ces espèces, hormis le fait qu'elles peuvent fonctionner soit individuellement, en tant qu'organismes unicellulaires, soit en se regroupant au sein d'une grande communauté. Au cours d'une partie de leur cycle de vie, elles prennent l'apparence d'une substance gélatineuse.

Tout le mystère réside dans la question suivante : comment une forme de vie à peine plus complexe qu'une algue verte flottant dans une mare peut-elle être intelligente ? Lorsqu'une étude de la prestigieuse revue *Proceedings of the Royal Society* a annoncé que cet organisme jaune pouvait résoudre des problèmes, les chercheurs entendaient par là qu'elle était capable d'éviter des substances nocives et de se souvenir d'elles pendant au maximum un an. Le « blob » a également semblé capable de trouver le chemin le plus rapide pour sortir d'un labyrinthe. Sans compter que cette amibe, qui se développe dans l'humidité des sols forestiers, est presque immortelle. Quand elle est confrontée à ses seules ennemies, la lumière et la sécheresse, elle peut hiberner pendant plusieurs années, puis revenir à la vie.

C'est sans nul doute un exemple de la manière dont l'existence s'autogère, ce qui se reflète dans les caractéristiques propres à la conscience dont est pourvu cet organisme jaune. En plus d'être autonome, il s'adapte à son environnement, sait éviter les toxines qui le menacent et résout des problèmes.

En fin de compte, cela n'a rien de mystérieux, si l'on accepte que la conscience fasse partie intégrante de l'existence. Les deux vont de pair, parce qu'il en va ainsi, d'après tout ce que l'on observe dans la vie. Si l'existence était un vide, une *tabula rasa*, il n'y aurait pas de force physique capable de créer la conscience. Le vide est mort. La conscience vivante. On ne peut transformer la mort en vie ; malgré tout, il est évident que la vie est apparue. Il faut donc en conclure que manifestement, la vie a été créée dans le champ de la conscience, qui est déjà vivant, mais demeure invisible jusqu'à ce que la conscience prenne une forme physique.

Il n'est ici pas nécessaire de nous préoccuper de l'aspect métaphysique de ce débat. Car notre projet est plus pragmatique : l'idée est de tester une hypothèse afin de voir si elle est véridique. Et en l'occurrence, l'hypothèse est que l'existence peut veiller sur nous naturellement, spontanément, sans aucun effort. La méditation de la complétude vise à prouver que malgré le moi divisé et tous les problèmes qu'il a créés, la conscience n'a pas abandonné les êtres humains. Elle nous rend capables de gérer naturellement notre vie en faisant ce que fait toute forme de vie, jusqu'au blob : s'en remettre aux principes de la conscience. La seule différence est que nous avons le choix de nous aligner ou non sur ces principes. Toutefois, la plupart des gens n'ont pas conscience de ce choix. Le moi divisé nous a particulièrement nui en nous coupant de notre source, puis en nous convainquant que cette séparation était normale.

LE CHEMIN DU RETOUR

Toute méditation fiable vous donnera l'expérience de la conscience silencieuse. Mais cette expérience est souvent temporaire et peu profonde. Vous pouvez vous asseoir, fermer les yeux, rester immobile et parvenir à une expérience similaire (en supposant que vous n'êtes pas en proie à une agitation ou à un stress). La différence entre la méditation et le simple fait de fermer les yeux est que la première peut vous emmener dans les profondeurs de la conscience silencieuse. On parle en sanskrit de l'expérience de *samâdhi*. Les yogis capables de rester dans l'état de samâdhi avec suffisamment de profondeur sont capables de faire des choses extraordinaires, par exemple ralentir leur rythme cardiaque et réduire au minimum leur consommation d'oxygène. Ils peuvent même augmenter leur température corporelle interne au point de rester assis dehors sans subir les effets du froid glacial, en ne portant qu'une fine tenue en soie, voire aucun vêtement.

À titre personnel, l'expérience de samâdhi nous montre la différence entre un silence de surface et le silence profond. Dans le premier cas toutefois, il peut y avoir certains effets importants. Par exemple, ce n'est que récemment que l'on a découvert que le simple fait de fermer les yeux et de respirer lentement et régulièrement permettrait de surmonter le stress. Cette technique, appelée « respiration vagale », représente une véritable avancée en raison de sa simplicité et de son efficacité. J'ai déjà évoqué cette technique dans de précédents ouvrages, mais il est bon de me répéter.

La respiration vagale tire son nom du nerf vague, le plus long et le plus complexe des dix nerfs crâniens qui relient le cerveau au reste du corps. En latin, le mot *vagus* signifie « errant » et il est clair que le nerf vague se promène partout. Il relie le cerveau au cœur, aux poumons et à l'abdomen, zones qui sont toutes très sensibles au stress. Le nerf vague est également un nerf afférent, ou sensoriel, ce qui signifie qu'il transmet des sensations corporelles au cerveau, y compris des réactions associées au stress. À la suite de quoi le cerveau envoie divers signaux, ce qui crée une boucle constante de rétroaction. Quand vous vous retrouvez dans une situation stressante, votre cœur bat plus vite ; vous inspirez peu profondément, par à-coups ; et vous ressentez des contractions dans le ventre et les intestins.

Ce circuit du stress est depuis longtemps cartographié et compris, mais il fallait également le comprendre dans le sens inverse, c'est-à-dire comprendre le circuit de la réduction du stress. En étudiant les effets physiques de la méditation, des chercheurs ont suivi les indices laissés par la respiration. Par exemple, ce que l'on appelle la respiration yogique consiste en des exercices de contrôle de la respiration, qui la rendent plus régulière, plus lente et plus profonde. Il s'avère qu'une respiration régulière et détendue est régulée par le nerf vague, directement relié au cerveau, au cœur et aux poumons. En stimulant le nerf vague, on peut induire une réaction de détente. Cette découverte a permis la médiatisation de la respiration vagale, qui est un moyen très simple de stimuler le nerf vague.

LA RESPIRATION VAGALE

Un remède efficace en cas de situation stressante

Étape 1 : asseyez-vous, fermez les yeux et restez en silence.

Étape 2 : inspirez naturellement en comptant jusqu'à 4.

Étape 3 : expirez en comptant jusqu'à 4, puis faites une pause en comptant jusqu'à 1.

Étape 4 : recommencez pendant cinq minutes.

Étant donné son extrême simplicité, la respiration vagale aide non seulement à soulager le stress, mais également à gérer la colère et l'angoisse. La recherche médicale explore également l'utilisation de la stimulation électrique du nerf vague dans le traitement de différentes maladies psychologiques et physiques. Mon coauteur, le Dr Rudolph Tanzi, de la Harvard Medical School, et moi-même avons exposé le champ des possibles dans notre ouvrage *Développez vos facultés d'autoguérison* :

> « Pour une personne qui a reçu une formation médicale classique, il est extraordinaire de voir l'éventail des améliorations possibles liées à la stimulation du nerf vague. Actuellement, pas moins de trente-deux maladies font l'objet de recherches, avec des indications de résultats positifs, parmi lesquelles l'alcoolisme, la fibrillation atriale (irrégularité des battements cardiaques), l'autisme, ainsi qu'un certain nombre de maladies physiques et psychologiques telles que les maladies cardiovasculaires, les troubles de l'humeur, notamment la dépression et l'anxiété, un ensemble de maladies intestinales, les dépendances, et peut-être même les pertes de mémoire et la maladie d'Alzheimer. »

On entrevoit rapidement les possibilités associées à ce genre de recherche, mais ici, l'important pour nous est que la recherche médicale a démontré que l'état méditatif est naturel et dénué d'efforts. Le silence de surface que l'on ressent même quand on pratique brièvement la méditation permet d'atteindre la relaxation grâce au nerf vague, et il n'y a pas de séparation entre l'aspect physique et l'aspect mental de la détente. Si un silence peu profond est si facile d'accès, le silence plus profond lié à l'expérience de samâdhi devrait être tout aussi naturel et accessible.

Non seulement le nerf « errant » transporte des signaux dans tout le corps, mais en plus il est vecteur de conscience. Le fait qu'un simple nerf crânien ait des effets holistiques indique que la conscience est omniprésente dans le corps et l'esprit. Il n'y a pas seulement un lien entre ces deux aspects, mais c'est toute la conscience qui est à l'œuvre, raison pour laquelle la méditation de la complétude est efficace. On ne remédie pas à un problème à la fois, mais on renoue le contact avec la conscience dans son intégralité. C'est ainsi que nous nous prouvons, grâce à la méditation, que l'existence peut veiller sur nous.

La conscience se donne sans réserve. Quand la plus petite particule de vie sur terre est apparue il y a près de 4 milliards d'années, elle était plus primitive qu'une bactérie. Elle n'avait pas d'ADN. Il ne s'agissait même pas d'un organisme unicellulaire comme une amibe. Pourtant, de même qu'un unique ovule fécondé dans l'utérus détient en lui toute la structure d'un être humain, les premiers signes de vie primordiale ont été le produit d'une conscience omniprésente, infinie. (Peut-être devrait-on cesser d'attribuer une date à l'origine de la vie. Un lauréat du prix Nobel de physique, Brian Josephson, a écrit : « La matière est vivante et peut prendre des décisions », phrase que l'on pourrait entendre dans la bouche d'un mystique. En réalité, l'aptitude des atomes à avoir des comportements qui échappent aux prédictions de lois figées demeure un vrai mystère depuis plus d'un siècle, et l'est restée même à l'avènement de la physique quantique.)

TOUT EST MÉDITATION

LEÇON 2 : NI INTÉRIEUR NI EXTÉRIEUR

On pense qu'il est tout à fait naturel de séparer les expériences mentales « intérieures » des expériences physiques « extérieures ». Pour des raisons pratiques, j'utiliserai ces termes dans cet ouvrage. Mais l'océan de la conscience accueille tout, sans barrière ni limitation. Puisque vous êtes la conscience, vous êtes libre de respecter les barrières (ce n'est pas parce que l'on est conscient que l'on va marcher sur une pelouse si cela est défendu), tout en sachant qu'elles sont artificielles. Elles ne changent rien à votre nature essentielle, qui est illimitée.

Pour montrer à quel point il est facile de franchir la ligne entre l'intériorité et l'extériorité, voici un exercice qui peut instantanément effacer cette frontière :

- Promenez vos doigts sur un objet qui a une texture rugueuse, par exemple du papier de verre. Fermez immédiatement les yeux et ressentez mentalement cette même rugosité.
- Trempez une main dans de l'eau glacée, puis imaginez immédiatement la même sensation.
- Contemplez une rose rouge, puis fermez les yeux et voyez-la intérieurement.

Il n'y a aucune différence au niveau de la localisation de ces expériences. Elles ne sont pas exclusivement extérieures ou intérieures, mais elles ont lieu dans la conscience, qui englobe tout. Si vous imaginez en ce moment même la texture du papier de verre, le froid de l'eau glacée ou une rose rouge, ces sensations ne sont, certes, pas aussi intenses mentalement que la sensation physique. Mais songez à l'aspect réaliste que peut avoir un rêve. Les choses que vous y voyez sont aussi vivantes que leur apparence physique. Pareil pour les sons entendus en rêve. Une minorité de personnes sont même capables d'aller au-delà de la vue et de l'ouïe : elles peuvent sentir, goûter ou toucher dans leurs rêves. Mais il n'est pas nécessaire d'aller aussi loin. La réalité fabriquée dans les rêves est aussi réelle pour vous que toute expérience « extérieure », parce que les rêves ont le même fondement : la conscience (si vous n'êtes pas encore convaincu de la chose, souvenez-vous d'une nuit où vous vous êtes réveillé bouleversé d'un cauchemar : si cette expérience n'était pas réelle, pourquoi étiez-vous paniqué ?).

La vie sait toujours quoi faire, même si nous doutons de nous-mêmes. Nul n'a eu à apprendre à votre cœur à battre. D'humbles cellules cutanées entreprennent des processus aussi complexes que ceux d'un neurone. Quant aux globules rouges, qui sont les seules cellules du corps sans ADN, ils sont réglés de sorte à savoir où prendre leur part d'oxygène et où la transporter. Comment peuvent-ils le savoir ? En école de médecine, on considère que le cerveau est le siège de la conscience, hypothèse qui s'est démocratisée, mais qui est parfaitement erronée. Car, en réalité, il s'agit d'une erreur prenant sa source dans l'orgueil humain.

Mais laissons de côté cette croyance totalement erronée qui limite la conscience à l'esprit pensant et partons du principe qu'elle habite tout ce qui existe dans la nature. Laissez-moi illustrer de manière remarquable le fait que la conscience soutient intégralement la vie. Peut-être considérez-vous cet exemple comme une digression par rapport à notre thème, la méditation, mais je le trouve trop fascinant pour résister.

Je vais maintenant vous décrire un miracle de la nature, qui concerne un petit oiseau marin australien connu sous le nom de pétrel de Gould (*Pterodroma leucoptera*). Cet oiseau est quelconque (il mesure 25 cm de long, et il est marron et gris au-dessus, et blanc en dessous), mais son cycle de vie est tellement étonnant qu'il défie l'entendement.

Au large de la côte est de l'Australie se trouve Cabbage Tree Island, une île qui porte le nom de la variété de palmier qui la recouvre. Quand un oisillon gris et duveteux y naît, un couple de pétrels de Gould se met à le nourrir en allant en mer et en revenant le jabot rempli de poissons régurgités dans le bec grand ouvert de l'oisillon. Ce rituel se déroule tous les soirs pendant trois mois. Et puis un soir, les parents ne reviennent pas. L'oisillon attend. De soirée en soirée, il n'a plus aucun parent pour le soutenir. Il commence à être affamé.

Mais au lieu de mourir de faim, l'oisillon trouve la motivation pour échapper à son triste sort. Le pétrel de Gould niche au sol, dans des crevasses rocheuses recouvertes de feuilles de palmier tombées de l'arbre. L'oisillon jette un coup d'œil hors du nid, puis s'aventure en bas d'un chou palmier à proximité. Jusque-là, il n'a jamais volé, mais pour une raison inconnue, l'oisillon sait que voler est sa seule chance de s'en sortir.

À l'instar des albatros et d'autres oiseaux marins qui sont maladroits au sol, le pétrel de Gould ne peut s'envoler à moins d'être aidé par une brise. Le sol forestier de Cabbage Tree Island n'étant agité par aucun vent, l'oisillon décide de grimper au sommet d'un arbre pour se lancer dans les airs. Nul ne lui montre le chemin et il n'a jamais accompli cette prouesse. Mais le voilà parti, grimpant le long du tronc à l'aide de ses serres et de son bec incurvés, faisant des pauses pour se reposer quand cela est nécessaire en enveloppant ses ailes autour du tronc. Affaibli par la faim, l'oisillon n'a qu'une seule chance de réussir à grimper. S'il tombe, il meurt.

Une fois l'ascension entamée, le danger ne s'arrête pas là. En effet, en haut du chou palmier se trouvent des épines pointues qui peuvent avoir raison de l'oisillon. S'il ne tombe pas dans ce piège supplémentaire, il se lance dans les airs, autre moment où tout peut basculer. Le vent doit être favorable à l'oisillon et ce dernier doit utiliser ses ailes pour voler au lieu de simplement se laisser tomber, ce qui pourrait lui être fatal.

Admettons que l'oisillon réussisse à se laisser porter par la brise. C'est maintenant que commence la partie la plus remarquable de cette histoire. Pendant les cinq ou six années suivantes, le pétrel de Gould ne reverra jamais la terre. Volant constamment et se nourrissant à la surface de la mer, il dort, environ une quarantaine de minutes par nuit, en alternant les hémisphères cérébraux endormis ou réveillés, et ce tout en volant ! Un beau jour, après avoir parcouru toute la mer de Tasman, il revient à la même île où il est né, île qui, en comparaison à la mer, est plus petite qu'un point sur une feuille de papier. Là, il s'accouple et le cycle recommence.

Réfléchissons aux différents mystères propres à cette sous-espèce d'oiseau. Les naturalistes peuvent observer le pétrel de Gould et décrire son comportement, mais le moindre aspect défie l'entendement. Au mieux, la science peut dire pour l'instant que c'est l'instinct ou la génétique qui guide l'oisillon. Mais considérons la chose suivante : l'ADN n'a qu'une seule fonction, produire les protéines et enzymes principales qui structurent une cellule. Cette dernière n'est pas vivante. Comment l'ADN pourrait-il indiquer à un pétrel lors de son tout premier vol qu'il lui faut regarder tout en bas jusqu'à ce qu'il aperçoive de minuscules calamars et poissons juste en dessous de la surface de l'eau, puis l'amener à faire un piqué, puis raser la surface et finalement attraper sa proie, manœuvre pour le moins complexe, à laquelle le pétrel n'a jamais assisté ?

L'instinct constitue une explication guère meilleure, car il doit y avoir un fondement expliquant de quelle manière chaque phase arrive au moment opportun lors du premier vol du pétrel, alors que le seul signal qui le guide est la faim, qui amène l'oiseau à sortir de son trou dans les rochers. Où a-t-il pu savoir qu'il lui fallait adopter un comportement spécifique, à savoir grimper sur un palmier, prouesse pour laquelle il est fort mal équipé, malgré ses serres pointues ? Au fond, recourir à l'instinct est un moyen de contourner notre ignorance, en attribuant des comportements complexes dans tout le royaume animal à une attitude innée. En réalité, le mystère demeure entier.

Tout ce que fait un petit pétrel rappelle les caractéristiques propres à la conscience. En effet, il a une intention. Il sait ce qu'il doit faire. Tout semble prévu dans son comportement.

Enfin, il n'a pas besoin d'apprendre, car il dispose de toutes les connaissances innées nécessaires. Si tous ces éléments ne sont pas coordonnés, le moindre aspect dans l'envol échouera. En fait, il faut qu'il existe toute une série de comportements pour qu'à la moindre étape, son sort ne soit pas scellé. Même le fait que l'oisillon se gave de nourriture jusqu'à peser un poids un tiers plus important que celui de ses parents le prépare à la famine qui l'attend le soir où ceux-ci ne reviendront mystérieusement plus. Par la suite, le pétrel doit pendant deux semaines survivre grâce aux graisses stockées dans son corps. Il semble indéniable que cet oiseau ne connaisse pas seulement l'un ou l'autre élément. En réalité, il fait tout ce qui est nécessaire pour assurer sa survie.

La seule explication fiable au comportement complexe du pétrel de Gould transcende l'instinct et les gènes et réside dans la seule conscience. Cette dernière s'exprimant avec intelligence, ordre et créativité, l'existence peut s'autogérer et par extension, elle peut veiller sur nous.

TOUT EST MÉDITATION

LEÇON 3 : LA CERTITUDE INTÉRIEURE

Le mental d'un enfant de 2 ans est actif et curieux ; il a soif de connaître tout ce qui se déroule autour de lui. En partant de là, en grandissant, nous apprenons quantité de choses. Celles-ci constituent nos connaissances personnelles, qu'il s'agisse de parler l'anglais ou de faire du roller. Mais le savoir n'est pas la même chose que la certitude intérieure, qui est préalable. Chacun d'entre nous est pourvu d'une conviction intime, qui est innée. On ne peut être conscient sans elle. Pendant la méditation, nous approfondissons notre certitude intérieure, mais avant tout, il nous faut comprendre de quoi il s'agit.

Voici quelques exemples qui montrent de quoi il s'agit :

- Dites à voix haute la phrase suivante : « Il a mis le ver dans un verre vert. » Immédiatement, vous savez en entendant cette phrase que ces trois homonymes ont trois sens différents. Il ne vous a pas fallu prendre séparément ces termes. Car vous disposez d'une certitude intérieure qui fonctionne silencieusement et instantanément.
- Une femme attend aux urgences depuis deux heures, sans qu'on s'occupe d'elle. À bout de patience, elle va voir les infirmières et leur dit : « J'attends depuis deux heures. Combien de médecins travaillent ici ? » L'infirmière responsable lève les yeux et répond : « Environ la moitié. » Pourquoi cette histoire est-elle drôle ? Parce qu'on reconnaît immédiatement une plaisanterie quand on en entend une. Il n'y a pas besoin de faire un quelconque effort mental pour la comprendre. L'humour fonctionne instantanément, comme toute forme de certitude intérieure.
- Regardez autour de vous et remarquez ce qu'il y a dans la pièce où vous vous trouvez : les meubles, les tapis, les tableaux ou peut-être une autre personne. Vous reconnaissez tout, ce qui est une caractéristique fondamentale de la certitude

intérieure. Et maintenant, regardez différemment la même pièce. Concentrez-vous uniquement sur toutes les couleurs que vous voyez. Comment savez-vous que les couleurs existent ? Il s'agit là encore d'une certitude intérieure profonde, tellement intégrée dans la conscience humaine que vous êtes capable de faire la différence entre au maximum deux millions de nuances. Pourtant, l'expérience de la couleur provient d'une conviction intime ne pouvant être exprimée par des mots, ce qui n'est d'ailleurs pas nécessaire. Votre connaissance des couleurs est innée, elle ne provient pas de vos lectures ou d'un apprentissage.

Votre rétine est physiquement bombardée de photons, qui stimulent les mécanismes propres à la vue. Des informations chimiques codées commencent à traverser les nerfs optiques allant de l'œil au cerveau. Mais ces données ne contiennent aucune couleur, car les photons sont incolores, de même que les signaux nerveux. La couleur n'est connue que dans la conscience. C'est ainsi que la notion de conviction intime fait partie intégrante de l'existence. Sans certitude intérieure, portant aussi bien sur les couleurs que sur les cinq sens, vous ne pourriez être là.

On déplore depuis des siècles la condition humaine, c'est-à-dire les caractéristiques complexes et conflictuelles qui nous sont propres. Mais il existe une vision très différente des choses qui offre une solution. Il s'agit de considérer que la conscience dans son entièreté est une réalité qui fait partie intégrante de la vie humaine comme de toute chose dans la nature, avec toutefois une différence. Nous autres êtres humains pouvons la contrôler. La conscience n'est pas une force extérieure à nous qui officie tel un marionnettiste tirant sur des ficelles invisibles pour nous faire avancer. Grâce au libre arbitre, *Homo sapiens* a tranché ces liens. Depuis, nous exploitons notre potentiel en fonction de nos désirs personnels. Nous avons des aspirations, ce dont nulle autre créature vivante ne peut se targuer.

Personne ne nous a chassés de l'ordre naturel des choses. C'est nous-mêmes qui nous en sommes extraits, de notre propre volonté. Nous fabriquons par nous-mêmes notre réalité mentale, et dotées du libre arbitre, des civilisations naissent et meurent. Mais l'aspiration ultime survit à la chute des empires : il s'agit de l'aspiration à faire expérience de la conscience dans son entièreté et de la transformation qui l'accompagne. Est-il possible d'accéder à la conscience qui régit le cosmos et à la moindre parcelle de vie ? La réponse est oui. Mais il nous faudra un chapitre entier pour bien le comprendre.

2

Votre vie est votre méditation

La méditation nous donne accès à la conscience supérieure. Cette dernière porte différents noms : conscience pure, conscience cosmique ou illumination (tous ces noms sont porteurs d'une certaine fausseté, ce sur quoi je reviendrai dans quelques instants ; en effet, les noms retirent leur magie aux phénomènes et il y a tant de magie dans la conscience que nous ne devons jamais perdre cela de vue).

La méditation a acquis une réputation mystique qui remonte à des milliers d'années, car la porte qui permet d'accéder à la conscience supérieure est, semble-t-il, fermée au mental ordinaire. Mais dans ce livre, je vous propose de reconsidérer radicalement la chose. Car la méditation n'a rien de mystique. Elle est au contraire très naturelle. J'ajouterai même que nous méditons tous depuis la naissance. En effet, chacun d'entre nous a vécu à un moment ou un autre tout état pouvant être atteint grâce aux techniques enseignées par les professeurs de méditation. Cela doit être vrai, car si la méditation ne reflétait pas ce que le mental fait déjà, on ne pourrait pas l'enseigner. Elle ne pourrait même pas exister. Les mathématiques supérieures ne sont pas mystiques, car tout un chacun se sert des chiffres. De même, la grande cuisine n'a rien d'inaccessible, car (presque) tout le monde sait faire cuire un œuf.

Si vous parvenez à saisir l'essence d'un phénomène, tout vous est facilité. L'essence des mathématiques et de la cuisine ne change pas simplement parce que l'on peut élever ces disciplines au rang d'un art. Il en va de même pour la conscience. Vous et moi passons notre vie à entrer en mode méditatif (expression que nous utiliserons régulièrement dans ce livre) et à en sortir. D'une manière générale, le mode méditatif correspond à tout état mental d'intériorisation et au fil des siècles, ces états mentaux ont acquis différents noms :

- présence ;
- introspection ;
- réflexion ;
- contemplation ;
- concentration ;
- prière ;
- sérénité ;
- respiration contrôlée ;
- félicité.

De même que les mathématiques supérieures ou la grande cuisine sont des arts, ces pratiques relèvent de l'art de la méditation. Mais en essence, le mode méditatif existe en tout un chacun et a un objectif fondamental qui est d'une absolue nécessité : votre mental entre en mode méditatif par besoin d'équilibre. Toutes les pratiques méditatives ont ce besoin pour origine ; par conséquent, il nous faut essayer de le comprendre. Effectivement, plus notre compréhension est profonde, plus la méditation de la complétude sera valable.

RESTER ÉQUILIBRÉ

Le mot « équilibre » fait partie de ces termes devenus galvaudés à force d'usage abusif. En outre, tous les messages que nous entendons au sujet de l'exercice physique, de l'alimentation et de toutes sortes de produits, allant des vitamines et des céréales pour le petit déjeuner aux produits capillaires et aux chaussures, ont recours à la notion d'équilibre comme argument de vente. Mais pour un physiologiste, à l'origine, l'équilibre est nécessaire afin de préserver la vie.

Si vous déséquilibrez votre corps en dégageant l'entrée de votre garage de toute la neige qui s'y est accumulée ou en allant faire de la course à pied dans un parc, dès que vous cessez cette activité, votre rythme cardiaque, votre tension artérielle, l'apport en oxygène dans vos muscles et vos systèmes digestifs et immunitaires reviendront automatiquement à l'homéostasie, état d'équilibre dans lequel le corps est au repos. Toute fonction corporelle sait revenir à la normalité. La capacité à se restructurer et à se rééquilibrer fait partie intégrante de notre être.

Dans *Une histoire du corps humain à l'usage de ses occupants*, ouvrage divertissant et extrêmement instructif paru en 2020, Bill Bryson explique à quel point l'homéostasie est mystérieuse. Le postulat de ce livre est que malgré les progrès de la recherche médicale, presque tous les mécanismes du corps humain demeurent mystérieux. Par exemple, nul ne sait pourquoi nous avons le hoquet ou nous dormons. Ni pourquoi nous sommes le seul mammifère à ne pas produire notre propre vitamine C, à avoir tant d'allergies ou à risquer de mourir en nous étouffant pendant notre repas. Notre unicité s'exprime par d'étranges chemins détournés. En effet, l'être humain vit dans des climats très variés, depuis le climat alpin jusqu'au climat tropical, alors que notre température interne varie très peu. Ainsi, il suffit d'augmenter la température du corps d'un degré Celsius pour commencer à avoir de la fièvre. Et de la diminuer encore une fois d'un degré pour commencer à avoir froid. Et à 35 °C, c'est le début de l'hypothermie.

Votre corps se donne énormément de peine pour maintenir l'équilibre de la température à environ 37 °C, comme l'illustre Bill Bryson grâce à une expérience particulièrement intéressante au cours de laquelle un homme a couru un marathon sur un tapis de course dans des conditions contrôlées. La température de la salle a été abaissée jusqu'à ce qu'il fasse très froid, bien en dessous de 0 °C, puis a été progressivement augmentée jusqu'à être très chaude, bien au-dessus des déserts les plus torrides. Malgré tout, dans les deux cas, la température corporelle du sujet n'a pas varié de plus d'un petit degré Celsius. Le fait que les deux processus qui refroidissent et réchauffent le corps, à savoir la transpiration et les frissons, semblent si fondamentaux ne rend pas moins surprenant notre équilibre physique.

Un phénomène similaire se produit au niveau du mental, mais de manière invisible. Il existe également un point d'équilibre et de repos auquel sait retourner notre mental en cas de déséquilibre. On entre alors en mode méditatif. Cela a été prouvé de différentes manières qui ne semblent *a priori* pas avoir de lien avec la méditation. Les émotions illustrent très bien cela. Comme pour le corps, nous avons tous un niveau prédéfini concernant notre humeur, un niveau de contentement auquel nous revenons après avoir vécu une émotion positive ou négative. Ce niveau émotionnel prédéfini peut énormément varier d'une personne à l'autre, raison pour laquelle certaines personnes semblent naturellement heureuses ou moroses. Il n'existe aucune explication scientifique à ces disparités. Les événements les plus perturbants ne constituent en rien des obstacles. Car dans les six mois qui suivent, si le souvenir de l'événement demeure, ce n'est pas le cas de l'humeur négative.

Si les émotions reviennent à leur point d'équilibre, qu'en est-il du mental et de toutes nos pensées aléatoires et parfois violentes ? L'idée que le mental puisse se rééquilibrer est nouvelle. Parfois, nous sommes submergés par le tourbillon des pensées. Il est rare que nous fassions une pause sur le plan mental pour remarquer que la conscience est constamment en arrière-plan. Un arrière-plan qui n'est pas passif. Il nous ramène à l'équilibre, de même que l'homéostasie ramène le corps au repos. La conscience étant globale, il est artificiel de créer une limite entre l'équilibre physique et mental ; en effet, quand on se calme après une violente dispute, une peur soudaine ou une montée d'inquiétude, les cellules se tranquillisent, elles aussi, après avoir subi les effets de ce déséquilibre émotionnel. Tout ce débat met en valeur le fait que la méditation ne serait pas efficace si le mental n'était pas déjà doté d'un mécanisme de rééquilibrage. La méditation rend visible la conscience, qui se cache d'ordinaire en arrière-plan. Ce n'est pas comme si la méditation avait jadis été découverte par des mystiques orientaux. Elle ne fait qu'approfondir et prolonger ce que le mental fait déjà naturellement, de même qu'un long massage réchauffant approfondit l'état de relaxation auquel revient le corps grâce à l'homéostasie.

En soi, le rééquilibrage du mental est déjà étonnamment efficace. Regardez pendant 30 secondes une lumière brillante dans la pièce où vous vous trouvez ou sur votre écran d'ordinateur, puis fermez les yeux. Vous observerez une rémanence rétinienne qui finira par disparaître. Il peut falloir plus de quelques minutes pour que cette rémanence disparaisse entièrement. Mais le mental ne peut se permettre d'avoir des rémanences, car celles-ci occulteraient la pensée suivante. Songez aux milliers de pensées qui vous passent par la tête en une semaine, voire en une journée, et au fait que vous êtes prêt à recevoir chacune d'entre elles sous forme d'instantané éphémère. Tout le processus se déroule littéralement à la vitesse de la lumière, c'est-à-dire à la vitesse des signaux électriques dans votre cerveau.

TOUT EST MÉDITATION

LEÇON 4 : LE POINT ZÉRO

Le mental est remis à zéro à l'instant même où une nouvelle pensée arrive. C'est un peu le point zéro de la conscience. C'est presque comme si le mental effaçait une pensée afin qu'une nouvelle puisse la remplacer. Mais contrairement à la touche « supprimer » d'un ordinateur, le point zéro du mental est vivant, dynamique et prêt, quoi qu'il arrive. Idéalement, le point zéro est vibrant et alerte. Vous vous trouvez dans cet état idéal lorsque vous êtes disponible, lucide, optimiste et prêt à vivre l'expérience suivante.

Cependant, il y a des moments où le point zéro du mental n'est pas vraiment au repos. Car il revient à un état de fatigue, de morosité, d'absorption dans les pensées routinières et de résistance au changement. En règle générale, nous sommes plus ou moins à mi-chemin entre le meilleur et le pire que le point zéro ait à nous offrir. Nous ne nous sentons pas mous et fatigués mentalement, mais nous ne sommes pas non plus ouverts, curieux et disponibles.

Pour illustrer ce que j'entends par là, voici quelques moyens de prendre conscience de ce que cela fait lorsque le point zéro du mental n'est pas optimal :

- Créez un bruit irritant et distrayant dans votre environnement, en augmentant par exemple le volume d'une chanson que vous n'aimez pas ou en mettant une chaîne télévisée avec des parasites. Asseyez-vous, fermez les yeux et faites le vide.

Remarquez maintenant à quel point il vous est difficile d'être intérieurement au calme. Vous avez du mal à atteindre le point zéro et même si vous y parvenez, vous vous sentez toujours irrité.

- Maintenant, trouvez un environnement calme et apaisant dans lequel vous vous sentez détendu. Fermez les yeux, prenez quelques respirations profondes et calmez votre mental. Remarquez à quel point il vous est facile d'atteindre le point zéro. Malgré le va-et-vient des pensées, celles-ci ne sont pas occultées par votre irritabilité ou les distractions.
- Faites vos expériences avec le point zéro dans diverses situations : pendant que vous faites la queue à la poste, dans la salle d'attente de votre médecin, dans un aéroport pendant que vous attendez votre avion retardé, en écoutant une personne que vous trouvez ennuyeuse ou en participant à une réunion professionnelle lassante.

Remarquez à quel point le point zéro est facilement déstabilisé. Cela est lié à la sensibilité inhérente du mental. Ce dernier est entraîné à être attentif et à engranger un grand nombre d'informations dans chaque situation. Cette sensibilité constitue un atout colossal, mais en même temps, l'accumulation d'informations, en particulier si elles ne sont pas les bienvenues, rend plus difficile pour le mental le retour à un point zéro synonyme de disponibilité et de clarté.

Votre mental cherche à se remettre à zéro de nombreuses fois à chaque minute pour que vous soyez mentalement disponible, que votre attitude soit ouverte et que votre humeur soit optimiste. Tel est le dessein de la nature. Pourtant, la vie moderne va constamment à l'encontre de cette dernière. Il est devenu plus difficile d'atteindre la tranquillité de l'esprit et dans une société dominée par d'innombrables distractions, la sérénité mentale est perçue comme une expérience rare. Paradoxalement, nombreuses sont les personnes qui préfèrent manger dans un restaurant bondé et bruyant, parce qu'elles cherchent une stimulation constante.

Le mental résiste à cette stimulation constante, qui nous épuiserait tel un disque vinyle qui serait continuellement parcouru par le saphir d'un tourne-disque. C'est aussi pour cette raison qu'il nous arrive de rêvasser dans des situations où trop de choses se passent autour de nous. Hormis dans les cas de désarroi intérieur ou de stress extérieur, vos pensées retourneront au point zéro sans aucune action de votre part.

ENTRER EN MODE MÉDITATIF

La tradition méditative est apparue pour transcender le point zéro et accéder à une dimension au-delà des pensées ordinaires. Par conséquent, la sérénité n'est pas un but en soi. Elle est un tremplin. Car c'est dans le silence que se produisent toutes les avancées de la conscience.

Toutes les grandes techniques méditatives correspondent à différents processus naturels traversés par le mental quand il retourne au point zéro, quand il se remet d'une forme de déséquilibre qui vous a déstabilisé. La méditation de la complétude profite de tous les processus naturels du mental pour traiter tous les déséquilibres en même temps, et non pas un à la fois. Elle permet de reconnaître à quel point le mode méditatif naturel du mental est déjà complet et combien l'on entre souvent dedans.

LA PRÉSENCE permet au mental de remédier *aux distractions*. Elle permet de revenir dans le moment présent, dans lequel toute cellule du corps vit déjà naturellement. C'est également là que le mental veut se trouver, pourvu qu'on le laisse faire.

EXEMPLES

- Votre portable sonne pendant que vous conduisez. Si vous êtes présent, vous ne répondez pas et vous restez concentré sur l'instant présent.
- Vous avez rendez-vous avec votre médecin, parce que vous êtes inquiet au sujet d'un éventuel problème médical. Tandis que le médecin fait le point avec vous, vous remarquez que votre mental est toujours préoccupé. Si vous êtes présent, vous vous concentrez sur ce que vous dit le médecin et vous posez des questions pertinentes.
- Lors d'un rendez-vous galant, les choses ne se passent pas bien. Vous remarquez chez l'autre des caractéristiques qui

ne vous plaisent pas et en même temps, vous vous demandez si vous lui plaisez. Si vous êtes présent, vous chassez ces distractions et êtes naturellement présent à l'autre, sans arrière-pensée.

L'INTROSPECTION permet au mental de remédier *aux habitudes*. En vous demandant : « Pourquoi est-ce que je fais cela ? », vous prenez conscience d'une situation dans laquelle vous êtes généralement soumis aux habitudes, à la routine, aux comportements obsessionnels, aux réactions irréfléchies et aux croyances stagnantes. Vous procédez à une introspection lorsque vous remarquez un comportement répétitif et que vous vous interrogez à ce sujet.

EXEMPLES

- Vous demandez souvent à votre tendre moitié de vous aider à faire une tâche ménagère, mais votre requête est ignorée ou alors, l'autre vous donne une piètre excuse, du genre : « Désolé, j'ai oublié. » L'introspection vous permet de vous demander pourquoi vous vous mettez dans la position d'un adulte parlant à un enfant.
- Vous vous laissez facilement tenter lorsqu'il s'agit de commander un dessert au restaurant, même lorsque vous êtes rassasié ou lorsque vous faites un régime. Grâce à l'introspection, vous prenez le temps de vous demander si c'est

vraiment une bonne chose pour vous. Dans la mesure où vous savez que ça ne l'est pas, pourquoi reproduisez-vous ce comportement ?

- Vous vous plaignez constamment de votre travail et ce n'est que brièvement que les choses vont bien. Grâce à l'introspection, vous vous demandez pourquoi vous gardez un emploi qui vous rend malheureux et si vous méritez mieux.

LA RÉFLEXION permet au mental de remédier à *l'irréflexion*. L'idée est d'observer son comportement, de voir en quoi il est destructeur ou troublant et de prendre conscience de ce qui se passe vraiment. Le mental est naturellement réfléchi lorsqu'il se tourne vers lui-même.

EXEMPLES

- À votre travail, une personne ne vous traite pas avec respect. Vous en avez assez, mais vos collègues ne semblent pas avoir le même problème avec elle. Alors, au lieu de vous concentrer sur le stress que cette personne crée en vous, vous vous demandez si vous-même la stressez.
- Vous vous considérez comme un parent gentil, mais vigilant. Récemment, votre adolescente de fille est devenue distante et tient ses agissements secrets. Vous vous demandez si

vous-même tergiversez ou si elle agit comme une adolescente normale qui a du mal à trouver des limites saines.

- Votre partenaire se détourne sexuellement de vous. Vos amis en tirent une conclusion hâtive : votre partenaire vous trompe. Au fond de vous, vous craignez de ne plus être aussi désirable ou attirant qu'avant. À la réflexion, vous laissez tomber ces hypothèses et décidez de créer dans votre vie amoureuse des changements qui vous satisferont tous les deux. Si cela ne marche pas, vous vous demandez ce que vous pouvez faire d'autre.

LA CONTEMPLATION permet au mental de remédier à *la confusion*. Quand vous faites face à une multiplicité de choix, chacun ayant ses pour et ses contre, vous faites le tri en contemplant la situation jusqu'à obtenir un certain degré de clarté. Le mental préfère naturellement la clarté à la confusion.

EXEMPLES

- Vous avez commencé à aller irrégulièrement à l'église ou alors, vous avez même arrêté. Mais votre fils va épouser une fondamentaliste qui n'a de cesse de vous interroger au sujet de votre foi. Vous voulez préserver la paix dans votre famille, mais votre foi religieuse a quasiment disparu. Aussi, vous vous demandez comment exprimer vos croyances sans faire de vagues.

- Vous avez un nouveau patron qui vous a beaucoup compliqué la tâche en vous soumettant à une pression, en raccourcissant les échéances et par son comportement. Allez-vous rester, tenter de remédier à la situation ou démissionner ? Vous contemplez chaque possibilité et pesez le pour et le contre.
- Un Américain est particulièrement touché par le problème des violences armées dans son pays. Tout le monde lui dit que le lobby des armes est trop puissant pour qu'une législation saine puisse être mise en place. Il se demande s'il est bon d'être à l'écoute de sa conscience et de faire de son mieux pour aider à la création de nouvelles lois ou s'il a peu de chances d'y arriver et si ses efforts sont vains.

LA CONCENTRATION permet au mental de remédier à *la futilité*. Il est futile de faire un travail avec négligence, d'avoir des opinions irréfléchies ou d'avoir une attitude indifférente ou arbitraire avec autrui. Ce genre de comportement reflète la croyance sous-jacente en la futilité de la plupart des choses. Aussi, à quoi bon se donner de la peine ? En se concentrant, le mental est absorbé par une chose, au point que celle-ci prend du sens. Cela satisfait le besoin naturel du mental de donner du sens à la vie.

EXEMPLES

- L'une de vos amitiés de longue date est devenue terne et routinière, et votre ami vous paraît ennuyeux. Au lieu de vous en tenir là, vous vous concentrez sur ce que vous pouvez faire pour recréer du lien.
- Vous êtes devenu doué dans votre travail, au point qu'il n'est plus stimulant. Votre emploi risque de ne plus être épanouissant. Avant de prendre la lourde décision de changer d'emploi, vous vous concentrez pour savoir comment donner plus de sens à votre travail actuel et comment le rendre plus stimulant.
- Le matin, au réveil, vous ne vous réjouissez pas de la journée qui vous attend. La vie vous paraît ennuyeuse. Au lieu de critiquer votre âge, votre tendre moitié, votre travail ou votre vie en général, vous vous concentrez sur le changement intérieur et vous demandez ce qui manque dans votre vie et comment combler ce vide grâce à vos efforts.

LA PRIÈRE permet au mental de remédier au sentiment d'*impuissance.* En contactant une puissance supérieure, vous reconnaissez que vous avez besoin d'établir le contact. Il arrive souvent de se sentir isolé, seul, petit et perdu. Ces caractéristiques relèvent de l'impuissance et depuis des siècles, les êtres humains font appel à Dieu ou aux dieux en demandant l'intervention d'une puissance supérieure dans leur vie. Le mental a naturellement envie de se débarrasser du sentiment d'impuissance.

EXEMPLES

- Vous avez subi une perte et vous vous sentez déprimé et seul. Pour soulager cette souffrance, vous priez pour que la grâce ou un dieu aimant trouve une solution.
- Vous assistez à une catastrophe naturelle dans un autre pays qui crée une misère sans nom chez un très grand nombre de personnes. Il ne vous semble pas suffisant de faire un don à une ONG. Alors vous priez pour trouver un meilleur moyen d'apporter votre aide.
- Un membre de votre famille est devenu toxicomane. Tous les efforts qui ont été faits pour l'aider ont échoué. Les cures de désintoxication finissent toujours par une rechute. Vous priez pour qu'on lui vienne en aide et demandez à une puissance supérieure d'intervenir pour que la situation change.

LA SÉRÉNITÉ permet au mental de remédier *au surmenage*. Le mental gère constamment le quotidien et ses difficultés, mais quand l'activité mentale devient pesante, il y a un risque d'épuisement, d'angoisse et d'agitation. Le mental veut naturellement être au calme lorsque aucune activité n'est nécessaire. Car c'est dans la paix et le silence que résident le contentement simple et le renouvellement de l'envie de répondre comme il convient à la prochaine situation.

EXEMPLES

- Au travail, vous vous en prenez à une personne qui vous semblait irresponsable. Votre collègue est contrarié et du coup, vous aussi. Avant de vous excuser, vous vous calmez, vous vous recentrez et vous laissez votre mental au repos.
- Votre famille s'est habituée à vous voir gérer les situations complexes et vous êtes fier de votre compétence en la matière. Vous faites tout cela par amour. Mais cela cache une lassitude grandissante. Avant de discuter avec votre famille et de demander aux autres de faire leur part du travail, vous prenez le temps de vous détendre et de rester au calme, jusqu'à ce que vous soyez prêt à aborder la question sans vous sentir intérieurement exténué.
- Après une dure journée de travail, vous avez l'habitude de boire un cocktail ou une bière. Récemment, votre consommation d'alcool a augmenté. Vous prenez conscience que vous pouvez vous détendre plus efficacement en méditant ou, tout du moins, en vous relaxant pendant un quart d'heure, avant de décider si vous avez vraiment besoin de prendre un verre.

LA RESPIRATION CONTRÔLÉE permet au mental de se remettre du *stress*. Le stress est un mot générique qui désigne un état d'esprit déséquilibré et un corps sous pression. Quand on est en proie au stress, la respiration devient rapide et irrégulière. En prenant quelques respirations profondes, en soupirant profondément ou en vous endormant (état dans lequel la respiration est naturellement régulière et détendue), vous retrouvez l'équilibre physiquement et mentalement.

EXEMPLES

- Tous les exemples reviennent au même. Lorsque vous vous sentez stressé, vérifiez comment vous respirez. En respirant profondément et régulièrement pendant quelques minutes, vous soulagez la pression en vous détendant, en faisant le vide et en enlevant les tensions du corps.

LA FÉLICITÉ permet au mental de remédier à *la souffrance*. Le mental préfère naturellement le bien-être à la souffrance, même s'il rationalise certaines formes de souffrance en considérant qu'elles sont bonnes pour lui. La félicité, la joie et l'extase correspondant à un état de bonheur parfait. Ce dernier semble se produire de manière imprévisible, mais nous connaissons tous cet état et le mental cherche autant que possible à y revenir. La félicité est un état naturel. Tandis que la souffrance est une déformation superficielle, une sorte de mauvaise vibration persistante qui détruit les bonnes vibrations du mental.

EXEMPLES

- La félicité correspondant à un bonheur inexprimable, elle est différente du bonheur, qui peut souvent être décrit. Pour faire la différence, souvenez-vous d'un jour où vous avez éprouvé une joie soudaine sans vraiment savoir pourquoi. Plus le sentiment était extraordinaire, plus vous vous êtes approché de la félicité.
- S'il ne vous est pas facile de vous souvenir d'un moment d'extase, il vous sera peut-être plus facile de retrouver un sentiment d'émerveillement. Revoyez-vous en train de contempler un paysage qui reflétait les merveilles de la nature. La félicité est très proche de ce sentiment.
- La félicité peut également manquer de faire couler des larmes. Souvenez-vous de ce que vous avez ressenti en voyant un nouveau-né ou un enfant jouer innocemment, ou une personne dépasser sa souffrance. Quand nous sommes bouleversés par ce genre d'expériences, si le sentiment qu'elles éveillent en nous est inspirant, nous sommes proches de la félicité.

TOUT EST MÉDITATION

LEÇON 5 : TROUVEZ VOTRE CENTRE

Votre mental sait déjà méditer. Il vous suffit de le remarquer et d'en tirer avantage. Quelle que soit la pratique méditative que vous faites, le processus nécessite toujours un centrage, c'est-à-dire d'être au repos dans son corps et d'être tranquillement soi-même, sans exigence ni attente. C'est le point de départ de tous les autres états qui peuvent survenir grâce à la méditation de la complétude. À l'inverse, si vous n'êtes pas centré, votre méditation restera improductive. La distraction vous détourne de la méditation, de l'essentiel.

Il est bon de prendre conscience que le centrage se produit naturellement en dehors de la méditation. Par exemple, vous êtes centré chaque fois que vous êtes sérieux et sincère. En outre, vous ne pouvez exprimer votre vérité que lorsque vous êtes centré. Enfin, une émotion exprimée avec son cœur provient également d'un état de centrage.

Voici comment trouver votre centre à tout moment :

- Trouvez un endroit au calme, fermez les yeux et laissez votre attention se tourner doucement vers le centre de votre poitrine, dans la région du cœur. Respirez normalement, sans rien faire. Vous vous apercevrez que vous êtes centré et calme.
- Continuez de ne rien faire ; votre attention va se remettre à vagabonder. Remarquez-le et ramenez votre attention au centre.

Refaites ces exercices aussi souvent que vous le souhaitez. Votre but est simplement de remarquer la sensation de centrage. Car elle est le seuil de la conscience pure, elle est l'état de conscience stable.

Pour appliquer ce que vous avez appris, tout au long de votre journée, faites une pause s'il vous arrive l'une des choses suivantes :

- Vous vous sentez à bout.
- Vous êtes distrait.
- Vos pensées se bousculent.
- Vous doutez au moment de prendre une décision.
- Vous êtes sous pression.
- Des questions de temps, d'argent ou de santé vous inquiètent.
- Vous êtes irrité ou impatient.
- Vous êtes tracassé.
- Vous vous ennuyez.

Chaque fois que l'une de ces réactions très courantes survient, ne luttez pas. Au contraire, prenez un moment calme, fermez les yeux et recentrez-vous. Laissez la conscience vous ramener à un état de stabilité, de calme et à une absence de réaction aux événements extérieurs. Ne forcez rien. Si votre attention vagabonde, ramenez-la au centre de votre poitrine.

AVEC LA CONSCIENCE, C'EST « TOUT OU TOUT »

Parfois, dans la vie, c'est tout ou rien. Par exemple, tomber enceinte. Mais le plus souvent, tel n'est pas le cas. On peut vivre dans un intermédiaire plutôt satisfaisant. C'est seulement avec la conscience que c'est « tout ou tout », expression que je vais vous expliquer.

Quand une chose est entière, elle ne peut être divisée. Il n'y a que sa totalité. La conscience est toujours présente dans la moindre parcelle de vie, sans exception. Étant donné que vous êtes doté du libre arbitre, il vous est possible de repousser la conscience, ce que nous faisons constamment à partir du moment où nous ignorons ce qui est bon pour nous et que nous choisissons au contraire de faire ce qui est mauvais pour nous. Nos habitudes nous amènent à mettre la conscience de côté. Les règles aussi. C'est le cas de tout ce qui rend la vie mécanique. Toutefois, cela n'affecte nullement la conscience.

La vie éveillée est totalement consciente, ce qui en fait le mode de vie le plus naturel qui soit. Pourtant, il est très difficile d'accepter ce concept. Par exemple, les gens aiment se conformer à des règles et quand celles-ci sont très strictes, comme c'est le cas pour les brahmanes orthodoxes dans l'hindouisme ou les juifs orthodoxes, il est aisé de se sentir supérieur, car on suit tellement de préceptes que le commun des mortels serait incapable d'en faire de même.

La méditation de la complétude propose une voie qui conduit vers la vie éveillée, mais il faut d'abord vouloir ce type de vie.

Être constamment conscient quelle que soit la situation paraît étrange et pas nécessairement désirable. Est-ce une bonne chose d'être continuellement conscient de son poids, des défauts de son partenaire amoureux ou du peu de connaissances que l'on a sur n'importe quel sujet comparativement à une personne qui a écrit un manuel scolaire ? Mais ce n'est pas à cela que ressemble la vie éveillée. Je ne répéterai jamais assez qu'avoir conscience de tout est le meilleur mode de vie, car la conscience est déjà en tout.

Le corps, comme toujours, est la pierre angulaire idéale de la réalité. Il fait plus que simplement se rééquilibrer grâce à l'homéostasie : il s'autoguérit, et ce tout le temps, pas seulement lorsque vous êtes malade ou blessé. Des milliers de fois par jour, des cellules nuisibles, parmi lesquelles celles qui pourraient être cancéreuses, sont détruites et lorsque leur vie fonctionnelle touche à sa fin, les cellules meurent volontairement. Le corps est constamment vigilant, ce qui implique qu'il existe une conscience permanente.

Comme pour tant d'autres processus, la réponse de guérison est extrêmement compliquée et sa description remplit des manuels scolaires, sans même que le sujet soit épuisé. Pour ce qui nous concerne, il est important de réaliser que la conscience sous-tend les actions du corps, y compris au niveau cellulaire. C'est l'intelligence d'une cellule qui lui dit quoi faire. Car ses atomes et molécules gigoteraient de manière aléatoire, telle de la poussière interstellaire, s'il n'y avait pas la conscience. Je pense que vous serez convaincu par un exemple que nous allons prendre, qui est lié au système immunitaire et qui est représentatif de tout le corps.

Une sorte de globule blanc contenue dans notre sang et appelée phagocyte a pour mission de dévorer les micro-organismes invasifs, tandis qu'une autre sorte, connue sous le nom de lymphocyte, reconnaît et se rappelle tout intrus du passé, non seulement de *votre* passé, mais aussi d'un passé lointain remontant à des milliers, voire des millions d'années.

Un globule blanc est représentatif de tout le corps, parce qu'il a une composante visible et une autre invisible. Il est fascinant d'observer au microscope une cellule tueuse, une catégorie de lymphocyte, entourer, recouvrir et dévorer une bactérie ou un virus indésirable, mais c'est l'intelligence invisible des lymphocytes qui rend tout le système immunitaire viable. Nous dépendons de la quasi-perfection de la mémoire du système immunitaire. Votre aptitude à reconnaître un visage est comparable à la capacité d'un lymphocyte à reconnaître les virus à l'origine de la rougeole et des oreillons. En se souvenant que vous avez eu ces deux maladies dans votre enfance, le lymphocyte vous protège et vous empêche de les attraper à nouveau.

La science médicale est perplexe lorsqu'il se produit l'un ou l'autre de ces deux phénomènes : soit une particule inoffensive est prise à tort pour une ennemie (c'est de cette manière que les allergies se développent), soit des cellules immunitaires s'en prennent aux cellules du corps, créant ainsi un trouble auto-immun (il en existe une cinquantaine, parmi lesquels le lupus et la polyarthrite rhumatoïde).

Les allergies et les troubles auto-immuns ont connu un essor important ces dernières décennies, en particulier dans les pays développés, sans que personne ne sache l'expliquer. La raison en est que jusqu'à présent, le système immunitaire a été étudié exclusivement dans son aspect physique, mais que l'on n'en sait très peu sur son intelligence invisible. C'est comme si l'on comprenait les travaux d'Einstein en examinant la quantité de craie qu'il utilisait pour écrire sur son tableau. Naturellement, c'est surtout le sens de ce qu'il a écrit à la craie qui nous intéresse, mais il n'est pas possible d'y accéder directement chez le globule blanc, dont l'intelligence est cachée. Celle-ci n'est dévoilée qu'en observant ce dont la cellule peut se souvenir.

Si l'on examine les choses plus en profondeur, le mystère de la mémoire du système immunitaire est tout simplement le même que le mystère de la mémoire tout court. Dans le cerveau, la mémoire est répartie dans plusieurs aires, dont l'hippocampe, une aire cérébrale importante pour consolider les informations (ce nom, tiré du grec, fait référence à l'animal éponyme, car on pensait qu'ils se ressemblaient). Au cours d'une opération chirurgicale aussi célèbre que désastreuse qui a eu lieu dans les années 1950, on a procédé à l'ablation de l'hippocampe d'un homme dans l'espoir de le guérir de ses crises d'épilepsie. Il y a effectivement eu une amélioration. Mais l'homme a complètement perdu la mémoire, ce qui a fait de lui un cas d'étude unique dans les décennies qui ont suivi, jusqu'à sa mort. Quand on a une absence totale de mémoire, toute expérience est nouvelle, mais également creuse. Par exemple, cet homme ne pouvait entretenir aucune relation. Son médecin devait se présenter chaque fois que le patient rentrait dans son cabinet, même s'il avait été absent à peine une minute.

Il est utile de connaître l'emplacement de la mémoire dans l'optique de cartographier le cerveau, mais la structure de l'hippocampe nous renseigne autant sur la mémoire que si vous saviez où se trouve votre smartphone, sans savoir comment le faire fonctionner. Dans la mesure où l'aspect visible, ou physique, de la mémoire nous donne une compréhension tellement limitée des choses, nous devons nous tourner vers son aspect invisible. Que savons-nous au sujet de la mémoire ? Une multitude de choses. Mais qui sont toutes subjectives.

On sait qu'on peut se remémorer des souvenirs, mais également qu'ils peuvent remonter d'eux-mêmes.

On sait que les souvenirs, s'ils sont suffisamment frappants, font remonter les émotions liées aux circonstances à l'origine du souvenir, qui s'accompagne d'une intense douleur.

On sait que certains souvenirs sont exacts, tandis que d'autres sont erronés. Le mental produit même des souvenirs complètement faux ou alors fait fusionner plusieurs événements.

Ce savoir nous provient de la seule utilisation de notre mémoire, mais à l'inverse de la mémoire d'un ordinateur, qui est mécaniquement stockée sous la forme de 0 et de 1, la mémoire humaine a en quelque sorte une vie qui lui est propre. Souvent, ce sont nos souvenirs qui nous utilisent, et non l'inverse. J'entends par là que nos souvenirs nous forcent à revivre des expériences douloureuses que nous préférerions oublier. Ils nous rappellent nos échecs passés et nos limitations. Ils maintiennent en vie les rancœurs et les violences du passé que nous sommes incapables de pardonner. Au niveau le plus fondamental, il nous manque une méthode permettant d'effacer les souvenirs indésirables, une des raisons pour lesquelles certains privilégient le déni, forme d'oubli volontaire.

Le fait est que presque tout ce que fait le corps est contrôlé par la conscience qui est toujours présente en arrière-plan, intelligente et vigilante. Grâce à l'expérience personnelle, on sait certaines choses déconcertantes pour la science. La mémoire en étant l'exemple marquant, de même que le processus de guérison. Mais rien de ce que l'on enseigne en école de médecine n'est dépourvu d'une auréole de mystère. Par exemple, dans ma discipline, l'endocrinologie, on a pensé jusqu'en 1995 que les hormones n'étaient sécrétées que par les glandes endocrines telles que la thyroïde, le pancréas ou les glandes surrénales. C'est à cette époque qu'on a découvert que les cellules adipeuses sécrètent une hormone baptisée « leptine », qui contrôle la sensation de satiété. Comme si cela ne suffisait pas, on a ensuite découvert que les hormones endocrines sont sécrétées partout dans le corps. Par exemple, vos os fabriquent une hormone spéciale et on sait désormais que la peau est la source principale d'hormones de tous types dans le corps.

Notre discipline a été encore plus ébranlée quand on a découvert que chaque hormone a plus d'une fonction et que souvent, ces fonctions sont sans rapport. Par exemple, la testostérone n'est pas seulement l'hormone sexuelle masculine. Car elle existe également chez les femmes et elle agit sur la libido, la masse osseuse, la répartition des graisses, la taille et la force des muscles et la production des globules rouges. En bref, nos hormones, à l'instar de la réponse de guérison, nécessitent une connaissance de tout ce que le corps fait et doit faire.

MÉDITER N'EST PAS PENSER

En résumé, la conscience est partout, en toute chose. Pourtant, nos pensées, qui constituent l'exemple le plus évident de conscience, ne sont pas toujours conscientes. Ce ne sont pas vos pensées qui ont créé votre système immunitaire ; de même, vous n'avez pas besoin d'y penser pour guérir d'une coupure. En réalité, tenter de comprendre la conscience par la réflexion est le pire moyen d'y parvenir. Seule l'expérience directe mène à la compréhension. C'est pourquoi la méditation et la pensée n'ont absolument rien en commun.

La pensée peut être tellement erronée qu'elle fait obstacle au rééquilibrage naturel pour lequel le mental est conçu. Laissez-moi illustrer mon propos par un récit à la première personne découvert sur un site Internet personnel et dont le protagoniste est Joey Lott, un homme sans diplôme médical qui a découvert, grâce à des années d'essais et d'erreurs, ce qu'il appelle « le remède à l'angoisse » :

> « J'ai vécu les trente-deux premières années de ma vie dans l'angoisse. Au point que j'étais en panique jour et nuit…, pendant de nombreuses années. J'avais le sentiment qu'un courant électrique traversait mon corps et électrifiait mes nerfs, ce qui m'empêchait de trouver du réconfort ou de me sentir à peu près bien. »

Il n'existe pas de consensus au sujet des causes de l'angoisse chronique. Une réaction naturelle, à savoir la peur face au danger, devient généralisée et n'est plus associée à une menace réelle. Dans le cas de Joey Lott, les symptômes étaient complexes et se recoupaient.

> « Dès l'âge de 11 ans, j'avais un TOC et j'étais anorexique. Comme j'avais honte, je me cachais et j'évitais les autres. Je me privais de nourriture et je faisais de l'exercice physique à outrance. Je me lavais les mains des dizaines de fois par jour. [...] J'essayais de me débarrasser des pensées et images indésirables. Chaque fois que je tentais d'interagir avec les autres, je finissais par fuir pour rejoindre la relative sécurité de ma maison. Mais même là, je n'étais pas à l'abri. La nuit, je restais réveillé, en proie à des terreurs, et j'imaginais quantité de choses qui pourraient se passer. »

Frustré, Joey Lott s'est tourné vers des professionnels, tout en essayant régulièrement l'automédication, sans succès.

> « Mon échec à améliorer ma situation (même après des années de thérapie, de méditation, de yoga, d'affirmations, de travail respiratoire, de prière, de lecture de centaines d'ouvrages de développement personnel, d'innombrables stages, etc.) était tel que j'ai fini par tomber dans le désespoir. J'ai cru que rien ne pourrait m'aider. Je pensais être au fond du trou. »

Le remède qu'il a fini par trouver est une forme de « non-agir », pour reprendre une expression bouddhiste. Mais c'est bien l'expérience, et non la terminologie, qui a été la clé. Il a pris conscience que son angoisse était enracinée dans la pensée, dans la tentative constante du mental de s'attaquer à l'anxiété de manière autodestructrice. Selon lui, le remède :

> « dépasse complètement l'entendement, car il ne s'agit pas de se débarrasser des symptômes indésirables, ni d'éliminer l'angoisse, ni de la surmonter, ni de s'en libérer. »

En fait, l'idée est de découvrir directement ce qu'est l'angoisse et de l'accueillir.

La méthode que Joey Lott a à l'esprit consiste à complètement cesser de résister à l'angoisse. Il explique que c'est la résistance, ainsi que toute tentative de se débarrasser de l'anxiété, qui est la cause de cette angoisse. Au lieu de se laisser absorber par une telle activité mentale, il a décidé de la contourner entièrement :

> « En essence, le remède à l'angoisse est… la rencontre directe de l'expérience. Ne pas essayer de s'en débarrasser, de la calmer, de la changer, d'y remédier, de la résoudre ou quoi que ce soit d'autre. Comment parvenir à cette rencontre directe ? C'est simple. Ne rien faire. »

Les mots peuvent facilement compliquer la tâche et rares seraient les personnes souffrant d'angoisse, légère, modérée ou grave, qui accepteraient que ne rien faire puisse les guérir. Je pense que ce qui s'est passé est lié à la capacité du mental à se guérir et à se rééquilibrer. Joey Lott a trouvé un moyen de laisser ce processus se mettre en place et son secret a été de regarder son angoisse les yeux dans les yeux. D'autres trouveront peut-être que cette méthode est trop effrayante. Mais en règle générale, on favorise la guérison en apprenant à ne pas intervenir autant que possible. Triturer une blessure ne peut que faire empirer les choses. Refuser de se reposer quand on a la grippe ne fait que prolonger les symptômes.

Consciencieux, Joey Lott explique dans son témoignage que les différentes méthodes qu'il a essayées, par exemple la méditation de pleine conscience et d'autres méditations, peuvent soulager l'angoisse. Gagné par la ferveur d'une personne qui s'est guérie par elle-même, il pense avoir trouvé le véritable remède. Inutile de dire qu'il n'existe aucun modèle médical admis à ce sujet et qu'en tant que médecin, je me dois d'ajouter que je ne peux approuver ce genre de remède. Cet homme a découvert, en lui-même et avec d'autres personnes qu'il a plus tard rencontrées, qu'il est possible de « ne rien faire », c'est-à-dire d'être simplement conscient de ce qui se passe. Cela a marché dans son cas.

Le simple fait de reconnaître une expérience aussi subtile que celle-là peut nécessiter la présence d'un coach, comme l'admet volontiers Joey Lott. Le mental est habitué à être attentif à ses pensées et il est presque impossible de *ne pas* porter son attention dessus. Plus on pense à son angoisse, plus elle se développe. Pour rompre ce cercle vicieux, on peut commencer par être moins attentif aux symptômes, à ne pas ressasser. Si vous prenez l'habitude de ne pas faire une fixation sur la moindre expérience, même si elle est douloureuse ou si elle vous distrait, il viendra un moment où votre attention sera attirée par la conscience de soi. Alors le mental finit par revenir à un état d'équilibre normal, source de guérison.

Il y a quelque chose d'important à retenir au sujet de la différence entre la pensée et la méditation. La méditation aligne le mental sur l'équilibre et la guérison. Alors, la conscience peut effectuer son travail sans qu'interfèrent l'inquiétude, le doute, l'apitoiement, le désespoir et l'impuissance. Même quand on ne cède pas à ces nuisances, elles favorisent un minimum l'émergence de problèmes chroniques. Il peut s'agir de problèmes de santé, mais des difficultés relationnelles ou un emploi ennuyeux sont également des problèmes qui nous déséquilibrent. Et plus le problème persiste, plus les choses empirent.

Joey Lott a su accéder à une faculté cachée à l'intérieur de sa conscience. C'est ce que fait la méditation, non pas la méditation partielle qui ne lui a pas réussi, mais un processus qui devient une seconde nature dans la vie de tous les jours. Pendant la véritable méditation, le mental nous rappelle simplement son rôle de guérisseur. On se souvient alors de quelque chose de crucial qu'il ne faut jamais plus oublier.

TOUT EST MÉDITATION

LEÇON 6 : EXPANSION DE CONSCIENCE

Vous pouvez tester les facultés de guérison du mental grâce à cet exercice simple de conscience de soi.

1. Trouvez un endroit au calme où vous ne serez pas gêné pendant cinq ou dix minutes.
2. Fermez les yeux et laissez votre attention se tourner librement vers une sensation de mal-être n'importe où dans votre corps. Si vous éprouvez plutôt une souffrance mentale, par exemple une inquiétude ou un sentiment persistant qui vous tracasse, laissez-la vous venir à l'esprit.
3. Portez votre attention avec légèreté sur le mal-être ou la pensée douloureuse pendant quelques secondes, puis détournez votre attention. Concentrez-vous alors sur le contour de votre corps. Ressentez l'air autour de vous, la température de votre peau et la sensation que vous donne tout votre corps.
4. Revenez à votre mal-être ou à votre pensée difficile, puis, une nouvelle fois, procédez à une expansion de conscience en vous éloignant de cette sensation et en ressentant tout votre corps. Refaites-le plusieurs fois.
5. Maintenant, allez un peu plus loin dans l'expansion. Ressentez votre mal-être ou votre pensée négative, puis prenez conscience de la pièce dans laquelle vous vous trouvez. Écoutez les sons, puis visualisez que votre conscience s'élargit tel un ballon et finit par remplir cette pièce. Refaites-le plusieurs fois.

6. Finalement, placez votre conscience partout. Ressentez votre mal-être ou votre pensée douloureuse, puis ressentez votre conscience qui s'étend au-delà des murs de la pièce, qui sort du bâtiment où vous vous trouvez et qui s'étend progressivement jusqu'à transcender toutes les limites.
7. Restez au calme quelques instants, puis ouvrez les yeux.

Pour la plupart des gens, le mal-être corporel ou la pensée négative du début auront diminué, parfois de manière remarquable. Une douleur et une angoisse extrêmes et persistantes peuvent disparaître. Naturellement, il ne suffit pas d'une séance de méditation pour être guéri définitivement, mais cet exercice vous apprend vraiment à *ne pas* être attentif.

Toute forme de souffrance nécessite qu'on porte son attention dessus. C'est à vous qu'il appartient de voir si vous voulez être passif et céder. Si tel est le cas, votre souffrance s'aggravera, de même que votre langue n'aura de cesse de toucher une douleur dentaire ou un bouton de fièvre si vous vous en inquiétez.

Pour échapper à cette réaction automatique, vous pouvez consciemment déplacer votre conscience là où vous le voulez. C'est ce que vous apprenez à faire dans cet exercice. Cela illustre parfaitement comment se libérer d'une réaction figée en prenant simplement le contrôle de l'attention.

3

Laissez votre corps vous guider

Certains commettent une erreur capitale qui nécessite des explications : ils pensent qu'en méditation, « tout est dans la tête ». Les gens attendent des résultats pratiques de leur méditation. C'est compréhensible. La méditation peut améliorer votre vie en vous aidant à être moins anxieux et plus concentré. Elle vous ouvre à l'expérience de la sérénité. Actuellement, l'état d'attention connu sous le nom de « pleine conscience » a le vent en poupe. Mais le mental n'est pas séparé du corps, qui est toujours impliqué dans ce qui se passe. Par exemple, pour en finir avec les effets persistants des souvenirs indésirables d'un lointain passé, le cerveau doit cesser de les ressasser.

Toutes les sensations que vous avez traversent le système nerveux central, y compris les sensations associées à l'amour, à la paix et à la présence de Dieu. Elles ont beau être extraordinaires, comme toute expérience spirituelle, elles n'en demeurent pas moins des réactions physiques à l'intérieur du système nerveux. Considérer que la méditation n'est qu'un phénomène mental, c'est ne pas comprendre comment la méditation de la complétude *fonctionne* réellement.

Le rapport entre le corps et l'esprit opère une fusion de l'activité physique et mentale. Le mental réagit au corps à l'instant même où le corps réagit au mental. Ce fait, qui paraît aujourd'hui évident, se heurtait autrefois à une résistance catégorique. Rares étaient les médecins occidentaux qui « croyaient » à l'existence d'un lien entre le corps et le mental quand on a pour la première fois avancé cette idée. Ils insistaient, comme le font encore certains : selon eux, seul l'aspect physique comptait. Je me souviens de ma frustration quand des médecins chevronnés à Boston se moquaient de l'idée selon laquelle la méditation pouvait avoir un impact sur le corps. J'ai notamment rencontré un professeur de l'école de médecine de Harvard qui rejetait catégoriquement l'existence d'un lien entre le corps et l'esprit, au point que j'ai fini par lâcher : « Mais bon Dieu, comment croyez-vous que vous faites bouger vos orteils ? » Cela ne l'a pas fait changer d'avis.

Ce déni semble être de l'histoire ancienne. Pourtant, il en reste des traces dans l'idée répandue selon laquelle on considère que le moi, l'individu, est une simple création de l'activité cérébrale. C'est la nouvelle pomme de discorde. Le commun des mortels aurait raison de penser que ce genre de controverse n'a aucune pertinence dans sa vie personnelle. Pourtant, tel n'est pas le cas. Au-delà du lien entre le corps et l'esprit, il reste des questions cruciales qui exigent des réponses.

Est-ce le cerveau qui crée le mental ? Si oui, sommes-nous de simples robots à la merci du cerveau ?

La recherche d'une expansion de conscience ou d'une conscience supérieure est-elle une illusion ? S'il n'y a pas de moi en dehors de l'activité cérébrale, il n'y a aucune chance que vous ayez un moi supérieur. Dès lors, pourquoi prendre la peine de méditer, de prier ou d'être bon envers son prochain ? Vous ne faites qu'entretenir une illusion.

Mais le mental peut-il vraiment prendre le dessus sur le cerveau ? L'action du mental sur la matière s'oppose au scepticisme et même aux moqueries du camp des matérialistes, alors même qu'il existe une multitude d'éléments scientifiques suggérant que l'on a un plus grand contrôle de son cerveau qu'on ne l'imagine. Si vous accumulez les factures au point de commencer à vous inquiéter au sujet de vos finances, cela a un impact sur l'état chimique de votre cerveau. C'est votre angoisse qui a provoqué ces changements. Il est donc illogique d'affirmer que vous vous inquiétez parce que c'est votre cerveau qui fabrique cette angoisse. En réalité, c'est votre mental qui a lancé le processus lorsque vous avez vu votre relevé bancaire.

Cependant, beaucoup sont convaincus que nous vivons dans un monde uniquement matériel. À de nombreux niveaux, en particulier dans la science, la philosophie et les médias dominants, la position matérialiste semble l'avoir emporté. Rares sont les personnes qui apportent un soutien inconditionnel à l'hypothèse selon laquelle la conscience pourrait être indépendante du cerveau. Encore moins de personnes acceptent ce que propose ce livre, à savoir que c'est la conscience qui crée le cerveau. Car à l'origine, comment une entité immatérielle pourrait-elle produire des neurones ? Le mystère est résolu une fois que l'on prend conscience qu'il n'y a pas de séparation entre le corps et le mental. Nous sommes un seul et même phénomène : le corps-mental, qui est l'union des deux.

TOUT EST MÉDITATION

LEÇON 7 : LE CORPS-MENTAL

L'activité cérébrale peut être observée à l'aide d'une IRM fonctionnelle ou d'un scanner, contrairement aux pensées. Il est clair que ces deux activités sont reliées, et encore, c'est un euphémisme. En réalité, le cerveau et le mental sont indissociables. La question n'est pas qui est apparu le premier. Le corps-mental est un seul et même phénomène et puisqu'il fonctionne à l'unisson, cela implique qu'il a toujours existé en union.

Si vous en voulez des preuves, voici une démonstration simple de l'inséparabilité du corps et du mental :

- Fermez les yeux et imaginez un citron jaune brillant à côté duquel est posé un couteau de cuisine.
- Visualisez que le couteau coupe le citron en deux moitiés et observez des gouttes de jus qui giclent. À un moment donné de cette visualisation, vous commencerez à saliver involontairement (c'est ce qui m'est arrivé en rédigeant cet exercice).

C'est un exemple classique qui illustre bien le lien entre le corps et le mental. Mais on passe souvent à côté du fait que le cerveau ne fait pas la différence entre un citron imaginaire et un vrai citron. Car dans les deux cas, le cerveau active les glandes salivaires. Quant au mental, il sait faire la différence, parce que vous n'êtes pas votre cerveau.

Vous vous servez de votre cerveau, et ce en étant certain que le cerveau et le mental réagiront simultanément et presque instantanément l'un à l'autre. Il est impossible de déterminer où se termine l'un et où commence l'autre.

COMBLER LE FOSSÉ

Rétrospectivement, il semble étrange qu'il ait fallu que quelqu'un découvre ce que l'on a appelé un lien entre le corps et l'esprit, car il est impossible d'être une personne sans lui. C'est comme « découvrir » que les pommes Fuji sont rouges et sucrées. L'expérience associée à ce type de pomme inclut nécessairement ces caractéristiques. Sans elles, une pomme ne serait pas une pomme.

Pourtant, il y a eu une raison pratique au besoin de découvrir le lien entre le corps et l'esprit, qui est liée à l'état perturbant que l'on connaît en psychologie sous le nom de « dissociation ». Voici la définition générique de ce terme : « large éventail d'expériences allant d'un détachement léger vis-à-vis de son environnement immédiat à un détachement plus grave vis-à-vis des expériences physiques et émotionnelles ». Les médecins et les thérapeutes traitent la dissociation quand elle atteint l'extrémité du spectre, c'est-à-dire quand il y a une coupure grave entre le corps et le mental. Par exemple, l'anorexie implique une coupure désastreuse entre une obsession mentale, celle de perdre du poids, et une évidence physique, celle d'un corps émacié qui a désespérément besoin de nourriture. Dans son miroir, une jeune anorexique pourra voir quelqu'un d'obèse, alors qu'en réalité elle pèse 35 kg et qu'elle meurt à petit feu de malnutrition.

Il y a également une dissociation évidente lorsqu'une personne subit un choc et qu'elle se coupe de ses sensations corporelles. Une victime d'un grave accident de voiture par une froide nuit d'hiver se retrouvera peut-être à trembler et à revivre le choc dès qu'elle se souviendra d'avoir eu froid. Il faudra que ce soit une personne extérieure qui lui enveloppe une couverture autour des épaules, car la victime sera trop sous le choc pour le faire d'elle-même.

La dissociation constitue un mystère qui dépasse de loin ses implications médicales. On peut retirer son attention de la douleur en créant *consciemment* un détachement, contrairement à l'état de choc. Dans ce cas, le détachement est un état spirituel. Pourquoi l'anorexie et la boulimie sont-elles des maladies, le choc un état d'insensibilité aiguë et le détachement un objectif spirituel ? Il nous faut examiner plus en profondeur le corps-mental pour le comprendre.

Commençons par l'expérience extraordinaire qu'a faite Michael Brown, un écrivain et professeur sud-africain. À l'époque où il était journaliste spécialisé dans la musique, il a soudain contracté un trouble neurologique très rare connu sous le nom de maladie de Horton, qui est rarement diagnostiquée avant la cinquantaine. « Cette pathologie, écrit Brown, a commencé en 1987 et s'est manifestée sous la forme de multiples douleurs quotidiennes créant une atroce agonie. » Plusieurs inflammations artérielles dans le cerveau provoquaient de graves douleurs à la tête appelées céphalées de Horton. Le cas de Brown était un exemple extrême, et pendant près de dix ans, il n'a trouvé aucun soulagement. Il a essayé les médicaments qu'on lui a prescrits, est allé voir des hommes-médecine africains et a consulté une multitude de guérisseurs. Sa cause désespérée a amené l'un des neurochirurgiens les plus réputés du pays à déclarer que Michael Brown était candidat soit à une dépendance à vie aux antidouleurs, soit au suicide.

« En 1994, ajoute l'écrivain, après avoir passé des années à tenter de me guérir de mille et une façons, mais en vain, j'ai dû me rendre à l'évidence : il était possible que rien ni personne à l'extérieur ne puisse apaiser ma souffrance. J'ai alors eu deux choix : en finir ou me tourner vers l'intérieur. »

Il a préféré la seconde option, ce qui s'est avéré décisif. Michael Brown a expérimenté divers états mentaux qu'il induisait par lui-même. Il a découvert que sa douleur diminuait s'il pouvait entrer dans un état qu'il appelle « haute fréquence énergétique personnelle ». Il a ainsi réussi à activer par lui-même le lien entre le corps et l'esprit. « Cela a été mon premier aperçu de ce que j'appelle aujourd'hui la conscience du moment présent. »

Il s'en est suivi une avancée spectaculaire dans le désert de l'Arizona en 1996. Michael Brown a participé à une hutte de sudation animée par un guide amérindien. Dans ce genre de cérémonie, l'individu est intensément soumis à une chaleur, une transpiration, des chants spirituels et des percussions. Les états de conscience ordinaires sont soumis à une pression extrême pendant quelques heures. Après la cérémonie, tandis que l'écrivain ressortait à quatre pattes de la hutte de sudation, il a soudain vécu un changement intérieur spectaculaire.

« Alors que j'étais là, dans l'air frais de la nuit, en moi et tout autour de moi, tout était vibrant et grouillait de vie, comme si je venais de naître. [...] Je suis resté près du feu jusque tard dans la nuit, en silence et avec révérence, en ressentant la chaleur du sang qui circulait dans mes veines, ma respiration revigorante qui massait mes poumons et le rythme réconfortant des battements de mon cœur. » Il explique que cela a été sa première expérience de la Présence, ou de l'*êtreté* : « Je me sentais physiquement présent, mentalement clair, émotionnellement équilibré et vibratoirement aligné. »

Comme il le raconte dans son livre *Le Processus de la Présence*, cette avancée majeure lui a permis de savoir maîtriser sa maladie neurologique ; de plus, son expérience dans le désert d'Arizona met en lumière le fait qu'être présent dans sa vie, c'est-à-dire, en d'autres termes, être beaucoup plus conscient, nécessite que le corps aussi soit présent. Quelle est donc cette mystérieuse Présence qui s'est révélée à Michael Brown ? Son attitude à son égard est presque religieuse, mais selon moi, la réponse est simple : quand on est présent, on rencontre la Présence.

Toutes les personnes qui participent à une hutte de sudation ou qui s'adonnent à une autre pratique spirituelle intense n'en ressortent pas nécessairement avec une expérience de Présence totale. On est parfois conscient, parfois non, ce qui crée une imprévisibilité de la Présence. En d'autres termes, on se retrouve typiquement dans un état de dissociation, ou de coupure. Parfois, il faut en passer par une grande secousse pour parvenir à cet état. Il existe une tradition, à la fois en Orient et en Occident, qui consiste à soumettre le corps à un stress intense, ce qui peut provoquer un basculement soudain dans la pleine conscience. Des soldats ont vécu cet état sur le champ de bataille, lorsque leur peur et leur appréhension se sont transformées en sentiment d'avoir conscience de tout. Cela se traduit par les sensations suivantes :

- sentiment de légèreté physique, voire d'apesanteur ;
- perception accrue des couleurs et des sons ;
- conscience intense de la respiration et des battements cardiaques ;
- picotements énergétiques dans le corps ;
- détente totale ;
- euphorie.

On s'est aperçu, grâce aux témoignages de soldats, d'athlètes pratiquant des sports extrêmes ou de victimes de traumatisme, que la conscience peut basculer de manière spectaculaire dans un état supérieur. Ce n'est pas pour autant qu'il faille en conclure qu'il est bon de punir son corps en le soumettant à un stress, en allant à la guerre ou en recherchant des conditions physiques extrêmes. Les personnes qui prennent l'habitude de mener une vie très stressante pourraient hasardeusement et temporairement accéder à un état de conscience modifié, mais il est beaucoup plus probable qu'elles deviennent des accros à l'adrénaline, et non des yogis. La conscience supérieure n'entraîne ni tension, ni excitation, ni épuisement ; ce sont là les caractéristiques d'une montée d'adrénaline. Bien au contraire, les effets d'une expérience de conscience supérieure sont la détente et la félicité.

Ayant vécu une expérience spectaculaire de conscience, Michael Brown a essayé de maîtriser cet état modifié pour pouvoir le reproduire à volonté. L'une des pratiques essentielles qu'il propose dans son programme, baptisé « le processus de la Présence », consiste à contrôler la respiration, en incluant diverses étapes détaillées et en faisant preuve d'une grande discipline. Les yogis pratiquent depuis des siècles des techniques similaires de contrôle de la respiration. Mais je doute qu'un tel niveau de discipline convienne à la vie de tous les jours.

En réalité, Michael Brown est parvenu à la même conclusion que celle que je tire dans ce livre, à savoir que lorsque la Présence apparaît, cela se fait naturellement et sans effort. On ne peut forcer les choses. On peut néanmoins se préparer, et c'est ce que l'on fait avec la méditation de la complétude. Il est toujours vrai, me semble-t-il, que ce que l'on appelle les expériences paroxystiques arrive en temps et en heure, imprévisiblement. Vous pouvez essayer d'y accéder, mais il est bien plus probable que ce soit elles qui vous trouvent. Pourtant, il ne s'agit en rien d'un caprice de la nature.

La conscience nous connaît mieux que nous ne nous connaissons nous-mêmes. La Présence, ou encore une expérience paroxystique, transforme l'individu quand il est prêt. La bonne nouvelle est que les expériences les plus précieuses, en particulier l'euphorie et la félicité, surviennent lorsque le moment est venu dans la vie de tout un chacun.

Avec la méditation de la complétude, le but est de faire pencher la balance et de faire chaque jour des progrès. Cette attitude n'est peut-être ni aussi spectaculaire qu'un éveil soudain ni aussi palpitante que sauter en parachute depuis un avion, mais elle dure, car tout votre être, que ce soit le corps, le mental, les émotions, les pensées, les désirs ou les relations, s'inscrit dès lors dans le cadre d'une évolution naturelle. Les états de séparation que nous considérions comme normaux retrouvent leur place dans l'harmonie du corps-mental, qu'ils n'auraient jamais dû quitter.

TOUT EST MÉDITATION

LEÇON 8 : Y ALLER AU RESSENTI

Fondamentalement, il y a deux façons d'avancer dans la vie : par la pensée ou au ressenti. La pensée rationnelle est très estimée en cette époque où la science et la technologie sont reines, mais dans la vie de tous les jours, nous sommes confrontés à une multitude de sentiments. Les gens supposent qu'ils gèrent leur vie rationnellement, mais chez tout le monde, il y a un mélange de pensées et de sentiments. Ce mélange porte à confusion et doit être éclairci si l'on veut avancer consciemment dans la vie.

Se fier à ses pensées est séduisant pour les rationalistes, mais ils se leurrent. Le ressenti fait toujours partie de la moindre expérience, de la moindre décision et du moindre choix dans la vie. Voici quelques exemples de la façon dont cela fonctionne :

- Pensez à un aliment que vous n'aimez pas (un président américain a fait les gros titres parce qu'il n'aimait pas les brocolis). Imaginez-vous en train de prendre une bouchée de cet aliment. Il pourrait s'agir d'escargots, d'huîtres crues ou de chou bouilli. Mais essayez de visualiser que vous aimez son goût. Vous ne le pouvez, parce que ce goût est indissociable des sentiments qu'il éveille en vous.

- Mettez-vous à la place d'une sans-abri à la rue avec ses jeunes enfants. Visualisez la situation. Vous avez certainement déjà observé une scène similaire dans la vie réelle. Imaginez qu'un inconnu s'avance vers vous et vous tende 1000 € en espèces. Vous vous confondez en remerciements, mais l'inconnu se met soudain à rire avec mépris et il vous reprend l'argent d'un geste rapide. Êtes-vous capable de visualiser cette scène sans vous émouvoir ? Cet exemple dramatique illustre le fait que tout ce que nous voyons s'accompagne d'une interprétation émotionnelle.
- Imaginez que vous soyez en train de faire une longue randonnée en montagne et que vous perdiez toute notion du temps. La nuit tombée, les températures chutent rapidement et vous devez retourner à votre campement. Dans la nuit noire, vous arrivez face à un à-pic et manquez de tomber. Vous vous souvenez vaguement que l'à-pic n'est pas loin, peut-être à 50 cm devant vous. Mais il se pourrait aussi que vous soyez perdu et que l'à-pic se trouve 30 m devant vous. Impossible de faire demi-tour. Saurez-vous gérer la

situation sans angoisse ? Rares sont les personnes qui en sont capables.

Ces observations sont là pour nous faire comprendre que dans la vie, nous y allons tous au ressenti plus que nous n'en avons conscience. Nous supposons que nous réfléchissons logiquement quand nous prenons nos décisions. Mais en réalité, ce que nous ressentons est beaucoup plus dominant. Les anciens croyaient que le cœur était le siège de l'intelligence et de ce point de vue, ils n'avaient absolument pas tort. Car le ressenti est pourvu d'une intelligence profonde qui lui est propre.

Il est souvent limitant et dommageable d'ignorer ce fait. Certains affirment trop ressentir. Ils écoutent toujours leur cœur, par exemple, et de ce fait, celui-ci se retrouve souvent brisé. Pourtant, la moitié du temps, l'amour disparaît parce que l'on a trop réfléchi et pas suffisamment été attentif aux sentiments, en n'étant pas assez dans la confiance. Je pense que le mental comme les sentiments peuvent favoriser la conscience.

Au bout du compte, c'est en apprenant à y aller au ressenti dans la vie que vous aurez les meilleures chances de bonheur et de succès. Car le ressenti relève du corps-mental dans son ensemble, ce qui nous donne une raison pratique d'unir le corps et le mental au lieu d'essayer de renforcer leur séparation.

LA SAGESSE DU CORPS

Très souvent, c'est le corps, et non le mental, qui devrait être l'étalon permettant de mesurer ce que la méditation peut apporter. Par corps, je ne fais pas référence au cerveau en particulier, bien que ses fonctions s'étendent à toutes les cellules du corps, ce qui implique que tout ce que nous attribuons au cerveau pourrait être présent partout, ce qui est bien le cas. Par exemple, le fonctionnement de votre système immunitaire s'appuie sur la mémoire complète de toutes les maladies que vous-même et vos ancêtres avez jamais contractées. Cette mémoire passe à l'action chaque fois que des bactéries, virus et champignons invasifs apparaissent dans le sang. Ainsi, les cellules immunitaires savent à qui elles ont affaire, de même que vous êtes capable de reconnaître si un visage vous est familier ou non. Les cellules immunitaires s'attaquent aux pathogènes dès qu'ils apparaissent. Si l'envahisseur a pris une nouvelle identité génétique, ce qui arrive dans les cas de rhinovirus à mutation rapide (la souche de rhumes et de grippes de l'hiver 2019 est une nouvelle venue, tout comme la Covid-19, aux effets bien plus catastrophiques), votre système immunitaire apprend rapidement tout ce qu'il doit savoir au sujet de cette nouvelle identité et développe de nouveaux anticorps pour y faire face.

J'ai exposé quatre aspects de la conscience qui ne relèvent pas seulement du cerveau, mais aussi de chaque cellule : la mémoire, la reconnaissance, l'apprentissage et la créativité. Si l'on ne se fourvoyait pas en pensant qu'avec la méditation « tout est dans la tête », on verrait clairement que la conscience est une propriété globale inhérente à la vie elle-même. Mais il y a quelque chose de plus intrigant dans cette histoire, qui va plus loin.

En soi, les caractéristiques propres à la conscience sont très générales. Un globule blanc partage ses souvenirs avec les cellules du cœur, du foie et du cerveau. C'est un attribut figé, propre à la conscience. Mais la vie étant perpétuellement en mouvement et en changement, la mémoire doit suivre et constamment s'adapter aux nouveaux pathogènes invasifs, ainsi qu'aux nouvelles blessures qui doivent être guéries, aux nouvelles cellules renégates qui pourraient être précancéreuses, aux noms des personnes dont vous faites la connaissance, etc. Les tâches que doit accomplir la mémoire sont sans fin.

Ainsi en va-t-il de la complétude. En s'adaptant aux expériences infinies que propose la vie, la conscience doit être infinie pour en quelque sorte suivre le mouvement. En réalité, c'est la conscience qui mène la danse et elle donne au corps un rôle de leadership de premier plan. Que vous soyez en sommeil profond ou dans le coma, vos cellules restent pleinement conscientes. Cette conscience est dotée d'une sagesse qui lui est propre. Certains principes du corps ont été mis à l'épreuve depuis des millions d'années, depuis l'apparition des premiers organismes multicellulaires sur terre. Aujourd'hui, ces principes régissent notre existence de corps-mental.

LA SAGESSE EN ACTION

Votre corps est doté d'une sagesse qui lui est propre et qui met en action les principes les plus fondamentaux de la conscience. On en a la preuve visible dès le niveau cellulaire :

- Les cellules coopèrent pour le bien-être général du corps.
- Des organes extrêmement différents comprennent et acceptent le fonctionnement des autres organes.
- La guérison est une réponse qui sollicite toute la communauté cellulaire.
- Le conflit a été banni au profit d'une coexistence pacifique.
- Constamment, le corps perçoit le monde extérieur et s'y adapte.
- Les cellules apportent des réponses créatives aux nouvelles expériences.

Le fait que ces principes s'appliquent automatiquement ne signifie pas qu'ils ne s'annoncent pas à vous. Car si vous pouvez y aller au ressenti dans votre vie, c'est bien parce que vous recevez des messages en réponse à votre comportement tel qu'il est perçu par votre corps. Il s'agit de messages non verbaux transmis sous forme chimique. Ils peuvent être schématiquement répartis en deux catégories : les avertissements en cas de problème et les signes de bien-être.

LES AVERTISSEMENTS EN CAS DE PROBLÈME : par exemple, douleurs, mal-être physique, contraction ou tension dans les muscles, maux de tête, douleur et raideur dans le bas du dos, nausées, insomnies, léthargie, fatigue…

Bien que les gens aillent consulter leur médecin pour que ces avertissements soient traités au même titre que des maladies, il est tout aussi important de les écouter et de les considérer comme des communications réelles dont il faut tenir compte. Par exemple, chaque avertissement a des implications psychologiques. Ainsi, la nausée peut survenir lorsqu'on a mangé le mauvais aliment, mais aussi en cas de nervosité, auquel cas elle se traduira par des sensations allant de légers nœuds à l'estomac au trac qui paralyse tout l'individu. Quant à la léthargie ou la fatigue, ce sont des signes de stress. Ce stress peut être physique, comme quand on accomplit un travail corporel éprouvant, ou bien mental, comme quand on est soumis à une pression due à une échéance professionnelle. Être capable d'interpréter ce que votre corps essaie de vous dire vous permet au plus tôt de cheminer vers la guérison en vous appuyant sur votre ressenti.

LES SIGNES DE BIEN-ÊTRE : par exemple, légèreté, énergie, souplesse physique, bon tonus musculaire, bon sommeil, bonne digestion, absence de rhume et de grippe, yeux brillants, dynamisme.

Ces signes sont l'inverse des avertissements en cas de problème. Dans notre société de consommation, on nous vend des produits qui sont censés nous apporter un surcroît d'énergie et de vitalité, alors qu'en réalité le bien-être est l'état de repos normal du corps. Les signaux que vous recevez sont similaires au vrombissement calme d'une voiture tournant parfaitement bien, si l'on excepte le fait que cette analogie met de côté la nature vivante du bien-être.

Et là encore, il y a une composante psychologique. Le bien-être s'accompagne de sentiments d'optimisme, de satisfaction, de sécurité, de stabilité et d'ouverture à de nouvelles expériences.

Une fois que l'on comprend à quel point la sagesse du corps est exhaustive et que l'on intègre cela, il est difficile de ne pas rougir face à notre échec, aussi bien personnel que social, à être à la hauteur. La coexistence pacifique qui ne constitue qu'une infime partie de la sagesse corporelle n'a été atteinte que par intermittence dans l'histoire humaine. Malheureusement, la compréhension mutuelle qu'ont les différents organes les uns avec les autres est entachée, au niveau sociétal, par les préjugés, la suspicion et la haine.

Qu'est-ce qui ne va pas ? Si le corps-mental est un tout indissociable et si le corps est si sage, comment se fait-il que tant d'entre nous soient confrontés à des insomnies, des angoisses, des problèmes digestifs et des troubles associés au stress ? Il doit y avoir une coupure quelque part. À l'origine, le stress est l'une des causes principales de ce fossé. Une étude psychologique réalisée en 2019 à l'université Yale a permis de découvrir que le stress chez les étudiants a doublé par rapport à la décennie précédente. Si l'on cherche la cause de cette augmentation dramatique de la situation, on peut pointer du doigt le manque croissant de temps de repos laissé au mental, sans aucune distraction.

Bien qu'il ne s'agisse pas d'une réaction de stress à part entière, le fait de vérifier sans cesse ses SMS et ses e-mails sur son smartphone place le corps-mental constamment en alerte, ce qui, du point de vue du système nerveux involontaire, revient à faire preuve de méfiance face au danger. Il existe des problématiques plus vastes concernant les étudiants, notamment le poids écrasant de leur dette, estimée aux États-Unis à 1 470 milliards de dollars fin 2018. Cet endettement a de multiples répercussions : la pression d'avoir de bonnes notes, le besoin de prendre un emploi à temps partiel et en même temps, la tentation de trouver dès que possible un métier financièrement sécurisant. Ces macrostress, expression inventée par le Dr Rangan Chatterjee, un médecin spécialisé dans le stress, sont en réalité moins importants que les microstress d'un point de vue global.

L'endettement des étudiants et la pression des résultats n'ont pas doublé au cours des dernières décennies. Mais les distractions perpétuelles que constituent les jeux vidéo, les SMS et les e-mails, ont été érigées en mode de vie. L'état naturel du corps-mental consiste à faire face au stress, puis à retrouver l'équilibre aussi vite que possible. Soumettez-vous régulièrement à ce genre de microstress, pouvant être à peine remarqué par un accro du portable, et en un rien de temps, d'après le Dr Chatterjee, vous êtes involontairement à la limite du stress.

Selon lui, il suffit, dès le réveil, avant même d'avoir pris sa tasse de café, de consulter ses messages, qui pourraient par exemple soulever trois problèmes professionnels. Le corps-mental est en alerte et si vous y ajoutez des microstress en prenant votre petit déjeuner, par exemple parce que vous avez oublié que vous avez promis à votre fille de l'emmener à sa répétition, ainsi que des microstress pendant votre trajet pour aller travailler, vous ne serez pas loin d'être stressé alors même que vous arrivez au bureau. Il en résulte de l'impatience, de l'irritabilité, une distraction et la probabilité que le prochain texto aboutisse à un accès de colère pour quelque chose de parfaitement trivial. C'est exactement le fossé que je viens de décrire que la méditation cherche à combler. La façon qu'a le corps de remédier aux problèmes n'est pas mystérieuse : il nous guide naturellement en nous donnant d'un côté des avertissements précoces en cas de problème, et de l'autre des signes de bien-être. Il est capital de tenir compte de ces signaux pour mener une vie consciente. Quand vous entrez en mode méditatif, votre mental revient à un état d'équilibre qui reflète celui du corps.

Néanmoins, en soi, la méditation ne suffit pas à remédier à ce fossé à cause du moi divisé. L'existence même de nos mauvaises habitudes, conditionnements passés, émotions négatives, croyances figées et de tout ce que nous portons dans notre psyché, indique une aliénation beaucoup plus profonde. Nous sommes en guerre contre autrui et contre nous-mêmes. Nous ne savons pas ce qui est bon pour nous et même si nous le savons, il n'est pas garanti que nous agissions comme il convient. Dans certains cas, l'état de déni pourra être efficace, mais au bout du compte, la fatigue, la frustration, la dépression, l'anxiété, les comportements autodestructeurs et le fait de se juger parviendront à leurs fins.

Nous devons nous rendre compte que seule la conscience peut pleinement remédier aux problèmes et encore, il doit s'agir de la conscience globale, car, le corps et le mental ayant souffert ensemble, ils doivent guérir ensemble. Le bien-être est un état de complétude et votre vie ne pourra être dans cet état que lorsque votre corps-mental le sera. Pour l'instant, devenir conscient de tout paraît impossible, mais poursuivez votre lecture et vous verrez que non seulement c'est possible, mais qu'en plus, il s'agit d'un état naturel.

Si votre corps accompagne votre mental dans sa méditation, on a une bonne définition de travail de la complétude. Dans les années 1970, l'une des premières découvertes au sujet de la méditation a montré que l'activité des ondes alpha augmente dans le cerveau pendant la pratique méditative. Les ondes alpha sont une gamme de fréquences de l'activité cérébrale qui s'organise de manière synchronisée. On peut les détecter en reliant un sujet à un électroencéphalogramme (EEG) et elles ont même été découvertes par l'inventeur de l'EEG, le neurologue allemand Hans Berger.

Les vagues[2] que l'on observe en mer sont désorganisées, leur flux et leur reflux sont aléatoires ; en revanche, le cerveau ne produit pas d'activité électrique générant un bruit chaotique ou des parasites. Une fois qu'on a découvert les ondes cérébrales (d'autres mesures à l'EEG ont révélé l'existence des ondes bêta, gamma, thêta et delta, chacune émettant un signal sur une fréquence propre, comme différentes radios), on a pu accéder à une multitude d'informations. Pour un chercheur spécialisé dans le cerveau, les ondes alpha sont « des oscillations neuronales situées dans la gamme de fréquences allant de 8 à 12 Hz et produites par l'activité électrique synchrone et cohérente des cellules pacemaker chez l'être humain ».

Mais ces informations ne nous disent rien du mystère des ondes alpha. Comment se fait-il que l'évolution ait amené notre cerveau à les produire ? Elles doivent avoir un but ; sinon, elles appartiendraient à la catégorie des changements évolutionnistes ayant

2. En anglais, le mot *wave* désigne à la fois une onde et une vague (NdT).

disparu à la préhistoire, car, d'un point de vue darwinien, elles étaient inutiles. Les ondes alpha sont physiquement utiles dans la mesure où elles indiquent ce que fait le corps-mental : se détendre.

Les ondes alpha apparaissent quand on ferme les yeux et qu'on se repose, sans être fatigué ou endormi (un second type d'onde alpha survient pendant le sommeil paradoxal ou pendant les rêves). En soi, ce phénomène n'a apparemment rien de spécial ; toutes les créatures ont besoin de repos et de sommeil. Mais il existe chez l'être humain des états de conscience allant au-delà de la détente, que nous sommes seuls à vivre (d'après nos connaissances actuelles) et durant lesquels les ondes alpha sont dominantes :

- enchaînement fluide des pensées ;
- lucidité dans le moment présent ;
- méditation ;
- activité créative ;
- humeur stable, moindre dépression.

Pourquoi les ondes alpha augmentent-elles au cours de ces activités très humaines ? Rien n'est certain. Votre cortex visuel se repose lorsque vous fermez les yeux. Est-ce un prélude à une activité créative ? Ce n'est là qu'une supposition, car les lignes sinueuses visibles sur un EEG sont trop grossières pour pouvoir suggérer, même de loin, ce que s'apprête à faire une personne. Mais toute personne ayant pour passe-temps la peinture, même à un niveau amateur, peut témoigner que cette activité est relaxante.

À l'inverse de la somnolence, l'état de détente signalé par les ondes alpha se traduit par une lucidité. Certains chercheurs considèrent que les ondes alpha sont « le moteur qui entraîne l'instant présent ». Il n'est pas contradictoire d'être simultanément détendu et alerte. D'ailleurs, ce même état survient en méditation. Seuls les êtres humains ont conscience de l'existence du pouvoir du moment présent et cela fait des siècles que nous réfléchissons à la manière de l'utiliser.

Il sera toujours frustrant de tenter de rendre le cerveau responsable de l'infinie variété des activités humaines. Quand vous faites quelque chose de nouveau et de créatif, tout le corps-mental obéit à votre intention. Dire que la créativité est un phénomène cérébral revient à affirmer que c'est une radio qui produit une nouvelle symphonie de Beethoven. Les neurones ne sauraient être créatifs : pour cela, il faut que le mental entre dans un état spécial indiqué physiquement par un accroissement d'ondes alpha. Mettons que Léonard de Vinci décide un matin de peindre le portrait d'une belle et insaisissable jeune femme connue sous le nom de Mona Lisa. Une fois sa palette en main, le génie réfléchit aux techniques qu'il va utiliser sur le plan artistique, ainsi qu'en matière de couleurs, de dessin et de forme.

Si Léonard de Vinci était encore vivant, on pourrait détecter sur un EEG les ondes alpha indiquant qu'il entre dans un état de créativité et si les neurosciences établissaient un jour une cartographie complète de la structure cérébrale, on pourrait très probablement savoir, neurone après neurone, ce qui s'est passé au moment où *La Joconde* prenait forme. Mais il serait dur pour beaucoup de concevoir que ce genre de cartographie ne nous indiquerait absolument rien sur cette œuvre d'art, car la création d'une croûte par le premier venu produirait la même activité cérébrale. Les ondes alpha ne nous disent rien de l'art. Tout vient de la conscience qui induit ce type d'ondes. Il en va de même pour d'innombrables autres activités, dont la valeur réside dans la créativité ou purement dans la détente.

TOUT EST MÉDITATION

LEÇON 9 : « JE SUIS »

Le corps-mental est un concept subtil, mais qui demeure un concept tant qu'il ne se traduit pas par une expérience personnelle. La question est délicate. Nous sommes habitués à concevoir les choses différemment selon que l'expérience soit physique ou mentale. Si les paumes de vos mains sont froides et moites, cela se traduit différemment de la pensée « je vais à un premier rendez-vous ». Pourtant, ces deux expériences se recoupent manifestement si un premier rendez-vous, ou toute autre situation, vous rend extrêmement nerveux.

Comment unir ces deux façons d'envisager une même expérience ? Voici une méthode qui associe le corps et le mental grâce à une technique simple, qui consiste à ne concevoir la chose ni physiquement ni mentalement. Vous faites constamment l'expérience du corps-mental sans utiliser les mots « corps » et « mental ». Vous dites plutôt « je suis » en lien à l'expérience qui détermine votre perception de vous-même. Vous n'avez pas besoin de vous pincer pour savoir que vous êtes réveillé. De même, vous n'avez pas besoin de vous rappeler que votre perception de vous-même est toujours présente.

Voyons maintenant comment cela fonctionne dans la pratique :

- Regardez autour de vous ce qui attire votre œil dans la pièce où vous vous trouvez ou par la fenêtre. Écoutez les sons dans votre environnement. Touchez votre palais à l'aide de votre langue pour ressentir sa texture et toute trace de goût que vous pourriez détecter. Sentez n'importe quelle odeur que vous remarquez.
- Maintenant, fermez les yeux et reproduisez la même séquence en imaginant des choses à voir, des sons, des textures, des goûts et des odeurs.

À tout moment, vous vous identifiez à ces sensations, qui ne sont pas distinctes. Elles ne forment qu'une seule et même sensation, expérience complète dans l'ici et maintenant. Le « je suis » permet de s'identifier à toute sensation dans l'instant présent, en isolant parfois un objet perçu ou une pensée et en se fondant d'autres fois dans tout ce sensorium (comme, par exemple, quand vous êtes allongé sur une plage au soleil, avec une brise, le son des vagues en toile de fond, et que vous vous fondez dans toutes ces sensations).

Tandis que ce sensorium va dans telle ou telle direction, le « je suis » reste attentif. Vous êtes prêt à vous identifier à une nouvelle sensation ou une nouvelle pensée. Mais à y regarder de plus près, on s'aperçoit que le « je suis » n'est pas vraiment un caméléon. Certes, il prend la couleur d'une feuille, le parfum d'une rose, la texture du papier de verre, etc. Mais tout cela se déroule dans un espace ouvert, celui de la conscience.

La conscience est l'espace dans lequel tout se déroule. Ce que l'on voit, entend, touche, goûte et sent traverse cet espace, mais ce dernier reste inchangé, à l'instar d'un aéroport qui est toujours là malgré les milliers de personnes qui le traversent de jour en jour.

Quand on comprend que le « je suis » est complet, avant même d'avoir la pensée « je suis mon corps » ou « je suis mon mental », un grand changement se produit. On prend conscience que l'on peut vivre très facilement dans cet espace illimité du « je suis ». Et même, c'est notre état naturel. L'image que nous avons de notre corps en est un bon exemple. Si vous pensez « je suis mon corps », le reflet que vous verrez dans le miroir ne correspondra probablement que peu à votre idéal. Vous jugerez l'image que vous verrez et à partir de là, il se pourrait que vous juriez d'aller à votre salle de sport, de manger moins, de chercher des produits antivieillissement, etc.

Mais si vous ne portez pas votre attention sur l'image que vous percevez dans le miroir, qui s'oppose aux images mentales de l'apparence que vous devriez avoir, de ce qu'est la perfection et du fait que vous en êtes bien loin, la réalité n'a au fond rien à voir avec toutes ces images. Fermez les yeux ; vous ressentez soit des signaux d'avertissement, soit des signes de bien-être. Rien d'autre ne compte vraiment. Les images vont et viennent, comme toutes les sensations qui passent. Mais dans l'espace ouvert du « je suis », ces expériences éphémères ne sont qu'un panorama fugace. Ce que vous êtes vraiment, c'est le passager qui observe le paysage qui défile. Votre attention se perd dans tout ce paysage, sans que votre conscience vagabonde. Cette dernière reste là où elle a toujours été, dans le « je suis », sans jugement. Cette absence de jugement est très libératrice, raison pour laquelle c'est l'un des objectifs principaux de la méditation de la complétude.

QUI EST AUX COMMANDES ?

Votre cerveau n'a aucun *a priori* à l'égard de n'importe quel état d'esprit, il n'est ni pour ni contre. Obéissant, il se transforme en fonction de ce qu'on lui demande. Mais la coupure entre le corps et le mental a un effet important et durable à l'intérieur du cerveau. Si vous vous inquiétez de votre situation financière, vous ressentirez par exemple une contraction dans la poitrine et pourrez en perdre l'appétit. Une fois que les inquiétudes disparaissent, ces aspects du corps-mental reviennent à leur état normal. Cependant, si vous avez pour habitude de vous inquiéter, avec le temps, vous allez modifier les différents canaux dans votre cerveau. Tant que ces canaux neuronaux, qui sont le produit des habitudes, ne sont pas transformés, votre cerveau demeure complice de vos inquiétudes, ce qui est aussi vrai pour tout état mental qui persiste suffisamment longtemps pour avoir un effet important sur le fonctionnement du cerveau, par exemple la dépression.

Heureusement, le cerveau se transforme de lui-même. Normalement, la tristesse se dissipe d'elle-même sans que vous ayez à faire quoi que ce soit pour améliorer votre humeur. Littéralement, votre cerveau se transforme lorsque votre humeur s'allège (ou s'alourdit). Comment procède-t-il ? Nous sommes ici confrontés à certains mystères que seule la conscience peut résoudre.

Le cerveau n'est pas comme une voiture, qui ne démarre que si l'on met le contact. Le cerveau réagit à une double commande, à savoir qu'il obéit à la fois à des impulsions conscientes et inconscientes. Personne n'a encore expliqué de manière crédible comment cela se produit. Les processus inconscients se perpétuent sans instruction de votre part. Vous n'avez aucune conscience de votre tension artérielle, de votre rythme cardiaque, de votre digestion, de l'activité de votre système immunitaire, de l'équilibre hormonal, etc. Quand vous dormez, vous n'avez même plus conscience d'avoir un corps. Et quand vous êtes réveillé, vous avez des pensées sans savoir comment vos neurones fonctionnent. Et même, si nous n'avions aucune connaissance médicale, nous n'aurions aucune preuve d'avoir un cerveau.

Il est normal que le cerveau opère soit en suivant vos instructions, soit de manière autonome. Le mystère qui sous-tend cette double commande s'approfondit quand on se demande comment il se fait que le système nerveux soit capable de faire la différence entre l'activité consciente et inconsciente. Les nerfs associés à la respiration, par exemple, font automatiquement leur travail, en étant sensibles à la situation dans laquelle vous vous trouvez. La respiration est en effet un baromètre révélateur des oppositions, du stress, des tensions, du désir sexuel et de la fatigue, ainsi que de facteurs externes tels que l'altitude, la quantité d'oxygène, de polluants et d'allergènes dans l'air, etc. En même temps, vous pouvez personnellement intervenir en posant une intention, par exemple en décidant de respirer profondément. Vous pouvez vous faire soupirer ou bâiller, mécanismes qui sont normalement involontaires. Si vous êtes sur le point d'éternuer et que vous tentez de vous en empêcher, les deux aspects du mécanisme respiratoire, la partie volontaire et la partie involontaire, sont en opposition et souvent, c'est l'éternuement qui l'emporte, malgré tous vos efforts.

Je ne pense pas qu'il soit crédible d'affirmer que c'est le cerveau qui décide de fonctionner en mode automatique ou non. Car ce genre d'explication rendrait votre cerveau plus conscient que vous ne l'êtes. C'est comme si une voiture autonome obéissait à son logiciel et contrôlait de surcroît le conducteur. Donner tout le contrôle à une voiture empêche le conducteur de prendre des décisions. Ou alors, imaginez que vous vouliez saluer une amie au moment où elle s'apprête à monter dans un train, mais que votre cerveau décide seul qu'il n'a pas envie de lui faire ses adieux et qu'il vous empêche de lever le bras. Cela n'arrive pas.

La raison pour laquelle ce phénomène n'est pas évident pour tout le monde est que le corps et le mental sont tellement indissociables qu'on a parfois du mal à savoir qui est aux commandes. Une multitude d'aspects, par exemple une colère soudaine, un sentiment d'alerte, le désir sexuel, une crise d'angoisse, des phobies, de mauvaises habitudes, des dépendances, un comportement compulsif, des pensées obsessionnelles, la dépression, l'anxiété, prennent le dessus sur une personne, comme s'ils réfléchissaient par eux-mêmes. Si l'on se penche sur l'un des sonnets les plus psychologiques de Shakespeare, on s'aperçoit de la prépondérance de cette question : qui est aux commandes ?

Le sonnet 129 parle du désir sexuel qui prend le dessus, puis du lâcher-prise au moment de l'orgasme. En voici le début :

> « La luxure : naufrage, en abîme de honte,
> De la force vitale. Pour s'assouvir
> Elle ment, elle calomnie, trahit, assassine,
> Elle est immodérée, sauvagement cruelle,
> Et méprisée si tôt que satisfaite,
> Follement poursuivie mais follement
> Haïe, le hameçon qu'on a dans la bouche
> Fait pour que l'esprit sombre, par la douleur[3]. »

En seulement huit vers intenses, on appréhende l'extrémité de cette double commande à laquelle obéit le cerveau. Une impulsion charnelle « irrationnelle » prend le dessus. Le désir est tellement puissant que Shakespeare le décrit comme on pourrait décrire un dictateur barbare dans un État totalitaire (« Elle ment, elle calomnie, trahit, assassine », etc.). Quand le désir sexuel a été jusqu'au bout de sa course, échappant ainsi au contrôle du mental, il s'ensuit un retour de la rationalité, un sentiment de honte et des

3. Traduction Yves Bonnefoy.

remords. Après coup, la luxure ressemble à un hameçon destiné à rendre la personne captive.

Pourquoi Shakespeare était-il déterminé à associer le désir sexuel à la honte ? Peut-être s'agissait-il de l'aveu d'un homme marié dont la femme était restée à Stratford, tandis que lui était parti à Londres plusieurs mois d'affilée. Assistons-nous à la confession d'un mari volage avouant publiquement dans un poème son batifolage ou Shakespeare est-il simplement en train de dire qu'il a été tenté ? La honte pourrait également refléter la croyance religieuse que la sexualité est un péché, bien que les élisabéthains fussent des gens bruyants et aux mœurs légères, en particulier dans les théâtres. Les prédicateurs puritains fauteurs de troubles avaient tendance à comparer les acteurs à des pickpockets et les actrices à des prostituées. À la lumière des phénomènes volontaires et involontaires, le sonnet 129 traite davantage de la condition humaine que simplement de la prise de contrôle du désir sexuel, comme si ce dernier pouvait réfléchir.

Le mystère qui nous intéresse est mis en évidence par une expérience intrigante au sujet des prises de conscience, c'est-à-dire des moments de progression créative faisant suite à un déclic apparemment venu de nulle part et souvent imprévisible. Le Pr Joydeep Bhattacharya et ses collègues de l'université de Londres ont demandé à un groupe de volontaires de résoudre une énigme en 60 à 90 secondes. S'ils ne trouvaient pas la solution au bout du temps imparti, on leur donnait un indice. Seuls quelques sujets ont résolu l'énigme et leurs ondes cérébrales, mesurées à l'EEG, ont permis de prédire quelles personnes feraient partie de quel groupe.

Les sujets ayant eu un déclic leur permettant de résoudre l'énigme ont connu des pics d'ondes gamma de haute fréquence. À l'intérieur du cerveau, ces pics se trouvent dans le lobe temporal droit, entre autres responsable de nous aider à passer au cap supérieur sur le plan mental. Le pic d'ondes gamma survenait jusqu'à 8 secondes avant que le volontaire trouve la réponse. Les chercheurs ont expliqué que ce pic se retrouve également dans le raisonnement transformationnel, c'est-à-dire lorsque l'on transite de la pensée ordinaire vers la prise de conscience.

Spéculant sur l'origine des bonnes idées, un commentateur a courageusement supputé que celle-ci se trouve dans un « réseau de cellules explorant les éventuelles connexions adjacentes qu'elles peuvent créer dans le mental ». Cette conclusion ne semble aller dans la bonne direction que si l'on croit les neurones capables de regarder autour d'eux, de trouver les bonnes connexions et d'avoir eux-mêmes un déclic avant de vous donner une prise de conscience.

Comme l'expliquerait un ingénieur en cybernétique au sujet du fonctionnement des circuits d'un ordinateur, il existe un fossé entre le fonctionnement interne de la machine et ce qui se passe sur le moniteur, l'écran affichant des mots, des photos, des vidéos, etc. Lorsque vous regardez un parachutiste sur YouTube, la vidéo passe-t-elle dans les circuits de votre ordinateur ou de votre téléphone portable ? Absolument pas. Il ne se produit dans les circuits d'un ordinateur qu'un traitement numérique. La vidéo, elle, est perçue dans votre conscience.

De même, le parachutiste de la vidéo ne ressent pas l'euphorie de la chute libre dans son cerveau. En effet, le cerveau est une structure organique traitant différents ions chimiques et signaux électriques. Le saut en parachute se vit dans la conscience. Les circuits du cerveau ne peuvent pas faire cette expérience, pas plus qu'un ordinateur qu'on parachuterait depuis un avion ne pourrait la faire. Sans un moi, il n'y a personne pour faire d'expérience. Je ne dénigre pas les neurosciences ; une compréhension de l'activité cérébrale est au minimum nécessaire pour contribuer à trouver des remèdes aux pathologies associées au cerveau, telles que l'épilepsie, la maladie de Parkinson et la maladie d'Alzheimer.

Je veux simplement faire comprendre que les êtres humains ne sont pas les prisonniers de simples circuits et qu'ils ne le sont plus depuis des milliers d'années. À un moment de notre histoire, il y a eu un bond évolutionniste lorsque *Homo sapiens* a franchi le fossé qui le séparait de la conscience. L'ordinateur le plus rapide et le plus sophistiqué ne peut parvenir à ce genre de progrès, pour la bonne et simple raison que, comme le cerveau, un ordinateur ne fait pas d'expérience.

Ainsi, qui est aux commandes ? La seule réponse viable est : personne. Le corps-mental opère simplement dans un mode ou un autre, parfois volontairement, parfois automatiquement. Il n'est pas nécessaire que quiconque soit aux commandes, pas même vous. Vous aussi faites partie du tout. S'il doit y avoir une réponse, on peut alors dire que c'est la conscience qui s'autogère. Il n'y a rien au-delà de la conscience qui pourrait être aux commandes (je sais que j'empiète sur les plates-bandes de la religion, mais le fait de dire que c'est Dieu qui est aux commandes ajoute simplement un niveau de conscience supplémentaire ; il n'y a rien au-delà de la conscience).

Une visualisation pourrait vous aider. Pensez à l'océan. Il pourra être agité ou calme. Il est traversé par des courants chauds et froids. En dessous de la surface, la vie marine, dans son insondable pluralité. Chaque animal ou végétal a un cycle de vie qui lui est propre. Il y a les prédateurs et il y a les proies. Qui commande dans l'océan ? Ce ne peut être que l'océan lui-même. Car c'est un écosystème autonome. De même, la conscience est un écosystème, responsable de tout ce qui se passe dans le corps-mental.

TOUT EST MÉDITATION

LEÇON 10 : ILLIMITÉ

Pour un poisson nageant dans un récif corallien, l'océan n'a pas de limites. En tant qu'écosystème, l'océan a créé et préservé tout ce qui vit en lui. Mais l'écosystème ultime est la conscience. Elle n'a vraiment aucune frontière, car à l'inverse d'un poisson volant, qui peut bondir hors de l'océan et percevoir (s'il avait un cerveau humain) qu'il existe un écosystème hors de l'eau, nul ne peut s'extraire de la conscience. Cela est inconcevable.

Nous sommes reliés à cette immensité sans limites. Tout ce qui vaut pour la conscience dans son ensemble vaut également pour nous. La méditation nous permet de nous rapprocher de l'esprit illimité, qui est l'esprit dans sa complétude. Quand on vit cette expérience, toutes les limitations disparaissent. On prend conscience que le mental n'a aucune nécessité de s'imposer autant de barrières. L'éveil permet de se rendre compte de l'inutilité des limites, en particulier si l'on imagine qu'elles *doivent* exister.

Quand on chemine vers l'esprit illimité, le but n'est pas atteint d'un coup. Car il s'agit d'un processus. Mais il est utile d'avoir une vision de l'objectif. Voici quelques moyens simples de vous relier à la conscience illimitée pendant quelques instants :

- Par une journée ensoleillée et sans nuages, allongez-vous sur le dos de sorte que votre champ de vision soit rempli du ciel bleu et dégagé. Détendez-vous dans la sensation que suscite la couleur bleue. Ce doit être votre sensation principale. Maintenant, allez au-delà du bleu. Il n'existe aucune recette pour ce faire ; essayez, tout simplement. Pendant un bref moment, vous pouvez ressentir que le ciel est pour ainsi dire un sas vers l'infini.
- Fermez les yeux et imaginez que vous êtes une sonde de la Nasa en train de traverser l'espace à une vitesse gigantesque, c'est-à-dire à des centaines de kilomètres à la seconde. Voyez les étoiles qui défilent et les galaxies distantes qui se rapprochent. Accélérez toujours plus, puis faites disparaître les étoiles et les galaxies. Il ne reste maintenant que le vide obscur et tout sentiment de vitesse a disparu. Vous êtes suspendu dans l'espace infini sans faire d'autre expérience que son caractère illimité.
- Écoutez une chanson que vous aimez et ressentez la douce sensation de sa beauté. Maintenant,

éteignez la musique, mais continuez de porter votre attention sur la douceur. La cause a disparu, tandis que la douceur reste seule présente. C'est à cela que ressemble la félicité sans fin : elle n'a besoin d'aucune cause, elle existe en toute indépendance.

Si la conscience s'autogère, elle peut tout faire. Mais notre expérience personnelle est extrêmement différente. Car contrairement à elle, nous ne pouvons pas tout faire. Souvent, nous avons le sentiment que ce que nous faisons est si insignifiant que cela n'a pas beaucoup d'intérêt. Mais cela doit changer. Car sinon, il ne nous reste que le fantasme de la puissance et des possibilités qui ne deviennent pas réalité. Où se trouve toute la force de la conscience dans ce qu'elle a de vraiment important ici et maintenant ? Telle est la question que nous allons maintenant nous poser.

4

Le syndrome du blocage

La méditation de la complétude permet d'établir un lien de confiance avec la conscience et de savoir qu'elle est là pour veiller sur notre vie. Mais si le but est la confiance, qu'en est-il de l'existence du mal ? Depuis des siècles, le drame humain oppose le bien au mal, ce qui anéantit toute théorie selon laquelle l'être humain serait bon de naissance. En parallèle, l'existence du mal va à l'encontre de la notion selon laquelle Dieu, ou les dieux, est totalement bienveillant. Car un athée dirait qu'aucun Dieu valant la peine d'être vénéré n'autoriserait les horreurs de la guerre et du génocide qui sont à l'origine des blessures profondes de notre histoire collective, blessures qui perdurent aujourd'hui encore.

Il est surprenant de voir que nous faisons un blocage sur les pires aspects du comportement humain. À tous les niveaux de notre existence, nous disposons de nombreux exemples que, des violences familiales aux guerres civiles, en passant par les petits délits ou les meurtres en série, le mal n'engendre pas le bien. Alors pourquoi ne renonçons-nous pas, pour notre propre bien ?

Cette question ouvre la porte à toute la dimension du blocage, en d'autres termes, la persistance de la négativité, qui subsiste malgré tous nos efforts et nos idéaux les plus élevés. Il existe en chacun d'entre nous les racines de comportements malveillants. C'est nous seuls qui sommes à l'origine des guerres, des crimes et de la violence. Peut-être la part d'ombre de notre nature humaine n'est-elle pas visible de l'extérieur. Mais placé dans une situation suffisamment explosive, chacun d'entre nous a un point de rupture, au-delà duquel la raison et la bonté cèdent le pas à une conduite irrationnelle alimentée par la colère, la rancœur, la jalousie, le ressentiment, l'intolérance, la peur et même le frisson de la violence.

S'il est vrai que c'est nous qui sommes à l'origine du mal, alors une solution pratique s'impose : sortir de l'impasse. Les expériences vont et viennent ; les pensées émergent et disparaissent rapidement. Quant aux émotions, elles restent plus longtemps, mais finissent elles aussi par disparaître. La colère et la peur, les deux émotions négatives les plus puissantes, n'alimentent pas de comportement malveillant si elles jaillissent et s'évanouissent au même rythme que les expériences normales. Car le flot de la conscience s'en occupe, jusqu'à ce que nous interférions. Nous sommes la cause, et simultanément la victime, de ce que j'appelle le syndrome du blocage. Ce syndrome a toujours été l'expression du piège que nous tend le mal : le mental alimente l'activité qui lui fait pourtant le plus de mal.

Si le but est de sortir de l'impasse, vous pouvez mettre de côté presque tout ce qui a trait à la théorie du mal. En effet, la guerre entre Dieu et Satan, ou le fait qu'un archétype invisible associé à la guerre ait une influence sur nous, est purement théorique. De même que toutes les explications psychologiques à propos de l'inconscient, dans lequel nos pires pulsions sont censées se tapir et où notre « part d'ombre » règne tel un dictateur malveillant. D'innombrables personnes croient à un ou plusieurs de ces concepts, mais aucune de ces théories n'aboutit à une solution. C'est pourquoi je vous propose de mettre de côté toutes les explications ayant trait au mal et de vous concentrer sur cette sortie de l'impasse. Le mieux que vous ayez à faire est de vous libérer des comportements négatifs. Lorsque la colère et la peur sont des ombres transitoires qui se dispersent aussi rapidement qu'elles sont apparues, vous avez accompli quelque chose de grand. Vous vous êtes débarrassé de votre part de responsabilité dans les maux qui affligent le monde.

LE MAL, UNE HABITUDE

La chose la plus fondamentale est que le mal est devenu une habitude, un phénomène que l'on reproduit encore et encore jusqu'à ce qu'il devienne une réaction automatique. De ce point de vue, le mal est plutôt banal. Il n'a pas de pouvoir spécial, il ne peut nous prendre au piège. Il appartient plutôt à l'agaçante catégorie des mauvaises habitudes. Au quotidien, nous avons presque tous des comportements irrationnels autodestructeurs qui deviennent habituels, routiniers. Plutôt que de faire tout notre possible pour nous améliorer, nous nous accrochons inconsciemment à ces mêmes comportements qui nous bloquent à la moindre occasion. Sigmund Freud, le fondateur de la psychanalyse, a étudié ce type de comportement autodestructeur et « pathologique » dans son livre de 1901, *Psychopathologie de la vie quotidienne*, formule qui semble pertinente pour décrire notre vision du mal en relation à notre blocage.

La psychopathologie de la vie quotidienne prend de nombreuses formes. Le mal, la souffrance et nos blessures se chevauchent, sans être le reflet des catégories bien distinctes que nous avons créées pour les caractériser. Néanmoins, il existe différents types d'expériences qui relèvent de la psychopathologie de la vie quotidienne, par exemple :

- l'anxiété et la dépression ;
- les comportements compulsifs et les pensées obsessionnelles ;
- se juger ;
- la culpabilité ;
- la honte et une mauvaise estime de soi ;
- le manque de maîtrise de ses pulsions ;
- le déni, c'est-à-dire la tendance à faire l'autruche ;
- le refoulement, c'est-à-dire le fait de reléguer aux oubliettes les envies indésirables.

Nulle personne raisonnable ne considère ces expériences comme psychologiquement saines. En effet, elles provoquent énormément de désarroi et peuvent dans le pire des cas devenir handicapantes. En même temps, aucune de ces problématiques ne va s'améliorer si on la déteste, si on s'en veut, si on fait des reproches aux autres ou si on renonce à gérer le problème. Ainsi, ces problèmes ne font qu'empirer quand on culpabilise et il est rare que les bons conseils des autres améliorent la situation.

Ce que nous avons baptisé « le mal » n'est pas une simple pulsion ou attitude. Il s'agit d'un ensemble d'ingrédients obscurs, dont aucun n'est maléfique ni sur le plan cosmique ni sur le plan inné. Les monstres que sont les meurtriers de masse qui ont sévi au cours de l'histoire sont des amplificateurs désastreux des pulsions quotidiennes, telles que :

- se déchaîner contre les autres ;
- en vouloir à autrui ;
- vouloir se venger ;
- attaquer en premier sous prétexte d'autodéfense ;
- se sentir impuissant, ce qui entraîne un désir fantasmagorique de vengeance ;
- se sentir désespéré, ce qui provoque imprudence et insouciance.

Prenez une situation du quotidien, par exemple se faire malmener à l'école. Il n'existe pas de caïd sans victime. Bien sûr, nul n'est volontaire pour jouer le rôle de la victime, mais les enfants et les adolescents sont limités dans leur façon de gérer ce genre de situation. Au fond, qu'importe le rôle que vous jouez. Les caïds et leurs victimes expriment les mêmes pulsions. Si vous reprenez la liste que je viens de vous présenter, ces deux profils en veulent à quelqu'un d'autre, n'estiment avoir pour option que l'attaque et la défense, se sentent impuissants ou éveillent le sentiment d'impuissance chez l'autre, etc. Les bouchers de l'histoire ne sont en rien différents ; ils ne font qu'extérioriser à grande échelle leur psychopathologie (étymologiquement, « trouble du mental »), parce que les millions de personnes qu'ils oppressent en feraient de même s'ils étaient à leur place.

Je n'entends pas par là que nous sommes tous de potentiels meurtriers de masse, mais plutôt que nous nous laissons avoir par les mêmes schémas que sont l'attaque et la défense, le fait de blesser l'autre ou d'être soi-même blessé, le désir de vengeance, réel ou fantasmagorique, etc. Si votre situation vous plonge dans les extrêmes que sont la colère, le ressentiment, l'impuissance et le désespoir, vous êtes prêt à extérioriser un comportement dit « maléfique » ou à en devenir la victime. Ces deux rôles sont une forme de blocage.

Pour sortir de cette situation, il convient de s'ouvrir à de nouvelles options comportementales, en devenant plus conscients. La plupart des gens font face à une situation difficile en adoptant quatre comportements basiques :

- se défendre ;
- répliquer ;
- tolérer la situation ;
- être dans le déni.

Si vous êtes coincé dans cette gamme limitée de comportements, vous ferez face à de nombreuses situations, en particulier sur les plans relationnel et professionnel, qui n'évolueront pas vers des résultats productifs. Dans la méditation de la complétude, l'idée est de laisser à la conscience le soin de s'occuper de faire évoluer positivement la situation. C'est une stratégie rarement utilisée, bien qu'autrefois, à une époque où la foi était reine, on laissât volontiers à Dieu le soin de gérer les choses, le problème étant que ce dernier était traité comme une entité surhumaine vivant au paradis. Cette séparation entre l'humain et le divin a conduit les dévots à faire preuve d'une passivité doublée d'impuissance, dans l'attente de la décision de Dieu. Ce genre de position n'étant pas viable, la nature humaine a pris le dessus. L'ère de la foi n'étant pas à l'abri de la violence et de la guerre, les sept péchés capitaux étaient monnaie courante.

La conscience du tout n'est pas séparée de vous. Elle est votre source, votre moi véritable. À mesure que votre conscience s'élargit, vous découvrez de nouvelles ressources qui vous permettent d'avoir recours à une palette plus large de comportements dans les situations difficiles. Il y a des moments où la confrontation est difficile à éviter et il est rarement bénéfique d'en faire un jeu à somme nulle, c'est-à-dire une situation dans laquelle l'un doit perdre pour que l'autre gagne. Les graines de l'hostilité sont semées et quand on alimente la rancœur, on tombe dans le syndrome du blocage, ce qui nourrit le mal.

L'alternative au jeu à somme nulle est généralement le compromis, qui empêche la situation de s'envenimer. Dans toute situation difficile, qu'il s'agisse d'une querelle conjugale ou d'échapper à un conflit armé entre deux nations, la conscience donne la possibilité de parvenir à un résultat pacifique. Les comportements suivants sont favorables à la paix :

Vous cherchez activement une solution auprès de personnes qui peuvent sincèrement vous aider.

Vous n'agissez pas impulsivement, mais attendez d'être centré.

Vous assumez vos sentiments sans en vouloir aux autres.

Vous savez qu'une solution est toujours possible.

Vous cherchez une solution inspirée en méditant.

Vous délaissez les situations stressantes au lieu de les supporter.

Vous ne devenez pas la cause d'un stress.

Vous respectez les autres, que vous considérez comme vos égaux.

Vous valorisez votre bonheur et ne rationalisez pas la souffrance, comme si elle était une vertu.

Cette palette élargie de comportements n'a rien de magique, car elle a toujours existé. Certaines guerres désastreuses auraient pu être évitées, ainsi que d'innombrables divorces, si les personnes concernées avaient adopté ces comportements. Le fait que si peu parmi nous sachent comment prévenir les conflits en désamorçant les menaces en amont témoigne du profond sommeil dans lequel nous sommes plongés.

La conscience fait naturellement rejaillir ces réactions dans le processus de l'éveil. Elles sont présentes chez de nombreuses personnes qui n'ont jamais entendu parler de la conscience et ne pratiquent pas la méditation, mais qui apprennent simplement à devenir des adultes plus matures. Néanmoins, le processus peut être grandement accéléré en favorisant consciemment les comportements éclairés. Actuellement, le meilleur mode de vie consiste à vivre comme si l'on était éveillé.

On ne peut pas s'attendre à ce que l'expansion de la conscience ait un effet sur les violences à l'école. Les enfants et les adolescents en sont à un stade immature et souvent déroutant de leur développement psychologique. On ne les tient pas pleinement responsables de leur comportement. Mais si les blessures de l'enfance persistent, alors l'adulte devenu mature reste blessé. Une grande partie de la psychopathologie de la vie quotidienne provient des blessures de l'enfant qui est à l'intérieur de nous (l'idée répandue que l'enfant intérieur serait en quelque sorte innocent et angélique passe à côté de la réalité psychologique, qui est qu'en plus de l'innocence, tout enfant est porteur des pulsions négatives qui finissent par conduire au blocage).

À mesure que l'on s'éveille, la psychopathologie de la vie quotidienne devient de moins en moins troublante, simplement parce que l'on perd le besoin de défendre la personnalité égotique. Le « je » étant le problème, il ne peut jamais être la solution. Il n'y a pas besoin d'être très conscient de soi pour s'apercevoir que la personnalité égotique est insécurisée, égoïste, exigeante et mue par des pulsions qu'elle a du mal à maîtriser. Mais il y a quelque chose de beaucoup plus fondamental qui est difficile à voir : le « je » nous colle à la peau. Une mouche qui se pose sur une feuille de papier en repart presque instantanément, à moins qu'il s'agisse de papier tue-mouches. De même, naturellement, les expériences ne nous collent pas à la peau, à moins que nous ne nous engluions nous-mêmes dans les difficultés. On ne peut s'attendre à ce que l'ego se débarrasse de lui-même de sa « viscosité ». Quoi qu'il faille pour s'en sortir, ce n'est pas le « je » qui va faire le travail.

TOUT EST MÉDITATION

LEÇON 11 : LES HABITUDES

La méditation de la complétude permet de remplacer les réactions inconscientes par des réactions conscientes, notamment en matière d'habitudes, ce qui est particulièrement utile. Les habitudes sont un cercle vicieux. Car la pulsion qui sous-tend une habitude se répète incessamment. Lorsque la pulsion émerge, la plupart des gens luttent brièvement, avant de céder. L'habitude l'a emporté et l'emportera encore la prochaine fois que la boucle sera bouclée, à moins que la personne puisse en finir avec ce cercle vicieux.

Ce même modèle s'applique quelle que soit l'habitude. Les excès alimentaires et l'inquiétude semblent très différents en surface, mais ces deux habitudes sont des cercles vicieux qui trouvent leurs racines dans l'inconscient (c'est-à-dire qu'il n'y a pas de cause évidente au niveau de la pensée et que le fait d'essayer de régler les choses au niveau mental ne résout pas le problème de fond). Plus vous êtes conscient, plus il est facile de traiter l'élément clé qui entretient l'habitude, c'est-à-dire la répétition. Pour étudier cette problématique, voyons maintenant de quelle manière le mental tombe dans des schémas répétitifs, car c'est le nœud du problème.

La conscience accomplit tout en silence, alors que le mental est très bruyant. Et ce bruit est rarement associé à des pensées utiles et rationnelles. Quand une chanson tourne en boucle dans votre tête, il n'y a pas de raison qu'elle soit encore là bien après que vous avez cessé de l'apprécier. La psychopathologie de la vie quotidienne est remplie d'autres exemples moins banals. Les inquiets se tracassent constamment, incapables qu'ils sont d'échapper au cercle vicieux des peurs qui ont, pourtant, bien peu de chances de se réaliser. À l'extrême, les TOC (troubles obsessionnels compulsifs), qui sont médicalement traités, condamnent les personnes qui en souffrent à entretenir des pensées ritualisées persistantes, par exemple à compter les fissures sur le trottoir ou à additionner les nombres apparaissant sur les plaques d'immatriculation.

Toutes ces maladies ont en commun la répétition. Si l'on retire les étiquettes médicales, il semble que tout le monde soit sujet à des pensées, souvenirs et pulsions qui reviennent de temps à autre. Les pensées obsolètes qui nous ramènent toujours à la culpabilité et à la honte, à l'humiliation et la défaite, aux disputes qui ont mal tourné pour nous et aux griefs traduisant une irritabilité tournent en boucle dans le mental, comme une souris dans sa roue. Cependant, nul ne sait pourquoi le mental continue de revenir sans cesse aux mêmes pensées contre-productives, qui sont inutiles et malvenues. Elles ne sont là que pour nous agacer et nous tourmenter. Quelque chose que l'on préférerait oublier refuse de partir.

Les mauvaises habitudes s'inscrivent dans ce même cadre. Parmi les personnes auxquelles on n'a pas diagnostiqué de TOC, rares sont celles qui cherchent de l'aide auprès d'un professionnel pour traiter leurs pensées répétitives. En même temps, on se sent impuissant face à elles. Prenons quelques exemples issus de la vie quotidienne :

- Vous avez juré d'arrêter de grignoter entre les repas, mais tandis que vous êtes en train de regarder la télévision sur votre canapé, l'envie de vous lever et d'attraper un en-cas vous revient sans cesse.
- Vous êtes en colère et irrité à cause d'une situation peu grave, par exemple quelqu'un vous passe devant pendant que vous faites la queue à la poste. Vous savez que vous devriez être assez grand pour oublier cet incident, mais vous ruminez.
- Vous achetez un objet du quotidien ou un vêtement et quand vous rentrez chez vous, vous trouvez sur Internet le même objet à moitié prix. La différence n'est pas significative, mais vous vous en voulez de ne pas avoir été plus minutieux dans vos recherches.
- Vous êtes en vacances et vous avez hâte d'aller dans un restaurant célèbre dans lequel vous voulez manger depuis longtemps. Mais à votre arrivée, on

vous explique que vous n'avez pas réservé et que malheureusement, le restaurant est complet. À votre retour de vacances, vous continuez de ressasser cette déconvenue et de repenser au merveilleux repas que vous ne ferez jamais.

Malgré la futilité de la répétition, le mental ne renonce pas à ce comportement.

Si vous pouvez apprendre à vous débarrasser des pensées répétitives, des pulsions et des habitudes mentales, elles cesseront de vous tourmenter. Vous aurez une plus grande maîtrise de vous-même et votre mental sera en paix.

Il est important d'aller ici un peu plus en profondeur dans la compréhension. Ces pensées répétitives et ces pulsions sont des fragments de l'ego et le « je » étant gluant, visqueux, ces fragments le sont aussi. La personnalité égotique étant entièrement bâtie sur les expériences passées, il est naturel qu'elle ne puisse s'empêcher de les revivre, pour une raison ou une autre.

Il n'est pas nécessaire de découvrir cette raison. Vous êtes plus vaste que votre ego. Lorsqu'il insiste pour défendre son point de vue, vous êtes libre de lui proposer une autre perspective plus consciente. Vous pouvez facilement le faire ainsi :

- Si vous êtes tracassé par quelque chose qui n'a aucun intérêt et qui tourne en boucle dans votre tête, faites une pause et comptez à rebours à partir de 100, de 3 en 3. Cet exercice simple aide le mental à se concentrer et le ramène dans le moment présent.

- Si la pensée est négative et qu'elle vous rappelle une chose sur laquelle vous ne voulez pas porter votre attention, dites-lui : « Je n'ai pas besoin de toi maintenant. » C'est en quelque sorte une négociation avec un fragment de l'ego. Vous n'êtes ni en train de batailler ni en train de céder. N'insistez pas, mais au cas où la pensée revient, répétez doucement : « Je n'ai pas besoin de toi maintenant. »
- Si une pensée répétitive est plus insistante, par exemple l'envie forte d'attraper un en-cas, centrez-vous, prenez quelques respirations profondes et asseyez-vous pour méditer.
- Si ces pensées récurrentes tournent autour d'une inquiétude, prenez une feuille de papier et un stylo, et mettez par écrit ce que vous ressentez. Continuez d'écrire, en laissant l'émotion durer aussi longtemps qu'elle le veut. Vous aurez peut-être le sentiment de gribouiller du charabia, mais l'inquiétude est irrationnelle. En lui laissant la parole, même si elle est puérile ou soucieuse, vous désamorcez l'énergie émotionnelle qui alimente l'inquiétude.
- Chaque fois que vous avez le sentiment que votre mental est trop bruyant, cessez d'alimenter les pensées. Par exemple, le bruit mental aléatoire est souvent associé à l'insomnie. Le moteur mental continue de tourner, alors même que vous n'avez

aucune raison de continuer de penser. Dans ce cas, la respiration vagale (voir page 43) est un remède très utile. Un autre moyen de sortir du mode mental consiste à visualiser une tache colorée. Maintenez votre attention sur cette couleur et si vos pensées vous distraient, revenez calmement à votre pratique.

Aucune de ces techniques ne nécessite de faire beaucoup d'efforts. Dans la vie de tous les jours, les pensées répétitives finissent par disparaître. Si vous savez déjà comment vous centrer, vous savez faire la différence entre être conscient et inconscient. Les habitudes et les pensées répétitives disparaissent quand vous êtes conscient.

Néanmoins, il est quand même bon de savoir que les pensées, souvenirs, pulsions et habitudes désagréables sont des fragments égotiques. Nous sommes englués dedans, parce que justement, le « je » est gluant. Faites preuve de patience. Vous vivez avec le « je » depuis longtemps et tous les jours, à petite ou à grande échelle, vous adoptez son point de vue. La transition vers un autre point de vue nécessite que vous retourniez si souvent au mode méditatif que cela devienne la nouvelle perspective du mental. Car la moindre expérience méditative dans laquelle vous êtes centré, serein et équilibré, apprend au cerveau à demeurer dans cet état. Avec le temps, vous y serez en permanence.

INTENTION ET RÉSISTANCE

L'éveil nous donne une perspective plus large que celle de la personnalité égotique isolée. Quand vous êtes éveillé, votre conscience n'est pas obscurcie par les choses qui pèsent tous les jours sur le « je ». Quand ils sont alignés sur l'infinie puissance de la conscience, les désirs sont facilement assouvis, comme si le chemin avait été préparé au préalable. Votre intention aboutit directement au but recherché, comme c'est indiqué dans le schéma ci-dessous :

Intention → Réalisation

C'est grâce à l'intention consciente que la conscience parvient au résultat escompté, sans cafouillage. Prenons le cas d'intentions simples telles que lever le bras, conduire ou parler au téléphone ; le chemin qui conduit à la réalisation est tellement automatique qu'on y songe rarement. Pourtant, une perturbation peut bloquer tout le processus. Je connais une femme qui, après avoir mangé au restaurant, est rentrée chez elle en voiture au crépuscule. Elle se sentait détendue après avoir bu un verre de vin et mangé un bon repas. La route de campagne sur laquelle elle roulait se terminant par un stop, elle a fait une pause, puis a tourné à gauche. Par négligence, elle n'a pas regardé à droite et l'instant d'après, un gros camion a violemment percuté sa voiture. À une fraction de seconde près, elle y laissait la vie.

Le fait qu'elle l'ait échappé belle l'a tourmentée. À compter de ce jour, elle a laissé son mari conduire ; lors de l'accident, il était sur le siège arrière et avait souffert de blessures très mineures au cou. Mais le traumatisme lié à l'accident l'avait profondément marqué. Il a perdu l'appétit pendant plusieurs mois et il a perdu près de 10 kg. Au moment où j'écris ces lignes, trois années se sont écoulées et cette femme est toujours psychologiquement incapable de reprendre le volant, ne serait-ce que pour emprunter dans la résidence une rue quasi déserte pour aller chercher son courrier. Le mental qui a appris à conduire, compétence que certains psychologues considèrent comme étant la plus complexe que la plupart des gens maîtrisent au quotidien, se sent aujourd'hui paralysé. Elle a beau avoir envie de reconduire, quelque chose fait obstacle à son désir.

Il existe d'innombrables façons d'aboutir à un résultat indésirable, mais voici une synthèse générale :

Intention → ← Résistance

Toute situation dans laquelle vous êtes bloqué, que ce soit par votre mental ou des forces extérieures, correspond à ce schéma. Vous avez envie de faire quelque chose (intention), mais vous rencontrez une résistance. Faites maintenant une petite pause dans votre lecture et songez à quelque chose que vous trouvez très difficile à changer dans votre vie. Chez l'un, ce sera le poids et l'image du corps ; chez un autre, ce sera le manque d'amour ; chez un autre encore, ce sera un sentiment de frustration sur le plan relationnel. Une fois que vous avez trouvé un exemple de blocage, il y a de très grandes chances que les points suivants lui correspondent :

Vous connaissez ce problème depuis un certain temps.

Vous y pensez souvent.

Vous n'avez pas fait de progrès, ou alors, ils ont été temporaires.

Nul ne vous a donné de conseil vraiment utile.

Dans les pires moments, vous vous sentez impuissant, désespéré ou les deux.

Vous continuez d'avoir recours aux mêmes solutions inefficaces qui n'ont jamais marché.

Au bout du compte, vous ne pouvez que supporter ce qui ne va pas.

Voilà un résumé de la manière dont la résistance prend le dessus. Nous sommes tous confrontés à des limitations créées par des résistances. Le « je » fait partie de ce processus, dans la mesure où l'ego est affecté par les déceptions et déconvenues du passé. Tout le problème du blocage dépend d'un seul et unique fait : les expériences vont et viennent, mais certaines laissent une impression durable, allant de très superficielle à très profonde. La première impression que l'on a d'autrui peut être à l'origine d'une inimitié durable ou d'un amour pour toujours, mais généralement, elle laisse une marque moins extrême. Votre éducation vous a laissé une impression durable, alors même que vous n'aviez à l'époque pas idée de ce qui était en train de se passer. Les traces profondes créent un blocage, tandis que les traces superficielles disparaissent assez rapidement. Ainsi, un film qui vous a fait pleurer pourra vous rester en tête pendant quelques heures ou plus, mais rares sont les films que vous gardez plus longtemps à l'esprit. Il est impossible de quantifier les bonnes et mauvaises impressions que laissent les expériences que fait un enfant sur sa personnalité. Mais il ne fait aucun doute que nous sommes marqués par le vécu de notre enfance. En même temps, nous compensons les difficultés et allons de l'avant.

Il n'empêche que, malgré cette réaction, les solutions dont nous disposons actuellement pour sortir de l'impasse sont généralement inefficaces. L'accès à l'information n'a qu'un faible impact, comme cela est mis en évidence par le fait que près d'un quart des adultes américains continuent de fumer plus de cinquante ans après que l'on a définitivement découvert l'existence d'un lien entre le tabagisme et le cancer du poumon. De même, l'étiquetage nutritionnel sur les aliments emballés a eu un impact presque nul sur l'épidémie d'obésité qui frappe les États-Unis. Sans parler du fait que la psychothérapie traditionnelle n'a que peu d'effet sur les formes les plus courantes de souffrance mentale. Le marché des antidépresseurs et des tranquillisants, qui pèse plusieurs milliards de dollars, atteste hélas de cet échec et ces médicaments ne font qu'améliorer les symptômes chez un pourcentage donné de patients. La science médicale la plus avancée doit encore trouver de vrais remèdes contre la dépression et l'anxiété.

Le nœud du problème est que plus nous faisons face à une résistance, plus nous avons de chance de nous définir de manière limitée. À force d'affirmer « je suis déprimée » ou « je suis angoissée », une personne intègre ces phrases dans l'image qu'elle a d'elle-même si le problème dure suffisamment longtemps. Parfois, nous nous en voulons d'avoir obtenu des résultats décevants ; d'autres fois, nous accusons les circonstances extérieures. Mais quoi que nous racontions, il semble que nous commencions inéluctablement à réduire nos attentes lorsque nos rêves ne se réalisent pas.

L'une des causes principales du malheur est justement le fait de limiter ses attentes. Car du point de vue de la conscience, ces dernières devraient être illimitées. À mesure que nous sortons de l'impasse, nos perspectives s'améliorent progressivement. Pourtant, au quotidien, vous devez commencer par trouver une solution à vos résistances avant que ces perspectives plus larges se réalisent.

TOUT EST MÉDITATION

LEÇON 12 : LES RÉSISTANCES

Quand la vie vous résiste, vous devez agir. Imaginez que vous voyagez et que vous découvrez à l'aéroport que votre vol a été retardé. Il est important pour vous d'être à l'heure pour votre correspondance, ce qui est incertain, puisque cela va dépendre du retard de votre premier avion. Quand la vie résiste à vos projets, que faites-vous ? En général, les gens optent pour l'un des choix suivants :

- Vous vous asseyez et vous vous mettez dans tous vos états.
- Vous pouvez marcher un peu ou lire un livre pour vous distraire.
- Vous pouvez vous plaindre à l'enregistrement.
- Vous pouvez négocier un autre vol.
- Vous pouvez reporter votre voyage au lendemain et rentrer vous détendre.

Il y a d'autres options moins probables. Si vous êtes très riche, vous pourriez utiliser un jet privé. Ou, pour être plus réaliste, si le vol est retardé en raison de la météo, vous pouvez choisir de prendre le train. La palette des réactions est tellement vaste que la plupart d'entre nous savent rarement laquelle choisir. Du coup, on finit par être dans un état de confusion et de conflit intérieurs. Au fond, un vol retardé est un problème simple. Mais il peut être beaucoup plus compliqué dans d'autres situations de réagir à une résistance, par exemple sur le plan professionnel ou relationnel.

Lorsque la résistance l'emporte, on se sent bloqué. Et quand ce sont vos intentions qui l'emportent, vous allez de l'avant. Sachez que vous pouvez contrôler les différents résultats obtenus.

Quand c'est la résistance qui l'emporte, vous vous êtes permis de tomber dans une ou plusieurs des réactions suivantes :

- Vous cédez à la colère, au ressentiment ou à la peur.
- Vous ne contrôlez plus vos options.
- Vous retombez dans vos travers et optez pour des réactions qui ont peu de chances de fonctionner.
- En proie au doute, vous vacillez.
- Vous cherchez un coupable.
- Vous abandonnez, parce qu'« ils » sont trop forts et que vous n'arrivez pas à les combattre.
- Vous vous posez en victime.
- Vous tentez de forcer les choses ou optez pour l'agressivité.
- Vous abandonnez sans avoir trouvé de solution.

- Vous demandez à quelqu'un d'autre de résoudre le problème à votre place.

La liste ci-dessus détaille les différentes réactions de frustration. Aucune ne va vous sortir de l'impasse, même si vos stratagèmes vous permettent de prendre le dessus à court terme. La prochaine fois que vous rencontrerez une résistance, à nouveau vous sombrerez dans la confusion et le conflit intérieurs, et vous vous agiterez dans tous les sens pour vaincre cette résistance. Il y a des personnes qui s'en tiennent à une seule réaction. Par exemple, elles optent toujours pour l'agressivité ou alors, elles cèdent toujours sans rien faire. Quoi qu'il en soit, elles sont toutes coincées, c'est-à-dire qu'elles sont confrontées au problème que nous tentons de résoudre.

À l'inverse, lorsque c'est vous qui l'emportez face à la résistance, vous avez adopté une ou plusieurs des réactions suivantes :

- Vous ne cédez pas à la colère, au ressentiment ou à la peur.
- Vous voyez clairement les options possibles.
- Vous ne retombez pas dans les travers qui ont peu de chances de fonctionner.
- Dans le doute, vous ne prenez pas de décision.
- Vous n'en voulez à personne, pas même à vous-même.
- Vous ne bataillez ni contre vous-même ni contre autrui.
- Vous savez que la situation finira par tourner à votre avantage.

- Vous ne tentez pas de forcer les choses, ni n'optez pour l'agressivité.
- Vous restez ouvert à des solutions inattendues.

Comme vous le voyez, un certain nombre de facteurs entrent en jeu quand on est confronté à une résistance, mais la plupart des gens n'ont pas conscience de la multiplicité des options. Face à une opposition, ils réagissent en ayant le même réflexe. Par exemple, d'année en année, les disputes conjugales suivent le même schéma. Mais il serait futile de tenter de dresser une liste de toutes les raisons pour lesquelles la résistance l'emporte.

Au fond, les choses sont très simples : soit la résistance prend le dessus, soit c'est vous qui prenez le dessus. Il ne s'agit pas d'une simplification extrême. On en revient à l'hypothèse selon laquelle lorsque vous êtes équilibré, le corps-mental est aligné sur la conscience du tout. Seule cette dernière peut contrôler tous les éléments en jeu. C'est valable aussi bien dans la vie d'une cellule que dans votre vie quotidienne.

5

Sortir de l'impasse

Ce n'est que dans la conscience que l'on peut sortir de l'impasse, car c'est là que se situent toutes les expériences. La méditation de la complétude s'appuie sur ce fait comme nulle autre. Si vous n'arrivez pas à oublier le passé ou à pardonner à quelqu'un, aucun remède physique ne le fera à votre place. Seule la conscience est capable de transformer la conscience. Il n'existe pas de médicament effaçant les souvenirs et quand bien même il en existerait, il serait difficile de concevoir comment un médicament pourrait cibler un mauvais souvenir, tout en laissant intacts les bons souvenirs.

La conscience laisse des impressions, des empreintes. Il n'est pas productif d'aller chercher des réponses à ce sujet dans les centres mémoriels du cerveau. Il vous faut un cerveau pour avoir des souvenirs, de même qu'il vous faut une télévision pour transformer des signaux électroniques en images sur un écran. Si, depuis le deuxième étage, vous lancez votre télévision par la fenêtre, vous ne verrez plus aucune image ; pourtant, les signaux resteront intacts.

De même, le cerveau fabrique des pensées, des images et des souvenirs à partir de signaux trouvant leur origine dans la conscience. Si vous êtes atteint d'une commotion cérébrale, le traumatisme que subit le cerveau peut créer une amnésie temporaire. Manifestement, la perte de mémoire permanente est l'un des symptômes les plus craints de la maladie d'Alzheimer. Les lésions cérébrales et la démence indiquent que la mémoire a été endommagée, mais cela en dit peu sur la mémoire normale. D'autant qu'à ce niveau, le mystère demeure presque entier, même s'il est vrai que les recherches sur la mémoire ont progressé au cours des dernières décennies. Aujourd'hui, les chercheurs sont capables de créer de faux souvenirs chez les gens et d'en effacer dans la tête des animaux de laboratoire. Mais nous sommes déjà doués pour faire ces deux choses sur nous-mêmes.

Oliver Sacks, un neurologue anglais réputé, avait 7 ans quand, à l'automne 1940, le blitz a ravagé Londres. Sa famille vivait dans la zone où les avions allemands ont largué des bombes incendiaires. Ces dernières n'étaient pas remplies d'explosifs, mais de produits chimiques hautement inflammables, tels que du magnésium, du phosphore ou du napalm. Leur but était de créer des incendies de grande ampleur et de répandre la terreur. Le neurologue se souvient que son père était en train de courir dans le jardin armé de seaux d'eau après l'explosion d'une bombe incendiaire et qu'il a alors découvert que lorsqu'on lance de l'eau sur un incendie provoqué par du magnésium ou du phosphore, les flammes grossissent soudain, ce qui fait empirer la situation.

Ce n'est que plusieurs dizaines d'années plus tard, lorsque le neurologue a entrepris d'écrire au sujet de la mémoire, qu'il a découvert grâce à son grand frère qu'aucun de ses souvenirs très nets n'était vrai. Comme tous les très jeunes enfants, Oliver Sacks avait été envoyé à la campagne pendant le blitz. Il n'était donc pas présent lorsque les bombes incendiaires sont tombées dans le jardin. Ces souvenirs étaient ceux de son grand frère, qui était lui présent, et Oliver Sacks avait créé les siens à partir des récits qu'il avait entendus. Dans le cas présent, le vrai souvenir, à savoir qu'il était à la campagne à ce moment-là, a été effacé et remplacé par un souvenir erroné.

Au fond, puisque nous n'avons pas la moindre idée de la manière dont les souvenirs sont créés, notre compréhension du processus de mémorisation ou d'oubli est très obscure. Il serait bien utile que nous ayons un équivalent au mot sanskrit *saṃskâra*, qui fait référence aux impressions laissées dans la conscience et influençant nos actions. Les *saṃskâra* peuvent être positifs, par exemple un talent musical ou artistique, ou négatifs, par exemple une tendance à la violence.

Un *saṃskâra* appartenant au passé, la mémoire entre en jeu, mais nul ne sait pourquoi un souvenir laisse une empreinte indélébile, contrairement à un autre. Les émotions nous donnent un indice. Si une émotion forte est associée à une expérience, le souvenir qui en résulte a également des chances d'être fort et plus net. C'est pourquoi vous vous souvenez probablement de votre premier baiser, mais pas de la couleur de la voiture de votre voisin cette même année. Pourtant, il s'agit d'une information tout à fait basique. Il est plutôt évident que les émotions fortes rendent les souvenirs plus indélébiles que les expériences neutres ne provoquant pas d'émotions fortes. Dans le monde entier, toute une génération se souvient du jour où elle a appris que le président Kennedy avait été assassiné. C'est le genre de souvenir qui permet à des millions de personnes de se rappeler l'endroit où elles se trouvaient lorsque l'effroyable nouvelle est tombée. En revanche, les souvenirs personnels plus anodins sont beaucoup plus insaisissables.

Les chercheurs spécialisés dans la mémoire sont loin de savoir pourquoi celle-ci est sélective, imparfaite et personnelle. On ne sait même pas de quel pourcentage de son passé tout un chacun se souvient. Il existe de très rares personnes exceptionnelles, qui sont capables de se rappeler le moindre moment de leur passé, y compris les motifs sur le papier peint de leur chambre quand ils avaient 5 ans, les chansons qu'ils ont écoutées et les émissions télévisées qu'ils ont regardées à une date spécifique, ou encore le score qu'il y avait à la mi-temps d'un match de football en championnat. Bref, leur mémoire est parfaite.

Ce trouble, connu sous le nom de « mémoire autobiographique hautement supérieur », ou hypermnésie, affecte un nombre minuscule de personnes et nul ne sait si le commun des mortels a tout son passé stocké dans sa mémoire ou non. Peut-être n'est-ce pas un problème de mémoire, mais de remémoration. Il faut être suffisamment humble dans l'Occident moderne pour concéder qu'en la matière, la génétique ne propose pas de meilleure explication que le vécu du quotidien. Quand un enfant ressemble à ses parents, on dit volontiers que « c'est de famille », ce qui est presque aussi exact que d'identifier un gène spécifique. Dans les deux cas, on exprime simplement une probabilité et parfois, on ne va même pas jusque-là. Par exemple, votre taille est influencée par plus de vingt gènes différents, ainsi que par votre alimentation et d'autres facteurs liés à votre enfance.

Les tendances innées telles que le talent et le génie ne sont pas qu'une simple question de gènes. Par exemple, sur YouTube, on peut voir une jeune Japonaise âgée de 7 ans, Himari Yoshimura, jouer le *Concerto n° 1 pour violon* de Paganini. Ce morceau nécessite une extraordinaire virtuosité et le fait que la fillette ait remporté le premier prix d'un prestigieux concours international en 2019, à un âge où certains enfants apprennent encore à faire leurs lacets, remet en cause les connaissances actuelles au sujet de la capacité de développement du cerveau chez l'enfant.

Que l'on ait réussi à correctement nommer les souvenirs gravés, les ressemblances familiales, les tendances innées, le génie, un prodigieux talent ou les expériences du quotidien dans lesquelles nous sommes englués, la véritable question est la suivante : comment dépasser ces *saṃskâra* quand ils nous limitent ? Il faut pour cela l'intervention de la conscience. On parle ici de limitation psychologique, puisque les *saṃskâra* physiques, tels qu'une maladie génétique ou une anomalie congénitale, sont une autre question. Laissez-moi illustrer ce que j'entends par limitation psychologique ancrée dans le passé.

Un enfant en difficulté scolaire a besoin de soutien et d'aide de la part de ses enseignants et parents. À défaut, une petite voix à l'intérieur de l'enfant commencera à lui dire : « Personne ne va jamais t'aider. » Pire encore, si on fait croire à l'enfant qu'il est stupide ou attardé, la petite voix se mettra à dire : « Tu n'es pas à la hauteur. »

Récemment, j'ai rencontré un homme d'âge mûr, que nous appellerons Randy, qui était un programmateur talentueux de logiciels. Mais il avait tellement peu confiance en lui qu'il lui était très difficile de trouver ou de garder un emploi. Quand nous avons discuté, il a évoqué une expérience traumatisante pendant son enfance. En CP et CE1, il n'arrivait pas à comprendre des cours mêmes simples faits par l'institutrice, ce qui l'a amené à se replier sur lui-même et à rarement s'exprimer. À l'école, on a affirmé qu'il avait des difficultés d'apprentissage et ses parents ont accepté qu'il rentre dans une classe spécialisée. Il a continué d'avoir des résultats médiocres et le fait de fréquenter des enfants qui avaient atterri dans cette classe pour cause de problèmes comportementaux l'effrayait.

Deux années se sont écoulées ainsi, au bout desquelles ses parents ont remarqué pour la première fois que Randy avait des difficultés à attraper une balle. Un bilan oculaire a révélé que Randy était extrêmement myope. De plus, il s'est avéré qu'il avait un QI supérieur à la moyenne, mais qu'il avait des difficultés scolaires, parce qu'il n'arrivait pas à voir le tableau. C'était aussi simple que cela. Il est ensuite retourné en classe normale, où il a obtenu de bons résultats étant donné qu'il pouvait voir, mais le fait d'avoir été incompris, jugé et considéré comme inférieur pendant deux longues années lui avait laissé des cicatrices.

Adulte, alors qu'il avait une vingtaine d'années, Randy a débuté la méditation et son expérience traumatisante a commencé à moins le hanter à deux égards. D'une part, il s'est aperçu qu'il ne s'identifiait plus à ce vécu et d'autre part, quand les vieux souvenirs douloureux remontaient à la surface, il se sentait désormais moins affecté, signes indiquant qu'il se libérait de son passé en général.

Le processus de libération des empreintes laissées par les *saṃskâra* peut se produire naturellement lorsque l'ego, dont les racines plongent profondément dans le passé, laisse la place à une perception de soi plus large, grâce à la méditation dans le cas de Randy.

Je me souviens d'un dicton que j'ai entendu pour la première fois en Inde, quand j'étais enfant : « Les *saṃskâra* sont d'abord inscrits dans la pierre, puis dans le sable, puis dans l'eau, et enfin dans l'air. » Cet adage exprime poétiquement de quelle manière la conscience atténue les effets laissés par les empreintes du passé. Mais en quoi consiste ce processus, sur le plan pratique ? Pour répondre à cette question, il nous faut examiner de plus près en quoi les expériences du passé créent à l'origine un blocage.

TOUT EST MÉDITATION

LEÇON 13 :

CES EXPÉRIENCES QUI NOUS COLLENT À LA PEAU

Les expériences qui laissent une empreinte profonde sur nous nous « collent » véritablement à la peau, parce qu'elles sont vraiment comme de la colle et qu'elles se fixent durablement sur nous. On comprend facilement cette image, mais il ne s'agit au fond que d'une image. Nul ne peut prédire quelle expérience nous collera à la peau et laquelle nous glissera dessus sans laisser d'empreinte. Mais c'est le présent qui nous préoccupe.

Car c'est ici et maintenant qu'on se désenglue. Les explications concernant le passé sont intéressantes, mais pas vraiment pertinentes. Par exemple, des études portant sur la mémoire ont montré que quand on se souvient d'un événement traumatisant, par exemple avoir paniqué dans un supermarché à l'âge de 3 ans parce qu'on ne retrouvait pas sa mère, la mémoire n'est pas digne de confiance. Souvent, elle rassemble plusieurs moments de panique qui ne sont pas remémorés. De plus, les détails du souvenir sont plutôt de l'ordre du rêve que photographiques. En réalité, l'enfant a pu se perdre dans un magasin de bricolage ou un parking.

Pour des raisons pratiques, cette viscosité des expériences peut être perçue à travers deux de ses aspects : les croyances et les émotions. Les expériences nous collent à la peau quand nous croyons qu'elles ajoutent quelque chose de vrai à notre histoire personnelle et nous collent encore plus à la peau si elles sont associées à une charge émotionnelle forte. Intéressons-nous d'abord aux croyances. Interrompez quelques instants votre lecture et songez à une qualité que vous estimez avoir et que vous exprimerez ainsi : « Je suis ____. » Complétez la phrase par un mot positif tel qu'*intelligente*, *gentil* ou *attirante*, bien qu'en règle générale, les croyances associées aux termes péjoratifs tels qu'*antisociale*, *idiot*, *maladroite* et *laid* soient plus fortes.

La qualité que vous avez sélectionnée n'est pas tombée du ciel. Elle s'est intégrée en vous sous forme de croyance, renforcée par des conditions qui ont permis qu'elle vous colle à la peau. Les croyances profondément enracinées sont généralement caractérisées par les quatre éléments suivants :

- On croit la première personne qui nous dit quelque chose.
- On croit les choses qui sont souvent répétées.
- On croit les personnes en lesquelles on a confiance.
- On n'a pas entendu de croyance contraire.

Il serait typique, si vous croyez être soit beau soit laid, que la première personne à vous l'avoir dit ait été l'un de vos parents. Après que cette graine a été plantée, vous avez entendu à de multiples reprises la même chose ou alors, vous avez régulièrement vécu des expériences qui l'ont renforcée. Enfant, vous aviez confiance en vos parents et vous avez cru ce qu'ils vous disaient. Enfin, personne n'est venu contredire votre croyance.

Les choses personnelles que nous ont dites nos parents et que l'on appelle les affirmations normatives laissent une empreinte particulièrement forte. De jeunes enfants qui entendent « tu es paresseux », « tu n'es pas aussi belle que les autres filles » ou « tu seras toujours un bon à rien » croient que c'est la réalité. Mais ces affirmations sont empreintes de valeurs, ou normes subjectives. Dire « tu as eu 20/20 en arithmétique » a un moindre impact subjectif qu'une affirmation normative telle que : « Tu es très intelligente, tu as eu un 20/20 en arithmétique. » Il y a beaucoup plus de chances que cette dernière affirmation colle à la peau de l'enfant.

Les choses qu'on vous a dites à votre sujet et qui vous ont collé à la peau se sont gravées en vous sous forme de *saṃskâra*. Les empreintes qu'elles ont laissées peuvent être superficielles ou profondes, et seront associées à l'histoire cumulée de toute votre vie. L'influence d'une expérience qui vous colle à la peau est entièrement personnelle. S'entendre dire que l'on n'est pas aussi belle que les autres filles pourrait engendrer un certain nombre de réactions. En grandissant, vous pourriez jalouser les femmes que vous considérez comme plus belles que vous, vous pourriez assimiler beauté et stupidité, vous pourriez négliger votre apparence personnelle ou faire une fixation sur les produits cosmétiques. Toutes les réactions sont possibles.

Devenir conscient, c'est aussi faire la différence entre la réalité et l'illusion. La conscience agit sur tous les aspects de votre vie, mais vous pouvez également vous concentrer sur les croyances que vous avez inconsciemment adoptées. Pour vous rendre compte des croyances qui vous collent à la peau, il vous faut procéder à une sorte de dissection et observer les quatre éléments qui sous-tendent les croyances fortes, en vous demandant :

- Qui a été la première personne à me dire cela ?
- Me l'a-t-on souvent répété ?
- Pourquoi ai-je eu confiance en la personne qui me l'a dit ?
- Ai-je des raisons de croire l'inverse ?

En d'autres termes, vous remettez en question les expériences qui ont amené votre croyance à vous coller à la peau et, ce faisant, vous vous en détachez. Si votre mère vous a dit que vous n'étiez pas belle ou si votre père vous a dit que vous étiez paresseux, pourquoi les avoir systématiquement crus ? Qu'importe que vous ayez souvent entendu leur opinion. Maintenant, vous êtes adulte et vous pouvez faire la distinction entre un simple avis et un fait. Songez aux expériences qui vous ont montré que vous étiez attirante aux yeux d'autrui ou que vous avez réalisé une tâche avec diligence.

L'idée est d'entrer en contact avec l'enfant blessé en vous plutôt que de le laisser continuer à vous dicter vos croyances. Les domaines les plus importants sur lesquels il est essentiel de vous concentrer sont vos croyances personnelles les plus profondes, c'est-à-dire vos croyances fondamentales. Celles-ci figent votre perspective sur des questions cruciales :

- La vie est-elle juste ?
- Peut-on avoir confiance en autrui ?
- Existe-t-il une puissance supérieure dans l'univers ?
- Le bien triomphe-t-il du mal ?
- Dois-je anticiper le meilleur ou me préparer au pire ?
- Devrais-je avoir une attitude détendue ou vigilante ?
- Suis-je en sécurité ?
- Suis-je aimé, chéri et soutenu par les autres, ou ne puis-je compter que sur moi-même ?
- Suis-je à la hauteur et suis-je gentil ?

Vous avez certainement des croyances à ces sujets, même si certaines questions ont plus d'importance pour vous que d'autres. Il n'y a pas de réponse factuelle pour vous guider. Car « je suis en sécurité » ou « je suis digne d'être aimé » sont des croyances subjectives. Elles sont ancrées dans la manière dont votre personnalité égotique s'est construite. À l'âge adulte, on comprend que les croyances fondamentales sont en grande partie liées à l'éducation. Soit les opinions subjectives de vos parents sont devenues les vôtres, soit c'est le contraire : vous croyez l'opposé de ce qu'ils vous ont appris. Ainsi, le « je » se construit à partir d'un système de valeurs qui est pour l'essentiel sans fondement et indirect.

Quand on s'aperçoit que même nos croyances les plus chères sont obsolètes, on voit la réalité en face. On est alors libre de créer ses propres croyances fondamentales, et c'est exactement ce que font les adultes matures. Ils ont leurs propres valeurs. Ils émettent des jugements en fonction de faits réels et d'expériences directes. Ils ne se laissent pas influencer à tort par des opinions indirectes. Sur le plan psychologique, il s'agit d'une évolution positive, mais au fond, toutes les croyances sont illusoires. Elles conduisent à des généralisations, par exemple à penser que la vie est injuste ou qu'on ne peut avoir confiance en autrui, réactions qui n'ont intrinsèquement aucune fiabilité. Car la vie change en permanence. Elle n'est ni juste ni injuste ; il n'y a pas de règle en la matière, encore moins de règle d'or. De même, la prochaine personne que vous allez rencontrer pourra être totalement digne de confiance ou une menteuse invétérée.

La solution consiste à transcender toutes les croyances. Tel est le but dans la méditation de la complétude. En vivant dans le présent sans s'encombrer des croyances passées, on a conscience de la situation telle qu'elle est vraiment. S'il est important de disséquer vos croyances fondamentales, c'est que cela vous permet de leur dire adieu. Une croyance malsaine est la conséquence de pensées erronées alimentées par le passé. Il est inutile de s'y accrocher.

Le second aspect de la « viscosité » des expériences est les émotions qui y sont associées. Celles-ci nous collent davantage à la peau que les faits. Si un chien agressif vous a terrifié quand vous étiez enfant, le fait que la plupart des chiens soient inoffensifs et amicaux ne va probablement rien changer à votre attitude à leur égard. Se moquer d'un enfant qui bégaie est vexant, même si ses parents lui expliquent que la majorité des bègues dépassent ce problème en grandissant.

J'ai précédemment mentionné le fait qu'un nombre infime de personnes, peut-être une trentaine dans le monde, sont capables de se souvenir du moindre événement de leur passé avec une précision photographique. Cependant, ce trouble, la mémoire autobiographique hautement supérieure, n'est pas aussi neutre qu'une photographie : les émotions associées au souvenir reviennent elles aussi. Comme l'a observé avec regret une femme, grâce à sa mémoire parfaite, elle pouvait se souvenir de toutes les fois où sa mère lui avait dit qu'elle était grosse.

Dans un souvenir, l'élément qui nous colle le plus à la peau est sa charge émotionnelle, qualifiée par certains psychologues de « dette émotionnelle ». Nous nous accrochons avec entêtement aux rancœurs, griefs, peurs et blessures du passé. Lorsque des charges électriques positives et négatives s'accumulent dans les nuages, cela crée une décharge explosive sous forme d'éclair et de tonnerre. Chez les êtres humains, il se produit le même phénomène lorsqu'une personne dit : « la coupe est pleine » et déverse toute sa colère.

L'idée consiste à décharger l'énergie émotionnelle sans explosion soudaine. Il existe des façons de se libérer de la colère, de la peur et du ressentiment sans les laisser s'accumuler. Ou alors, si vous vous accrochez déjà à ces émotions, les mêmes techniques sont tout aussi valables. À une différence près : plus cela fait longtemps que vous vous accrochez à vos émotions, plus il vous faudra de temps pour vous en libérer.

Comment vous libérer des émotions qui vous collent à la peau

Les techniques suivantes sont simples et naturelles. Par nature, les émotions s'amplifient, puis retombent, et la plupart du temps, une accalmie suffit à retrouver sa tranquillité. Mais les émotions qui vous collent à la peau ne s'en vont pas d'elles-mêmes. Il vous faut intervenir pour vous en libérer grâce à différentes pratiques.

TECHNIQUE 1 : si vous éprouvez une émotion désagréable et persistante, centrez-vous et respirez lentement et profondément jusqu'à ce que vous ressentiez que la charge émotionnelle commence à s'atténuer.
TECHNIQUE 2 : si vous reconnaissez une émotion qui est là depuis longtemps, remarquez quand elle revient, puis dites : « Tu appartiens au passé. Je ne suis plus la même personne. Adieu. »
TECHNIQUE 3 : dans le cas où une émotion est particulièrement résistante, asseyez-vous calmement, fermez les yeux et autorisez-vous à ressentir l'émotion, avec légèreté, et non en profondeur. Inspirez profondément, puis expirez lentement, en libérant l'énergie émotionnelle de votre corps. Il vous sera peut-être utile de visualiser que votre respiration est une lumière blanche évacuant le sentiment toxique.
TECHNIQUE 4 : si vous ne ressentez aucune émotion spécifique, mais que vous vous sentez plutôt déprimé ou patraque, fixez calmement votre attention au niveau de votre cœur. Visualisez-y une petite lumière blanche et laissez-la grandir. Observez-la remplir progressivement toute votre poitrine. Maintenant, elle continue de grandir et illumine votre gorge, votre tête, puis ressort par votre fontanelle.

Prenez quelques minutes pour aller jusqu'au bout des choses. Puis revenez à votre cœur et laissez à nouveau grandir la lumière blanche jusqu'à ce qu'elle remplisse toute votre poitrine. Maintenant, visualisez qu'elle descend, remplit votre abdomen et vos jambes, et finit par ressortir par la plante de vos pieds pour s'enfoncer dans la terre.

Ces quatre techniques peuvent être mises en application séparément ou successivement. Mais il est important d'être patient. Une fois que vous aurez recours à une technique, il faudra du temps pour que tout votre système émotionnel s'adapte à la libération émotionnelle. Peut-être ne vous sentirez-vous pas immédiatement mieux. Mais l'intention de se libérer des émotions dans lesquelles nous sommes englués est puissante et le message parvient jusqu'à la moindre cellule et jusqu'au moindre recoin de la conscience.

Souvenez-vous également que les émotions veulent être libérées. Telle est leur nature. C'est pourquoi elles vous quitteront si vous leur montrez le chemin. C'est à vous de choisir si vous voulez vous en libérer ou trouver des raisons de vous y accrocher. Ces motifs sont égotiques. Le « je » croit avoir raison d'alimenter les rancœurs, de ne jamais laisser passer le moindre grief et d'imaginer sa vengeance. En revanche, votre moi véritable n'a pas ce genre d'intention. Si vous êtes sensible, la prochaine fois que vous-même ou autrui êtes en proie à des émotions, vous remarquerez que l'ego tire une forme de plaisir suffisant à afficher la colère qu'il a accumulée.

Mais ce plaisir est de courte durée. À long terme, les émotions qui vous collent à la peau vous enferment dans l'ego et vous empêchent de mener une vie consciente. Si vous pensez à vous libérer des émotions anciennes et vous voulez sincèrement qu'elles s'en aillent, ce sont des signes que vous devenez plus conscient. S'il le pouvait, l'ego s'accrocherait en permanence aux émotions toxiques, croyant à tort qu'il est bon de les accumuler. Mais c'est une erreur.

6

Accéder à son pouvoir

La méditation de la complétude élargit votre conscience, et cette expansion vous donne accès à votre pouvoir. Le pouvoir fondé sur la conscience est non seulement possible, mais aussi automatique. Il y a là un secret. L'image typique de la personne puissante est associée à des repères sociaux tels que l'argent, le statut et l'aptitude à donner des ordres. Malheureusement, comme on a pu le constater tout au long de l'histoire, les rares personnes qui parviennent à un grand pouvoir ont tendance à prendre de haut les personnes qui ont moins de pouvoir ou qui se sentent impuissantes.

La véritable source du pouvoir est mystérieuse et lorsque les personnages publics les plus riches et les plus célèbres sont sincères, ils sont souvent ébahis par leur ascension. La plupart expliquent que la chance y est pour beaucoup, qu'ils se sont trouvés au bon endroit au bon moment. Mais si on laisse de côté la chance, le chemin qui permet d'accéder à son pouvoir personnel doit être clarifié et rendu pratique.

Peut-être êtes-vous tout à fait satisfait de vos choix de vie jusqu'à présent, signe qui indique que les choses vont bien pour vous. En revanche, la plupart des personnes considèrent que leurs choix de vie sont un mélange de bonnes et de mauvaises décisions. Quelle que soit votre attitude et quel que soit le degré de succès que vous avez atteint jusque-là, il est très différent de partir du principe que le nombre des possibilités qui s'offrent à vous est infini. Dans la méditation de la complétude, vous recadrez vos attentes en vivant de plus en plus près de votre source, de la conscience du tout. C'est alors que vous accédez naturellement à votre pouvoir. C'est-à-dire que vous vous alignez spontanément sur le niveau de conscience qui s'organise pour que vous obteniez le résultat juste dans toute situation ou toute épreuve. Si vos désirs sont alignés sur des buts positifs, vous êtes déjà dans votre pouvoir.

TOUT EST MÉDITATION

LEÇON 14 : LE PRINCIPE DU MOINDRE EFFORT

Le choix le plus basique que font les gens au quotidien est probablement de dire oui ou non. C'est une décision que l'on prend continuellement et les personnes qui ont pour habitude de dire non compliquent les choses. Dire oui tout le temps pose également problème. Au fond, nous finissons par dire oui ou non en reproduisant des choix que nous avons faits à de nombreuses reprises par le passé. Mais agir par habitude est arbitraire. Les parents sont exaspérés quand leur enfant n'a de cesse de rejeter un nouvel aliment, sous prétexte qu'il ne l'aime pas, ce à quoi les parents répondent, frustrés : « Mais tu ne l'as même pas goûté ! » Quand on rejette la nouveauté et l'inconnu à l'âge adulte, fondamentalement, il se produit une régression, qui nous amène à dire non par habitude, sans même y réfléchir.

On peut reformuler cette problématique du point de vue de la résistance. Si vous n'aviez rencontré aucune résistance dans votre vie, vous auriez beaucoup moins de raisons de dire non. Alors d'où vient la résistance ? Quand on nous résiste, on a une forte tendance à se sentir contrarié et à repousser l'autre. Mais il nous faut être très attentifs à la résistance cachée en nous. Nul ne contredirait les affirmations suivantes :

- Les gens sont plus ouverts si on ne leur oppose pas de résistance.
- Pour obtenir ce que l'on veut, il faut souvent donner à l'autre ce que lui-même veut.
- La coopération est plus efficace que l'absence de coopération.
- On ne peut empêcher les autres de réagir comme ils l'entendent à notre attitude.
- Il est facile de rejeter la nouveauté et l'inconnu.

Tout le monde est confronté à ces principes dans sa vie ; mais quand on comprend la nature de la conscience, chaque élément de cette liste change. En effet, la conscience étant absolue et partout, *elle ne se résiste jamais*. L'océan peut être houleux, mais les vagues auront beau être déchaînées, il ne résiste pas à lui-même. Il est simplement entré dans une nouvelle phase, la tempête après le calme. De même, la conscience fait naître de multiples tempêtes dans le comportement humain. Je ne parle pas seulement de la violence, de la dysharmonie, des controverses et des conflits qui ont jalonné l'histoire. Le quotidien est rempli d'occasions de batailler ou de n'offrir aucune résistance, de participer à une dispute ou de rester sur le côté. Il n'existe aucun schéma comportemental correspondant à toutes les situations. Par exemple, la société exulte quand elle remporte la guerre, juste avant de vénérer un pacifiste tel que Gandhi.

Ces élans contraires persisteront et resteront en opposition tant qu'il n'y aura pas de vision plus profonde. Par nature, la conscience est ordonnée et organisée. Elle déploie sa puissance en s'appuyant sur le principe du moindre effort. On le voit dans l'organisation parfaite d'une cellule, qui ne gaspille pas une seule molécule d'oxygène et pas un seul nutriment. La nature dans son ensemble est régie par les lois du mouvement, de la chaleur, de la gravité et ainsi de suite. Celles-ci ont un point commun : elles empruntent le chemin le plus court pour se rendre du point A au point B, parce que c'est cela qui demande le moins d'efforts. La chute de la pomme qui, d'après la légende, serait à l'origine de la révélation d'Isaac Newton au sujet de la gravité, ne s'est pas faite en zigzag ou n'a pas pris un détour en montant. Dans la nature, la ligne droite est la norme, tant qu'elle ne rencontre pas d'obstacle.

Appliquer le principe du moindre effort, c'est non seulement efficace, mais c'est en plus le moyen le plus sûr de parvenir à n'importe quel objectif. En effet, les frictions sont minimisées et les obstacles sont contournés le plus rapidement possible. Quand on traduit ce principe dans la vie de tous les jours, l'accès à son pouvoir personnel paraît très différent. Tout choix peut être adapté de sorte à minimiser les efforts :

- Ne repoussez pas et n'opposez pas de refus immédiatement, sans d'abord vous détendre, vous centrer et laisser votre conscience profonde réagir. Si on la laisse faire, cette dernière préfère parvenir au résultat juste en faisant le moins d'efforts possible. Aussi, n'agissez pas impulsivement.
- Face à une situation stressante, demandez-vous si la voie de la moindre résistance vous est ouverte. Si tel est le cas, empruntez-la.
- Apprenez à laisser faire et à lâcher prise plus souvent, au lieu d'insister et d'essayer de prendre le contrôle de la situation.
- Privilégiez le consensus et la coopération.
- Ne soyez pas agressif, ne passez pas en force et ne tombez pas dans les explications de type : « C'est comme ça. Tu n'as rien à dire. »
- Cherchez autant que possible conseil auprès des personnes qui sont au moins aussi conscientes que vous.
- Évitez les personnes qui ont pour habitude de faire l'inverse de tout ce qui est expliqué ci-dessus.

Il est important de remarquer que minimiser ses efforts, ce n'est ni se résigner ni faire preuve de paresse mentale. La raison principale pour laquelle nous n'avons pas encore adopté le principe du moindre effort pour avancer sur le chemin de la conscience et de la maîtrise est liée à nos conditionnements sociaux. Il existe toute une mythologie qui valorise ceux qui ne renoncent jamais, qui contre-attaquent, qui veulent la victoire à tout prix et qui cherchent à triompher de leurs ennemis. Au départ, cette mythologie pourra vous tenter, mais ensuite, la conscience vous montrera une voie plus efficace.

Le principe du moindre effort est applicable ici et maintenant, mais vous devez vous rappeler que tout pouvoir que vous tenez de votre conscience se renforce à mesure que celle-ci s'approfondit. Au fil du temps, à mesure que vous méditerez et appliquerez de plus en plus le principe du moindre effort, vous vous rapprocherez de la source qu'est la conscience pure. Et vos choix deviendront de plus en plus aboutis, parce que le sens de l'ordre et de l'organisation de la conscience sera derrière vous.

Quand votre intention évolue, c'est toute la situation qui change, car vous êtes dans votre pouvoir. Imaginez que vous soyez sur le point d'entrer dans une pièce où vous allez être mis en difficulté par un représentant de l'autorité, disons un agent du fisc, un avocat ou votre patron. Vous ne savez pas ce que ce rendez-vous va donner. Comment vous sentez-vous en envisageant cette perspective ? Certains défendront bec et ongles leur comportement, leur travail et leurs opinions, tandis que d'autres se montreront dociles, nerveux ou se laisseront facilement intimider.

Vous vous connaissez suffisamment bien pour savoir comment vous réagiriez probablement. Mais ce que vous savez de vous-même vous renvoie en réalité à vos limitations. En surface, la personne qui a l'ego le plus fort pourra paraître supérieure à une personne calme et discrète. Pourtant, il est impossible de prévoir laquelle des deux va faire les bons choix. En effet, on a souvent recours à des sources de pouvoir indirectes, en essayant par exemple de paraître fort, de montrer qu'on a réussi et de contrôler la situation, alors qu'au fond, on reste perplexe face au fonctionnement de la vie.

Cette perplexité est liée au fait que l'on est coupé de sa source de pouvoir. La différence entre en être coupé et y être relié est flagrante une fois qu'on comprend le fonctionnement de la conscience. Chaque fois que vous devez prendre une décision, le processus n'est pas aussi rationnel que vous ne le supposez.

Posez quelques instants ce livre et réfléchissez à la dernière décision importante que vous avez prise, quelle qu'elle soit. Il est rare d'acheter une maison ou de changer d'emploi, mais peut-être avez-vous décidé d'exprimer votre opinion au sujet d'une question délicate, de prêter conseil à un ami ou à un membre de votre famille, de faire un exposé au travail ou de faire un achat coûteux et mûrement réfléchi.

Pendant le processus de prise de décision, certaines caractéristiques propres à la conscience entrent en jeu. Peut-être vous êtes-vous trouvé dans l'une des positions suivantes :

> Vous aviez confiance en vous-même et vous étiez certain que vous feriez le bon choix. Vous aviez un objectif précis en tête. Vous contrôliez la situation. Vous n'aviez pas de doute.
>
> OU
>
> Vous étiez indécis et dubitatif. Vous avez vacillé d'une manière ou d'une autre. Vous n'étiez pas sûr d'obtenir le résultat escompté. Vous étiez enclin à l'inquiétude et au doute.

Ce sont ces caractéristiques de la conscience qui indiquent à quel point vous étiez dans votre pouvoir la dernière fois que vous avez pris une décision importante. Certes, il y avait des considérations rationnelles, mais ce n'était qu'un ingrédient parmi d'autres. Si vous étiez vraiment indécis, vous avez probablement fait votre choix impulsivement. Qui est à l'abri du remords ?

Si vous voulez être confiant plutôt que dubitatif, comment faire ? Le plus souvent, les gens choisissent de dissimuler leurs doutes et de se présenter en apparence plus confiants qu'ils ne le sont vraiment. On cherche alors à protéger son image égotique, au lieu d'accéder à un niveau de conscience dans lequel la confiance, la détermination, la certitude, la résolution, le sens, la maîtrise et des résultats positifs sont la norme. L'ego ne vous donnera pas cela. C'est pourquoi, dans la méditation de la complétude, on fait la part belle à la transcendance de l'ego.

Le problème est que l'ego joue un rôle tellement considérable dans notre prise de décision qu'il est difficile de s'en extraire.

Quand vous avez lu l'affirmation que je viens de faire, qui explique qu'il existe un niveau de conscience dans lequel des résultats positifs sont la norme, comment avez-vous réagi ? Si vous étiez dans le doute ou le scepticisme, c'est votre ego qui a réagi. Je ne parle pas d'égotisme, qui est une forme exagérée d'ego. Dans la vie de tous les jours, que vous soyez égocentrique ou modeste, votre point de vue est celui de l'ego. Il englobe vos expériences et vos souvenirs, vos habitudes et vos croyances, en d'autres termes, toute l'histoire que vous avez vécue jusque-là.

S'extraire de l'ego est une notion qui nous est tellement étrangère que la plupart des gens ne voient pas du tout de quoi il s'agit. C'est tout à fait compréhensible. La conscience pure n'a pas d'identité, pas de « je » à défendre. Elle n'a aucun lien avec des souvenirs, des habitudes et des conditionnements passés, car toute son attention est tournée vers le moment présent. Du point de vue de l'ego, la conscience pure représente une absence d'expérience. L'ego jauge une expérience principalement à travers le désir et l'intérêt personnel. Ses considérations essentielles sont : « je veux telle chose » et « je ne veux pas telle autre chose ». Les considérations telles que « j'aime ce que cela me fait » et « je n'aime pas ce que cela me fait » jouent également un rôle important, tout comme « est-ce que c'est bon ou mauvais pour moi ? »

En l'absence de désir et d'intérêt personnel, l'ego a un sentiment de vide expérientiel. L'expérience de la conscience pure repose simplement sur le fait d'être présent, d'observer, de laisser faire et d'agir comme il convient sans avoir de doute ni d'intérêt personnel. Quand on prend ainsi du recul, cela transforme l'expérience du tout au tout. Au lieu d'avoir le mental constamment actif et agité, avec de brefs moments de tranquillité, on est toujours calme et serein, avec de brefs moments où une pensée, une parole ou une action émergent.

Le contraste est tel que beaucoup rejettent l'état de paix dans lequel leur mental veut naturellement être. Pour eux, cette sérénité est synonyme d'oisiveté. Aussi, ils se mettent immédiatement à chercher une activité ou une distraction. Vous est-il déjà arrivé, un jour où vous étiez désœuvré ou fébrile, de vous mettre tout à coup à grignoter, à vérifier vos messages ou à zapper, généralement sans réfléchir ni avoir vraiment besoin de faire ces choses-là ? Ce genre de comportement impulsif traduit un rejet, une volonté de ne pas être simplement présent. L'ego perçoit son agitation dans un moment de calme et ayant l'impression que rien ne se passe, il crée une activité mentale inutile.

Nul ne peut passer du jour au lendemain de la dimension de l'ego à celle de l'existence d'un nombre infini de possibilités. Cette transformation est plus ou moins inconcevable. Mais on peut revenir à la vérité fondamentale, qui est que la conscience est omniprésente et qu'elle prend part à toute chose. Elle joue un rôle dans la manière dont nous vivons notre vie et elle nous propose ainsi une position intermédiaire, qui est à la fois totalement humaine et bien plus vaste que l'ego. C'est dans cette position intermédiaire que l'individu est en contact avec la conscience organisatrice, la puissance qui régit tout le corps-mental. On peut alors jouir de tous les bienfaits propres à la vie consciente.

LA MATRICE HUMAINE

Si on nous dit que la conscience du tout nous soutient dans tout ce que nous faisons, nous sommes en droit de nous demander : « Que fait-elle pour moi en ce moment ? » Cela n'a rien d'une question égoïste ou présomptueuse. Si vous examiniez de très près votre vie, vous comprendriez que la conscience n'en fait pas seulement beaucoup pour vous tous les jours, mais qu'elle accomplit tout. Jusque-là, j'ai fait référence à des comparaisons, par exemple être plus ou moins puissant, mais en réalité vous ne devez vous comparer à personne. Étant absolue, la conscience ne peut vous donner plus ou moins de pouvoir. Elle offre tout à tout le monde. C'est comme être vivant. Quand on est en vie, on est en vie. On n'est pas à moitié ou 10 % vivant. La vie est un seul et même phénomène. Elle existe en vous, mais aussi chez les taupes, les iguanes, les baleines et même les microbes.

Nous autres êtres humains faisons partie intégrante d'un réseau qui organise, régit et gère l'existence jusqu'à la moindre pensée et la moindre particule subatomique. J'ai baptisé ce réseau « la matrice humaine ». C'est la position intermédiaire entre la conscience pure et l'ego. Dans la matrice humaine, la conscience a bâti une structure parfaitement adaptée à notre vie. Il existe d'autres matrices pour les autres créatures. Un grand cachalot dont tout le corps-mental est fait pour plonger à des centaines de mètres sous l'eau pour localiser et manger les calmars géants vit dans une matrice, tout comme nous. Et on ne peut prétendre que la matrice d'un grand cachalot est plus simple ou plus primitive que la nôtre.

Quand la conscience crée une matrice, nul ne peut avoir une connaissance absolue de la manière dont elle est créée. D'une part, le processus est invisible. D'autre part, il laisse très peu de traces. Les réactions chimiques à l'intérieur d'une cellule sont parfaitement organisées, mais elles disparaissent après quelques millièmes de seconde. Une pensée transmet un message riche de sens, pour ensuite disparaître sans laisser de traces. La matrice humaine est dynamique et elle change en permanence, ce qui est extrêmement avantageux pour nous. Vous êtes entouré par l'énergie de la conscience du tout, elle œuvre automatiquement pour vous et elle sait parfaitement quels sont vos besoins.

Chaque fois que vous avez un nouveau désir ou une nouvelle intention, toute la matrice réagit. J'ai passé beaucoup de temps à explorer les liens entre la physique quantique et la conscience. La fascination qu'exerce cette quête sur moi a commencé lorsque j'ai lu une citation d'un éminent physicien anglais, sir Arthur Eddington : « Quand l'électron vibre, l'univers tremble. » Il en va de même pour la matrice humaine. Le moindre désir que vous avez vibre à travers la conscience et crée un changement dans la structure vivante de cette dernière.

Nous ne pouvons voir la puissance organisatrice qui sous-tend tout ce que nous pensons, disons et faisons. D'ailleurs, on ne peut pas non plus voir l'intelligence sur un examen cérébral. Pourtant elle existe. Aucun appareil de mesure ne peut quantifier tout l'amour que vous ressentez, mais toute personne qui est tombée amoureuse a ressenti l'énergie colossale qui est derrière ce sentiment. La matrice humaine est en place depuis des centaines de milliers d'années et elle évolue à chaque progrès réalisé par

Homo sapiens. La structure du cerveau supérieur de nos lointains ancêtres de l'âge de pierre montre que les mathématiques, la littérature et la science étaient déjà anticipées des milliers d'années avant leur avènement. Notre cerveau est construit à partir d'un ADN à 85 % identique à celui d'une souris, à 98 % identique à celui d'un gorille et à 99 % identique à celui d'un chimpanzé, notre plus proche parent sur le plan génétique.

Mais c'est dans cette différence minime que la matrice humaine a été élaborée. Nul ne sait comment cela est possible, parce qu'il est trompeur et inadéquat de se fier à l'ADN pour le comprendre. *Homo sapiens* existe depuis seulement 200 000 ans, contre 18 millions d'années pour le chimpanzé. Ce dernier a lui aussi un cerveau supérieur, mais sa matrice a un potentiel quasi nul sur les plans mathématique, littéraire et scientifique. Le primate occupe une matrice qui est complète pour lui et si évolution il y a, elle doit être très, très lente. On peut présumer, bien qu'on ne puisse en être certain, que les ancêtres des chimpanzés se comportaient d'une manière probablement très similaire à leurs congénères actuels.

En comparaison, la matrice humaine a évolué à la vitesse de l'éclair. Si les êtres humains de l'âge de pierre possédaient déjà les mathématiques, la littérature et la science à l'état de potentiel, ils l'ignoraient, de même qu'un enfant de 2 ans ne sait pas qu'il est potentiellement capable de lire. Quand vous avez appris à lire, vous avez simplement rattrapé votre retard sur l'évolution. Votre conscience a déployé peu à peu son potentiel. Pourtant, les différentes phases qu'elle a suivies viennent du passé. La capacité à parler, lire et penser rationnellement est un héritage, qui nous est automatiquement légué de manière innée.

Mais quand vous avez atteint la maturité, vous êtes devenu la personne de référence sur le plan de l'évolution. En vous appuyant sur nos ancêtres, vous pouvez faire évoluer comme bon vous semble la matrice humaine, en tout cas la partie d'elle à laquelle vous avez accès. Alors quelle direction allez-vous prendre? Il n'existe aucun plan de route. Comment cela serait-il possible, étant donné que près de 8 milliards d'êtres humains font constamment des choix? Cependant, si vous prenez du recul, vous vous apercevrez qu'il existe des liens qui unissent les êtres humains à travers l'histoire telle qu'on la connaît. Ces liens sont représentés par notre potentiel invisible et ils font de nous une espèce unique, dotée de la conscience. Nous sommes capables d'influencer par nous-mêmes notre évolution.

Si vous faites une petite pause dans votre lecture et que vous regardez votre main, vous pourrez directement observer le fonctionnement de la conscience. La main humaine est constituée de vingt-sept os, autant que dans la main d'un chimpanzé. Quand vous détendez votre main, votre pouce se pose contre votre paume. C'est le fameux pouce opposable, dont parlent les évolutionnistes. Les chimpanzés et les autres primates supérieurs ont eux aussi un pouce opposable, qu'ils utilisent pour éplucher leurs bananes, prendre soin les uns des autres et fabriquer un outil primitif à partir d'une brindille, qu'ils utilisent pour chercher des larves dans les arbres.

Ce qui fait du pouce opposable un miracle en matière d'évolution chez les êtres humains ne saurait être perçu dans nos os. En effet, ce miracle s'est produit dans la conscience et est par conséquent invisible. C'est le pouce opposable qui a permis aux êtres humains de travailler avec finesse le détail, comme lorsqu'un artiste fabrique une gravure en utilisant une pointe pour tracer de fines lignes sur une plaque en cuivre. Ce genre de gravure existe et Rembrandt lui-même, quand il était jeune, a réalisé un autoportrait de la sorte. Ses cheveux ébouriffés au rendu délicat encerclent sa tête telle une auréole emmêlée. La gravure est déjà remarquable en soi, mais en plus l'originale ne fait que 5 cm de long (vous la trouverez sur Internet en tapant dans votre moteur de recherche « Rembrandt aux yeux hagards »). Les chimpanzés ont beau être adroits, ils sont incapables de faire ce qu'a réalisé Rembrandt, ni même ce que peut accomplir un artiste de rue à la bombe sur un mur de briques à New York.

La finesse du détail nécessaire pour couper un diamant, peindre un portrait sur camée ou réaliser de la dentelle de Venise nécessite, certes, un pouce opposable, mais il n'est qu'un outil, utilisé par la conscience. Sans cette dernière, l'outil n'a aucune valeur ou alors, son utilisation est limitée au sein de la famille des primates.

En examinant le moindre aspect de la vie humaine, on comprend à quel point la matrice humaine est unique et omniprésente.

LA MATRICE HUMAINE

Tout ce que la conscience nous a donné

- la biologie (qui organise et gère le corps) ;
- l'instinct de survie (se battre ou fuir) ;
- la perception (les cinq sens) ;

- la psychologie (personnalité, émotions, humeurs, etc.);
- la pensée rationnelle;
- les liens sociaux et les relations intimes;
- le langage;
- la créativité;
- la curiosité, la découverte, l'inventivité;
- la conscience de soi.

Il y a deux choses incroyables dans cette liste. D'abord, sa complexité. Aucune autre créature vivante ne se sert de la conscience avec une telle diversité. Ensuite, son unité. La conscience fait tout en même temps. L'association de ces deux caractéristiques, *la diversité* et *l'unité*, donne la *totalité*. Il vaudrait mieux que nous n'ayons pas à utiliser des termes abstraits tels que totalité, mais ils ont leur raison d'être. La complétude n'est pas une expérience. Dans la matrice humaine, tout est coordonné simultanément, mais les expériences se produisent de manière séparée.

Pour contourner cet obstacle, voici un exercice qui démontre ce que fait la totalité à notre insu.

Lisez la phrase suivante, que j'ai choisie au hasard, et en même temps, comptez le nombre de fois où apparaît la lettre « e », tout en essayant de comprendre le sens des mots.

> *Il existe, d'après les meilleures estimations et bien que nul n'en soit sûr, entre 100 000 et 1 million de types de protéines dans notre corps.*

Je pense qu'il est évident que votre mental résiste à faire deux choses en même temps. Il veut soit que vous lisiez la phrase pour en comprendre le sens, soit que vous comptiez le nombre de fois où apparaît la lettre « e ». Telles sont les limitations de l'expérience linéaire. Pourtant, à tout moment de votre vie, la conscience du tout n'a aucune difficulté à gérer tous les éléments que j'ai listés en page 184, depuis les processus corporels jusqu'aux émotions, en passant par les pensées rationnelles et autres, c'est-à-dire la matrice humaine dans son ensemble. Vous vivez à l'intérieur de cette matrice en étant au paroxysme de ce que la conscience est capable d'atteindre sur terre. Cette prise de conscience redéfinit radicalement l'être que vous êtes.

Si vous comprenez ce qu'est le tout, les perceptions normales deviennent ridiculement inadéquates pour décrire la puissance qui existe à l'intérieur et à l'extérieur de vous. En réalité, il n'existe ni intérieur ni extérieur. La conscience du tout régit la création sans se fixer de limite. Cette structure invisible qu'est la matrice humaine donne encore plus de sens à la méditation de la complétude. Nous devons considérer la méditation comme quelque chose de global, qui affecte tout dans la matrice humaine. Là encore, l'analogie de l'océan nous sera utile. L'un des aspects les plus surprenants, et les plus inquiétants, du changement climatique est la rapidité à laquelle les océans du monde entier ont été affectés par des changements anodins. D'après des informations alarmantes, en 2019, plus d'un tiers des récifs coralliens du monde ont subi de graves dégâts ou sont morts.

Nul ne soupçonnait que le réchauffement des mers de seulement quelques degrés Celsius aurait des effets aussi drastiques. La

Grande Barrière de corail au large de la côte est de l'Australie a souffert de la prolifération soudaine d'une étoile de mer mangeuse de corail, qui consomme de très grandes étendues de récif. En outre, la montée de la température des eaux à l'endroit où vivent les coraux provoque l'extinction de l'algue qui les maintient en vie.

Les courants océaniques ont eux aussi été affectés et leur évolution fait souffrir les pêcheurs : une année El Niño, caractérisée par des températures plus élevées et des pluies plus abondantes, fait le malheur des pêcheurs d'anchois péruviens, dont le moyen de subsistance est un pilier de l'économie nationale.

Nous avons tous entendu parler de la fonte de la calotte glaciaire dans les deux pôles, des noyades d'ours polaires qui ne peuvent nager assez loin pour rejoindre la banquise et des énormes morceaux de calotte glaciaire qui se détachent, fondent et font monter le niveau des océans. Des îles sans aucune altitude, par exemple les Maldives dans l'océan Indien, sont déjà menacées.

Les océans absorbent les gaz à effet de serre aussi bien que la chaleur. En cas de surcharge du système, l'eau devient trop acide (un facteur majeur dans l'extinction des récifs). Certains pessimistes affirment qu'il est possible que l'atmosphère terrestre devienne trop empoisonnée pour accueillir la vie humaine. Là encore, il existe un rapport avec les océans.

À mesure que les poissons meurent, leurs restes, s'ils ne sont pas mangés par les autres poissons ou les mouettes occasionnelles, coulent au fond des mers, où ils pourrissent, ce qui libère du méthane. Les profondeurs maritimes sont suffisamment froides pour piéger le méthane bien en dessous de la surface, mais si le réchauffement atteint un certain degré, ce gaz va monter et il sera libéré dans l'atmosphère. En quantité suffisante, le méthane tue le vivant. Quand la Terre était jeune, il y avait énormément de méthane dans l'atmosphère. Ce gaz a dû revenir à un niveau acceptable avant que la vie puisse émerger. D'après les calculs des paléontologues, il y a eu cinq extinctions majeures dans l'histoire de la Terre qui, au total, ont éradiqué non seulement les dinosaures, mais jusqu'à 1 milliard de formes de vie. L'émission de méthane en provenance des océans au cours d'un cycle de réchauffement pourrait être responsable de certaines de ces extinctions.

Que vous soyez optimiste ou pessimiste au sujet de la capacité de l'humanité à juguler le changement climatique, l'océan représente tout un écosystème et le moindre effet du changement climatique traduit la diversité de la matrice humaine. Nous pouvons nous représenter les océans, les cartographier, les observer et mesurer tous les changements qui se produisent en eux. Mais la matrice humaine reflète les courants invisibles de la conscience qui sont en mouvement à l'intérieur d'elle. Contrairement aux mers qui se réchauffent et qui réagissent passivement à la chaleur et aux gaz à effet de serre, la conscience sait ce qu'il se passe et invente constamment de nouvelles réponses. Cette puissance dynamique et infinie s'exprime également à travers vous ; comme tout ce qui se rapporte au tout, cette puissance *est* vous.

TOUT EST MÉDITATION

LEÇON 15 : L'UNITÉ

Une fois que l'on saisit vraiment que la conscience est absolue, on a compris le secret de la puissance infinie. L'unité paraît abstraite. Il serait effrayant pour vous de vous retrouver en train de flotter au beau milieu de la mer, avec, dans toutes les directions, de l'eau à perte de vue. Mais l'expérience de l'unité ne ressemble pas à cela. Se retrouver entouré à perte de vue par la conscience revient à être au cœur de la création. Quand vous serez pleinement éveillé, c'est exactement ce que vous vivrez (de nombreuses traditions religieuses représentent des êtres divins munis d'yeux sur tout leur corps, et on retrouve sur le billet d'un dollar l'œil mystique qui voit tout ; ces représentations renvoient à l'état de conscience du tout).

Cependant, la conscience n'exerce pas de pression pour que vous vous éveilliez. L'unité s'exprime déjà à travers votre corps-mental. L'essentiel consiste à vous aligner sur le tout, au lieu de vous y opposer. Mais comment faire ?

Vous êtes aligné sur l'unité chaque fois que :

- Vous vous sentez bien dans ce que vous faites.
- Vous vous acceptez sans vous juger.
- Tout est fluide dans votre vie, il n'y a ni obstacle ni résistance.
- Vos désirs se réalisent sans faire d'effort, ou peu.
- Vous vous sentez soutenu par la nature.

Le dernier point pourra porter à confusion, mais c'est en réalité le plus important. Chaque être vivant est soutenu par la nature. En effet, chaque créature vit dans un habitat qui lui correspond. Dans la mesure où ce soutien se présente très naturellement, un marsouin, un oryctérope du Cap, un setter irlandais ou un singe rhésus n'ont pas besoin d'y réfléchir (il serait intéressant de savoir si les marsouins ont conscience de ce soutien, car ils semblent sourire en permanence). De même, les créatures vivantes ne s'opposent pas au soutien de la nature. Toutefois, les êtres humains vivant dans un habitat dans lequel le libre arbitre joue un rôle considérable, ils peuvent s'écarter du soutien de la nature.

C'est ce qui nous arrive quand :

- Nous luttons et souffrons.
- Nous nous détournons d'une alimentation, d'une eau et d'un air purs.
- Nous laissons la peur et la colère nous dicter notre comportement.
- Nous laissons les habitudes et conditionnements prendre le dessus sur nous.
- Nous oublions notre rôle de cocréateur de la réalité.

Nous vivons dans un monde où l'on n'apprend pas à l'enfant à s'aligner sur l'unité. Il en a toujours résulté de la confusion et du doute. Si vous ne savez pas que la nature peut vous soutenir dans tout ce que vous pensez, dites et faites, il n'est que trop facile de faire des choix créant une instabilité, mineure ou majeure, dans votre vie. Mais la solution ne consiste pas à faire plus d'efforts pour faire de meilleurs choix, car il y a toujours des conséquences imprévisibles. Le secret consiste à s'aligner sur l'unité, en d'autres termes, de pratiquer la méditation de la complétude.

DES POUVOIRS CACHÉS

Nous échouons constamment à nous rendre compte de notre puissance. Plongés dans la matrice humaine, nous vivons en respectant des limites fixées. Rien n'indique que nous avons une puissance infinie. Car celle-ci se cache, elle est invisible. Si nous ne la voyons pas, c'est parce que notre vie est dominée par la voix du mental qui raconte l'histoire de nos pensées. Mais ces dernières ne sont pas sans effet sur vous. Au contraire, elles vous affectent profondément et au fil des années, vous devenez ce que vous pensez. Tel est le problème, en résumé. Penser n'est pas la même chose qu'être conscient. Car très souvent, la pensée, et en particulier quand elle est excessive, est l'ennemie de la conscience.

Les psychologues nous informent que quand les parents donnent des ordres à leurs enfants, par exemple « range ta chambre », « éteins la télévision » ou « va te coucher », ces derniers peuvent facilement ignorer ce qu'on leur dit. Mais si un parent fait une description, en particulier négative, de son enfant, par exemple « tu n'es pas aussi drôle que les autres filles », « tu n'es pas très intelligent » ou « tu es méchante », ces paroles sont absorbées et l'enfant s'en souviendra souvent à vie. Et si ces descriptions sont répétées et renforcées par des émotions fortes, l'effet peut être dévastateur. Elles font alors partie intégrante du caractère de l'enfant, ce qui l'amène à développer de la culpabilité, de la honte, une faible estime de lui-même et d'autres problématiques qui n'ont aucun fondement, hormis le fait que les paroles d'un parent deviennent les pensées que l'enfant entend dans sa tête.

La voix du mental fait constamment revivre le passé. Sans même parler des propos destructeurs que cette voix peut avoir, le fait d'être replongé dans le passé vous rend inconscient du présent. Vous avez l'esprit ailleurs. La conscience est toujours là, mais si vous ne l'êtes pas, la puissance de la conscience finit par devenir invisible, occultée par l'écran des pensées qui définissent la personnalité égotique isolée. Observez la comparaison suivante :

Quand vous êtes dans la conscience, *vous avez une connaissance illimitée, vous disposez d'un nombre infini de possibilités et vous jouissez d'un lien indestructible avec la conscience pure.*

Quand vous êtes dans vos pensées, *vous avez une connaissance limitée, vous disposez de quelques possibilités et votre lien avec la conscience pure est défaillant.*

Dès lors, il n'est nullement surprenant que nous soyons forcés à nous fier à l'ego. Notre personnalité est alors constamment alimentée par ce que nous entendons dans notre tête et l'ego nourrit notre histoire. Il se sent relié aux histoires des autres et ainsi, il ne se sent pas seul. Tant qu'il est ainsi capable de créer des liens, notre inconscience ne nous paraît pas insupportable. On peut même l'ignorer, comme le font la plupart des gens.

Votre voix mentale travaille de pair avec votre ego pour vous donner un sentiment d'identité. Dès lors, vous pouvez vous regarder dans votre miroir en y voyant un phénomène connu, par exemple un quadragénaire blanc en train de grimper dans la hiérarchie de son entreprise ou une jeune femme de couleur ayant du mal à nourrir et habiller ses enfants seule. L'une de ces deux identités est beaucoup plus désirable aux yeux de la société, mais toutes deux paraissent bel et bien réelles et substantielles pour la personne concernée.

Si vous souhaitez être plus heureux, votre ego entreprend d'améliorer l'histoire que vous vivez et ses efforts porteront peut-être leurs fruits. Mais ce genre de succès ne fait que dissimuler le fait que l'ego n'a jamais été fiable et substantiel. Au fond, il n'est qu'un ensemble de souvenirs, d'impressions, de préférences, de conditionnements sociaux, de croyances et d'expériences de déni. Ce mélange a été assemblé de manière hasardeuse, sans plus de structure que les pages d'un journal volant au vent dans la rue. Pourtant, vous êtes convaincu d'être cet assemblage désordonné. Qu'arriverait-il si vous regardiez dans votre miroir sans y voir le reflet de votre histoire égotique ?

Vous iriez beaucoup mieux.

Rien de ce que produit la pensée ne peut se substituer à la conscience. L'identité que vous vous êtes fabriquée inclut beaucoup d'éléments erronés, dommageables et indirects. Par exemple, prenez la phrase : « Je ne suis pas assez ________. » Complétez-la par un mot décrivant quelque chose dont vous pensez manquer, par exemple « je ne suis pas assez *intelligent* ». Autres possibilités : *confiant*, *fine*, *attirant*, *riche* ou *gentille*. Non seulement ce sont des jugements, mais en plus ils font partie intégrante de votre histoire. Votre voix mentale est programmée pour se souvenir de ces jugements, qui trouvent leurs racines dans le passé à l'époque où quelqu'un, que ce soit vous-même ou une figure d'autorité comme vos parents, a dit que vous n'étiez pas assez gentille, intelligent, attirant, etc.

Cette discussion nous permet clairement de comprendre que ces jugements doivent être évacués. La seconde partie de ce livre, « Enrichissez votre pratique », est consacrée à ce processus. Elle est tout aussi nécessaire pour vous permettre de remplacer votre histoire par une idée se fondant sur la conscience dans le moment présent. Car c'est le soi qui existe ici et maintenant qui est votre identité véritable. C'est le soi qui est relié à la conscience du tout et qui l'a toujours été. Le soi véritable est la source de toutes les valeurs les plus élevées de la vie humaine et c'est à travers lui que vous pouvez trouver votre juste place dans la matrice humaine.

Il est inutile de vous accrocher au soutien factice de l'ego et de la voix mentale. À partir du moment où vous commencerez à vous éveiller, le processus de la méditation de la complétude vous révélera votre moi véritable. Tous les doutes, les peurs et les jugements que vous avez eus jusqu'à présent ont été créés par l'ego. Celui-ci alimente continuellement votre histoire, pour répondre à votre besoin de survie. En vous débarrassant des limitations qui semblent si réelles, vous vous rendrez très clairement compte que par nature, l'ego nourrit le jugement, le sentiment d'insécurité et les peurs.

Si tout ce processus de désidentification peut se faire sans effort, c'est parce que vous déconstruisez une structure fantôme afin de voir qui vous êtes vraiment. Si les fantômes peuvent être effrayants, au fond, ils n'ont ni réalité ni substance. Tout ce qui est réel et substantiel vous renvoie au lien entre votre moi véritable et le nombre infini de possibilités qui vous attendent dans la conscience. Il est temps de renouer le lien afin que vous puissiez vivre par vous-même dans la réalité.

7

Éveillé au quotidien

Tout rapporter à la conscience constitue une révolution par rapport à la pensée conventionnelle. Nous avons tous grandi en acceptant que la réalité soit divisée en deux aspects séparés et très inégaux. D'abord, le monde extérieur et objectif, omniprésent. On nous a expliqué que c'est ainsi que l'univers a commencé et qu'il se terminera probablement, que c'est là que des milliards de personnes sont nées, ont vécu et sont mortes.

En comparaison, le monde intérieur et subjectif ne semble présenter que peu d'intérêt. En règle générale, ce que ressent la personne est considéré comme beaucoup moins important que ce qu'elle fait pour gagner sa vie, élever sa famille et essayer d'améliorer sa vie. Ce monde intérieur semble être l'apanage d'un ensemble disparate d'artistes et de poètes, qui l'habite à défaut de lui rendre une simple visite de courtoisie. L'introspection n'a guère de sens pour les réalistes endurcis. Pour eux, le monde intérieur est là pour nous permettre de réfléchir à des choses pratiques et de faire des projets. Mais à y regarder de plus près, le monde subjectif nous a également donné des saints et des sages. C'est de ce monde que ces êtres tirent leur sagesse. Si l'amour émerge à l'intérieur, c'est aussi le cas de la haine, de la jalousie, de la peur et de l'anxiété. Il est difficile de savoir quand vos émotions vont frapper, comme le savent bien les personnes qui ont été rejetées en amour ou qui ont rompu dans l'amertume et la colère. Parmi ces deux domaines, seul le monde objectif paraît solide, prévisible et utile. Quant au monde subjectif, il paraît inconstant, peu fiable et trop changeant pour être clairement identifié.

Unifier ces deux domaines semble présenter peu de perspectives, car tous deux sont considérés comme très différents et même hostiles l'un envers l'autre. Que ce soit au travail, sur le champ de bataille ou en cas d'urgence, ou ne serait-ce qu'à la maison, quand on essaye d'imposer des tâches ménagères à un adolescent récalcitrant, le mot d'ordre étant : « Peu m'importent tes sentiments, fais ton travail. » Mais parvenir à l'unité est le concept fondamental qui sous-tend la méditation de la complétude. Dans toute situation donnée, vous réagissez soit consciemment soit inconsciemment. Qu'importe que la situation soit extérieure (perdre sa connexion Internet, avoir un pneu crevé ou payer ses factures en retard) ou intérieure (se sentir déprimé, être inquiet financièrement ou éprouver un sentiment de manque parce que ses enfants ont quitté le foyer). La moindre de vos expériences passe par le mental, qui exprime votre état de conscience.

Pour faire simple, on pourrait dire que lorsque vous agissez inconsciemment, vous êtes endormi et lorsque vous agissez consciemment, vous êtes éveillé. Ces étiquettes simplifient les choses en clarifiant le fait que vous avez toujours le choix entre les deux. Nul n'est ni complètement endormi ni complètement éveillé, mais on voit très clairement la différence.

ENDORMI

Être inconscient

Agir par habitude.

Obéir à des pulsions soudaines.

Parler sans réfléchir.

S'en remettre à des croyances et opinions figées.

Réagir par réflexe.

Décider à l'avance de ce que l'on aime et de ce que l'on n'aime pas.

Se sentir débordé par l'imprévu.

Opter pour le conformisme.

Juger à l'emporte-pièce.

S'opposer à sa colère, à sa peur et à d'autres émotions négatives.

Nier les choses que l'on ne veut pas voir.

Il peut être intimidant de lire cette liste. Car elle peut créer un choc en vous et vous révéler que vous n'êtes probablement pas aussi conscient, mature, réfléchi et rationnel que vous voulez le croire. Souvent, vous êtes tout simplement endormi. De plus, si vous réfléchissez à chacun des éléments présents sur cette liste, vous ne pouvez que constater que c'est une véritable épreuve de devoir changer ne serait-ce qu'un seul de ces comportements. Mais heureusement, chacun vit des expériences qui indiquent aussi son degré de conscience :

ÉVEILLÉ

Être conscient

Réfléchir avant de parler.

Peser le pour et le contre avant de prendre une décision.

Regarder les faits en face.

Anticiper les conséquences de ses actions.

Écouter ce que les autres ont à dire.

Ressentir ses émotions, sans forcément réagir.

Contrôler ses pulsions.

Être prévoyant.

Être prêt à revoir ses projets quand la situation évolue.

Comprendre la nature humaine et être par conséquent plus tolérant.

Ne pas tirer de conclusions hâtives.

Ne pas juger.

Trouver un équilibre entre le conformisme et le droit à la différence.

Avoir des antennes et être à l'écoute de la situation et des personnes concernées.

Être attentif.

Se concentrer longuement sur un problème.

Il suffit d'un coup d'œil à cette longue liste pour comprendre qu'il vaut bien mieux être éveillé qu'endormi. En fait, beaucoup passent tellement de temps à être conscients, malgré les rechutes, que l'illumination n'est pas aussi éloignée que la plupart le pensent. Elle n'est pas si éloignée, au point de ne pas pouvoir imaginer que l'illumination soit un objectif réaliste pour quiconque veut vivre dans le monde. Car c'est tout l'inverse. Tout le monde peut apprendre à passer à un état de conscience plus élevé et une fois ce processus amorcé, l'éveil total, c'est-à-dire l'illumination, devient accessible et réaliste.

Si un être humain pouvait être robotisé, l'idéal serait que son logiciel soit programmé de sorte que chaque action soit réalisée en conscience. Mais ce genre de logiciel ne pourra jamais être créé, parce qu'un robot fait des choix en fonction d'instructions prédéterminées. Or, être conscient, c'est exactement l'inverse. Quand on est éveillé, on choisit librement parmi un nombre infini de possibilités. L'idéal étant de créer sa réalité en se laissant porter par son inspiration et son intuition quand elles jaillissent, ce qui est par nature imprévisible.

Mener une vie consciente permet de clarifier bon nombre de choses qui porteraient à confusion si l'on était endormi. Prenons l'exemple de la parentalité. Un bon parent est conscient d'être un adulte, tandis qu'un moins bon parent agit parfois comme un enfant ou un adolescent, sans avoir conscience de ce qui se passe. Nul ne grandit en ayant des parents parfaits, mais si vos parents n'étaient pas très conscients, il est très probable qu'ils n'aient pas été de bon conseil au sujet de certaines nécessités de base, par exemple l'importance de la lecture et de l'écriture, de manger des légumes au lieu de grignoter de la malbouffe, de bien s'entendre avec autrui au lieu de se déchaîner sur les autres, et toutes les autres choses dont un adulte conscient ne doute nullement de la valeur.

Le bon développement de l'enfant dépend de la stabilité des parents, dont les actes ne sont pas puérils. Si une mère piquait sa crise chaque fois que son nourrisson en faisait de même ou si un père restait impassible en voyant son enfant chiper des petits gâteaux, la parentalité tournerait au désordre et à la confusion. Des psychologues ont découvert que ce qu'un enfant peut espérer de mieux est d'avoir des parents « passables ». Malheureusement, le monde est peuplé de mères et de père dont les comportements sont souvent inconscients et qui gardent trop de vestiges des imperfections de leurs parents.

Les parents passables transmettent un mélange de bonnes et de mauvaises leçons, ce qui est inéluctable, car leurs actes ne peuvent traduire que leur niveau de conscience. Ils sont essentiellement endormis et à la dérive, comme quiconque, y compris vous et moi. Nous serions tous plus tolérants et plus réalistes à l'égard de nos parents si nous acceptions cet axiome : on ne peut demander à quelqu'un ce qu'il ne peut donner. Peu d'axiomes sont aussi vrais ou utiles.

La méditation de la complétude vous aidera à sortir du sommeil et à vous réveiller. Mais il ne s'agit pas de traiter un par un les différents éléments figurant sur la liste des comportements inconscients. Le sommeil et l'éveil sont des états totalement différents et notre défi consiste à passer d'un état à l'autre. C'est une transformation qui est nécessaire. Dans la mesure où même les changements comportementaux anodins sont difficiles, quelles chances avons-nous de nous transformer, ce qui nécessite de solliciter tout le corps-mental ? La transformation est le défi le plus important qui est associé à la méditation de la complétude.

TOUT EST MÉDITATION

LEÇON 16 : LA TRANSFORMATION

Pour mener une vie éveillée, l'idée n'est pas de procéder à des changements mineurs ou progressifs, mais à quelque chose de plus radical et complet : la transformation. Il faut être visionnaire et engagé pour croire ce genre de choses possible. Les sentiments qu'ont la plupart des gens au sujet de leur vie sont partagés. Dans toutes les sociétés, on s'efforce d'accepter le pire comme le meilleur.

Cependant, face aux bonnes ou mauvaises choses que nous vivons, il existe une tendance contraire fondée sur une profonde aspiration à la transformation. Celle-ci s'exprime dans la religion à travers l'existence d'un paradis dans lequel on accède au bonheur éternel, dans la littérature romantique à travers l'existence d'un amour parfait et dans les utopies en tout genre à travers l'existence d'un paradis perdu ou d'un âge d'or.

Cette aspiration à la transformation n'est-elle qu'un vœu pieux, comme quand vous rêvez à ce que vous feriez si vous gagniez au loto ? Si vous êtes parfaitement pragmatique, vous abandonnerez ce genre de fantasme afin de pouvoir diriger productivement vos énergies vers un enrichissement progressif (au moins un best-seller promet à ses lecteurs une augmentation de 10 % de leur bonheur, ce qui fait penser à l'ouverture d'un compte épargne : mieux vaut de petits gains sûrs que de viser le jackpot, ce qui est plus risqué). Malgré tout, les objectifs modestes ne sont pas toujours à portée de main. Écoutant notre bon sens, nous nous contentons de peu.

Mais le vrai problème est à chercher plus en profondeur. La transformation existe partout dans la nature. Considérons le changement total d'état qui se produit lorsque deux gaz combustibles invisibles, l'oxygène et l'hydrogène, se combinent pour former un liquide, l'eau, qui est tellement incombustible qu'il éteint le feu. Au vu de la nature de ces deux gaz, nul ne pourrait deviner qu'il pourrait être si radicalement transformé. Mais tel est le sens de la transformation, par opposition à un changement progressif.

Qu'est-ce que la transformation personnelle ? En dépit de l'entêtement dont nous faisons preuve dans notre résistance au changement, en nous accrochant à nos croyances, à nos peurs, à nos préjugés et à nos habitudes sans raison rationnelle, nous sommes des êtres qui se transforment naturellement, comme on peut le voir dans la vie de tous les jours :

- Quand vous avez une pensée, le silence mental se transforme en une voix dans votre tête.
- Quand vous voyez un objet, des signaux électriques invisibles présents dans votre cerveau transforment cet objet en une forme et des couleurs.

- Pour que nous puissions voir, le mental part de minuscules instantanés qui sont individuellement immobiles et les transforme en un monde en mouvement, de même que l'on crée un film à partir d'une série d'images projetées rapidement.
- En cas de choc soudain, l'état d'équilibre dans lequel se trouve le corps au repos est transformé en état de stimulation pour déterminer s'il vaut mieux se battre ou fuir.
- La phrase « je t'aime », si elle est dite par la bonne personne au bon moment, crée une transformation psychologique totale qui amène l'individu à tomber amoureux.

Aucune de ces expériences ne passe par un changement progressif. Au lieu de cela, c'est une altération soudaine qui permet de passer d'un état à un autre, complètement différent. Et comme pour l'eau et le sel, le premier état ne laisse en rien augurer de la transformation totale qui se prépare. C'est pourquoi une personne qui tombe amoureuse pour la première fois de sa vie est souvent ébahie : « J'ignorais qu'un tel état existait ! »

Alors pourquoi la transformation semble-t-elle si improbable et lointaine ? La réponse réside dans notre attitude à l'égard du changement. Manifestement, la société est structurée de sorte à faire la part belle au conformisme, à la routine et au conventionnalisme. On se sent pressé de ne pas être différent. Mais cela ne change en rien le fait que nous sommes entourés par des phénomènes de transformation au sein de la nature. De plus, notre cerveau ne pourrait modifier les signaux bruts reçus par les cinq sens et obtenir l'image d'un monde tridimensionnel sans les transformer.

La morale ici est qu'il faut accepter que la transformation soit toujours à portée de main et ne nécessite de faire aucun effort particulier pour y parvenir.

« QUE FAIRE ? »

Un être humain ne peut être comblé uniquement en obtenant ce qu'il veut dans le monde extérieur. Car l'épanouissement intérieur est tout aussi important. Un mode de vie consacré à la conscience vise les deux. Il s'agit là d'une perspective séduisante ; pourtant, beaucoup, voire la plupart des gens, se demanderont : « Que faire ? » Voici la réponse : vivez comme si vous étiez déjà pleinement éveillé. Si tel était le cas, les vérités suivantes seraient d'une évidence totale :

Toute votre vie est l'expression de la conscience.

Vous puisez directement dans votre source, qui est conscience pure.

Vous avez atteint un équilibre dynamique parfait.

Vous savez que vos envies et désirs sont bons pour vous.

Vous créez votre réalité personnelle.

À chaque moment, votre vie émerge à partir d'un nombre infini de possibilités.

Il vaut bien mieux d'ores et déjà respecter ces vérités dans sa vie que d'attendre que l'illumination les révèle, l'idée étant, qu'au départ, on met en place ces principes jusqu'à ce qu'ils s'intègrent. Il s'agit de vérités, malgré les perceptions limitées de tout un chacun, de même que la lumière ultraviolette échappe à notre perception. Ce qui ne nous empêche pas de mettre de la crème solaire. De même, la puissance d'un impact à grande vitesse échappe à notre perception, ce qui ne nous empêche pas d'attacher nos ceintures en montant en voiture. La vie de chacun étant partagée entre les moments de conscience et d'inconscience, nous sommes heureusement déjà conscients une partie du temps. L'astuce consiste à prendre conscience des moments où nous sommes endormis, c'est-à-dire où nous agissons automatiquement.

Étonnamment, c'est là que le moi divisé s'avère être utile, car, sur le plan mental, nous sommes tous habitués à être à deux endroits à la fois. Car notre attention est en permanence fractionnée. Nous faisons semblant d'écouter, alors que nous pensons à autre chose. Nous cachons une pulsion sexuelle dans des moments où nous sommes censés agir comme des adultes rationnels. Nous déguisons notre aversion à l'égard de quelqu'un en faisant preuve de politesse et de courtoisie. Quoi que nous fassions, la rêverie, l'imaginaire et les vœux pieux font des va-et-vient.

Cette aptitude à fragmenter notre attention peut s'avérer utile pour nous éveiller. L'idée est de donner la préférence à la conscience simplement en remarquant qu'on se trouve à deux endroits en même temps. Alors, il n'y a aucun effort à faire pour devenir conscient. En revenant de nombreuses fois chaque jour à l'état de conscience, on discipline le corps-mental doucement, mais sûrement, jusqu'au jour où il devient naturel de rester conscient. Vous serez surpris de constater le nombre de petites choses que vous pouvez faire, qui ne nécessitent aucun effort, mais qui sont immédiatement efficaces.

LES MOYENS LES PLUS FACILES DE DEVENIR CONSCIENT

Quand votre mental part à la dérive, redevenez attentif.

Quand vous remarquez une émotion ou une sensation subtile dans votre corps, déplacez votre attention à cet endroit-là.

Quand vous percevez qu'une situation est stressante, partez dès que possible.

Quand vous vous sentez déséquilibré, recentrez-vous.

Quand votre mental s'éparpille, cherchez à retrouver le calme et la sérénité.

Quand vous prenez conscience que vous êtes dans l'opposition et la résistance, prenez vos distances et réfléchissez à la situation.

Quand vous ressentez que vous n'aimez pas quelque chose, assumez vos sentiments.

Quand vous prenez conscience que vous suscitez du désarroi chez une personne, mettez fin à vos agissements.

Quand vous êtes absolument certain de ce que vous pensez, laissez les autres s'exprimer et avoir leur mot à dire.

Quand vous avez une forte envie de contrôler la situation, demandez-vous si vous aimez que l'on vous contrôle.

Quand vous êtes de mauvaise humeur, ne prenez pas de décision tant que vous n'avez pas retrouvé votre calme.

En cas de doute, remettez votre prise de décision à plus tard.

Quand vous voulez vous défendre, faites face à votre insécurité.

Quand vous pensez devoir gagner, cessez de considérer que la situation est une compétition. Essayez plutôt la coopération.

Quand vous êtes sur le point de montrer que vous avez raison, demandez-vous comment vous vous sentez quand quelqu'un vous dit que vous avez tort.

Si des critiques vous irritent, supposez qu'elles sont probablement justifiées.

Dans chacun de ces choix, l'idée est de commencer à agir comme si vous étiez déjà pleinement éveillé. Je ne souhaite pas que le terme « facile » vous induise en erreur. Si vous avez pour habitude de contrôler la situation ou de toujours penser que vous avez raison, il ne vous sera pas facile de modifier un comportement figé. Mais vous pouvez être conscient que vous avez cette attitude et prendre un temps de pause, au lieu de tout de suite vous laisser embarquer par votre habitude (dans le chapitre 5, nous avons vu comment modifier différents comportements tenaces, figés, dont nous souffrons tous).

Il n'y a pas besoin d'entraînement, ni d'essayer d'être chaque fois parfait. Tout le monde peut passer de l'état de sommeil à l'état d'éveil. Il n'y a aucune connaissance supplémentaire à acquérir, même s'il est vrai qu'il faut être attentif, constant et répéter pour se déshabituer des comportements inconscients. Car l'éveil est notre état naturel. Nos cellules le connaissent déjà et il est bon de le savoir.

Laissez-moi vous donner un exemple détaillé : dans l'utérus, des cellules cardiaques commencent à se former dix-huit ou dix-neuf jours après la fécondation de l'ovule. Un œil exercé en train d'observer un embryon vivant dans l'utérus grâce aux ultrasons peut détecter les pulsations du cœur quand il commence à acquérir son identité. Mais c'est parce qu'un biologiste cellulaire sait quoi chercher. Imaginez-vous dans la peau de la première cellule cardiaque ; les choses sont très différentes. Il y a deux semaines, vous n'existiez pas. Lorsque vous êtes apparu, vous faisiez partie d'une forme cellulaire indistincte remplie de signaux électriques et chimiques émis dans un chaos apparent. Non seulement vous ne saviez pas quel serait votre rôle, mais en plus il n'y avait personne à l'extérieur pour vous en informer.

Votre identité de cellule cardiaque est apparue spontanément et vous vous êtes retrouvé à vous transformer inexorablement. Il ne vous est pas venu à l'esprit de résister. Une infime partie de vous, l'ADN dans votre noyau, en savait plus que vous, mais ne vous a révélé que ce que vous aviez besoin de savoir sur le moment. Globalement, la tâche qui vous attendait était colossale, elle dépassait l'entendement. Car pour former les 2 000 milliards de cellules constituant un bébé, l'ovule fécondé a besoin de se diviser non pas des millions de fois, ni même des milliers, ni même des centaines. Il ne lui faut qu'une quarantaine de divisions cellulaires pour, à partir de la forme cellulaire indistincte d'origine, obtenir un cœur, un cerveau, deux poumons, un foie et tout le reste.

En tant que cellule cardiaque, vous avez la chance d'ignorer qu'au cours d'une vie moyenne il vous faudra battre environ 80 fois par minute, soit 115 000 fois par jour, ce qui fait un total de 3,36 milliards de battements si vous vivez jusqu'à l'âge de 80 ans. Dans l'ingénierie de pointe, des pompes très efficaces peuvent être fabriquées à partir de plastique et de métal, mais même elles ne font pas le poids à côté de la capacité de pompage d'un cœur, raison pour laquelle, malgré des décennies de recherches pour développer un cœur artificiel, on n'a pas réussi à garder vivant un patient mourant pendant plus de quelques heures ou quelques jours après l'implantation de l'appareil dans le corps.

En préparation à sa vie ardue (un cœur sain pompe quelque 8 000 litres de sang par jour), la cellule cardiaque en développement acquiert des fonctions qui se recoupent. Outre le pompage, le cœur embryonnaire doit construire quatre chambres (deux ventricules et deux oreillettes), en plus des valves qui leur correspondent, fabriquer des artères coronaires pour permettre l'apport de sang oxygéné, apprendre à utiliser les impulsions électriques pour coordonner un battement de cœur unifié et se relier au cerveau par l'intermédiaire du système nerveux central pour recevoir des messages au sujet de tout ce que le cerveau veut que le cœur accomplisse.

Si l'on traduit ce modèle dans votre vie personnelle, avec tous ces processus se recoupant, les parallèles sont étonnamment similaires. Il vous faut vivre dans le moment présent en étant certain de votre objectif. Vous devez laisser la vie se déployer sans savoir à l'avance ce que vous réserve l'avenir. Et vous devez avoir confiance dans le fait qu'à un certain niveau, la conscience vous emmène dans la bonne direction. Tels sont les fondements de l'éveil.

Toutefois, il y a une différence majeure entre votre vie personnelle et celle d'une cellule cardiaque. Si le fonctionnement du cœur est suffisamment complexe pour remplir des manuels médicaux, les cellules cardiaques n'ont pas le droit de s'écarter du modèle biologique qui les structure. Alors que vous ne faites que vous aventurer dans de nouvelles directions, en inventant votre propre chemin grâce aux choix que vous faites. L'humanité n'est pas soumise à un modèle. C'est pourquoi, dans de nombreuses traditions spirituelles orientales, le corps physique est qualifié de « véhicule ». Tels un bateau ou une voiture, il vous conduit à destination en répondant aux objectifs fixés par les désirs, aspirations, envies, peurs, anticipations et attentes, autant d'impulsions mélangées qui influencent toutes vos découvertes et le feront toute votre vie.

C'est un vrai défi de transformer le chaos déroutant de la vie en quelque chose d'organisé et de sensé. À chaque instant, on est confronté à cette tâche. D'ici la fin de la journée, vous aurez décidé des dizaines de fois si vous allez être conscient ou non. Chaque fibre de votre être est structurée de sorte à répondre à la moindre de vos intentions. Il en est ainsi depuis le jour de votre conception. La conscience du tout a toujours été là. Votre développement intra-utérin était un processus complet, et non partiel. Même lorsque vos cellules cardiaques se sont différenciées de vos cellules cérébrales et de vos cellules hépatiques, elles sont toutes restées en contact étroit les unes avec les autres.

La capacité de la nature à protéger l'ordre et à maintenir le chaos à l'écart tient quasiment du miracle. La marge d'erreur est microscopique. Si les cellules cardiaques cessent de communiquer à la perfection, un battement cardiaque unifié peut laisser place à une pulsation chaotique appelée fibrillation auriculaire. C'est l'une des choses les plus effrayantes que peut observer un cardiologue, car, en l'espace de quelques minutes, le cœur commence à se suicider, littéralement. Heureusement, cet organe bénéficie de mécanismes de sécurité pour prévenir ce genre de catastrophe et d'une forme de tolérance intégrée, raison pour laquelle, quand votre cœur manque un battement ou quand vous avez un souffle au cœur bénin, cela est généralement sans conséquence.

Parallèlement à l'ordre qui règne dans le cœur, vous-même pouvez vivre en ayant de gros problèmes, sans répercussions immédiates. En fait, la clémence de la conscience est pratiquement sans limites. Les grands fumeurs, qui ont constamment un afflux de substances cancérigènes dans leurs poumons, ont pourtant 85 à 90 % de chances de ne pas développer de cancer du poumon. La Française Jeanne Calment, qui a été la doyenne de l'humanité, a commencé à fumer sous l'influence de son mari. Elle n'a jamais été une grande fumeuse, mais elle a fumé une cigarette ou un cigare après ses repas jusqu'à l'âge de 117 ans. Et après avoir renoncé à cette habitude, elle a vécu cinq années de plus. Bien sûr, telle n'est pas la norme. Je veux surtout mettre en valeur le fait que la conscience sait tellement bien s'adapter que les êtres humains sont équipés pour survivre aux circonstances les plus difficiles, parfois même handicapantes. La conscience veille sur nous, même si nous ne nous soucions pas d'elle.

TOUT EST MÉDITATION

LEÇON 17 : ÊTRE CONSCIENT

« On ne peut changer ce dont on n'a pas conscience » est un principe qui revient régulièrement dans ce livre. Être conscient est quelque chose de très désirable. Cela vous ancre dans le moment présent. Cela nécessite d'être alerte et ouvert aux nouvelles expériences. Être conscient, c'est aussi être détaché : on est ouvert au moment présent, sans être attaché à un résultat que l'on désire ou que l'on craint.

Pourtant, il y a un paradoxe intrinsèque derrière la nécessité d'être conscient. Car comment se souvenir d'être conscient quand on s'est éloigné du moment présent ? En effet, il faut être conscient pour remarquer que l'on est sorti du moment présent, alors même que la conscience est l'état même dans lequel on n'est pas. Dire à quelqu'un d'être conscient revient à lui dire : « N'oublie pas de te souvenir. »

Heureusement, on peut contourner ce paradoxe intrinsèque. Votre mental est fait pour être attentif, y compris aux choses inconscientes. La plupart des gens arrivent à se réveiller le matin à une heure donnée sans avoir besoin de programmer une alarme. Le mental garde la notion du temps même quand nous dormons.

On a tellement l'habitude de vivre dans le mental pensant que l'on ne se rend pas compte que ce processus n'est pas lié à la pensée. Quand vous remarquez un ami dans la foule, un plat appétissant à la carte d'un restaurant ou une belle inconnue, au fond, que se passe-t-il ? Vous

« appuyez sur un bouton » et vous commencez à être attentif. Ce que vous remarquez est sélectionné parmi beaucoup d'autres choses que vous ne remarquez pas. Quand vous voyez un ami dans la foule, vous ignorez les autres personnes qui l'entourent.

Il paraît simple « d'appuyer sur un bouton », mais ces prises de conscience peuvent être extrêmement percutantes. Considérez les exemples suivants :

- En 1928, Alexander Fleming, chercheur écossais en médecine, rentre de vacances et découvre, à son grand désarroi, qu'une moisissure verte a envahi certaines des boîtes qu'il avait laissées ouvertes et dans lesquelles il cultivait des bactéries. Au lieu de jeter les spécimens contaminés, il remarque que les cultures bactériennes ont été tuées par la moisissure. C'est le déclic qui va conduire à la découverte de la pénicilline.
- Dans la mesure où il est impossible de savoir avec certitude quand une pierre a été extraite, la date à laquelle on a construit Stonehenge se perd dans le temps, de même qu'on ne pourrait comprendre pourquoi des hommes préhistoriques de Grande-Bretagne ont érigé ce monument. Pendant des siècles, on est resté perplexe, jusqu'aux années 1960, époque à laquelle Gerald Hawkins, un astronome américain né en Grande-Bretagne, a remarqué que l'alignement des pierres pouvait servir à surveiller des événements astronomiques tels que

les équinoxes, les solstices et les éclipses. Bien que controversée, cette inspiration soudaine est devenue une explication viable à l'existence de Stonehenge.

Ces deux exemples montrent que derrière le simple fait d'être conscient, il y a une intention. Car ce que nous remarquons n'est pas aléatoire. En effet, nous remarquons :

- quelque chose que nous cherchons ;
- quelque chose que nous jugeons défavorablement ;
- quelque chose que nous craignons ;
- quelque chose qui pourrait nous attirer ;
- quelque chose qui nous apporte une explication ou une solution.

Tels sont les ingrédients qui sous-tendent ce que tout un chacun recherche, même si ce n'est jamais la même chose. Derrière la méditation de la complétude, il y a aussi une intention, qui est l'évolution. Son objectif est que nous soyons conscients, raison pour laquelle vous remarquez des situations qui vous permettent d'être plus conscients. À cette fin, il est important de vous rendre compte des moments où vous devenez inconscient et où vous agissez automatiquement. Mais la méditation de la complétude recouvre d'autres intentions :

- être conscient d'un moment où une personne a besoin d'attention et d'appréciation ;
- être conscient que nous avons la possibilité de donner ou d'aider ;
- être conscient que nous avons la possibilité de faire preuve de gentillesse ;

- être conscient que quelqu'un a besoin de notre aide ;
- être conscient de la beauté de la nature.

Poser l'intention de saisir ce genre d'opportunité aide à se reprogrammer en profondeur. De même que votre horloge interne remarque l'heure qu'il est même quand vous dormez, les niveaux de conscience plus profonds en savent beaucoup plus que votre esprit pensant. En particulier, votre conscience profonde est la source des qualités les plus estimées de l'existence humaine : l'amour, la compassion, la créativité, la curiosité, le sens de la découverte, l'intelligence et l'évolution.

Posez l'intention de développer n'importe laquelle de ces qualités et vous constaterez que vous aurez de plus en plus d'occasions de le faire. Alexander Fleming était prêt à découvrir la pénicilline, parce qu'il était déjà un chercheur réputé qui avait à son crédit des découvertes importantes. De même, une mère aimante est déjà prête à remarquer si son enfant se sent mal, chose qui pourrait échapper à l'attention d'un parent négligent.

Être attentif, c'est ouvrir la porte de la conscience. Après, ce que vous en ferez vous appartient. La méditation de la complétude permet d'être beaucoup plus conscient qu'auparavant, mais il n'y a aucune obligation d'agir d'une certaine manière. La conscience peut tout accomplir, mais en même temps, elle est sa propre récompense.

Dans la tradition yogique, la conscience est principalement utilisée à trois fins : la dévotion, l'action et la connaissance. Au sommet, on trouve le *râja yoga*, c'est-à-dire « le roi des yogas », qui n'a pas d'autre objectif que d'atteindre l'éveil total, quelles que soient les circonstances. Vivre libre ne nécessite aucune autre justification.

Dans la vie de tous les jours, poser de nouvelles intentions nécessite également de transcender le besoin de relever certaines choses qui ne vont pas dans le sens de notre évolution personnelle. Remarquer les fautes des autres, être à l'affût de la moindre occasion de reprendre autrui, se donner pour rôle de faire appliquer les règles ou juger qu'Untel a gagné ou perdu sont des usages erronés de l'attention. C'est un fait inéluctable : nos intentions ont une part d'ombre. Il est difficile de porter son attention sur une chose sans immédiatement la juger.

Dans la méditation de la complétude, il est important d'être conscient de ses jugements et de ne pas les exprimer. Nous sommes hélas des experts dès qu'il s'agit d'aimer et de détester, d'accepter et de rejeter, d'éprouver des attirances et des aversions. Ces opposés dominent nos intentions. Mais vous pouvez changer en posant simplement de nouvelles intentions ; avec le temps, ce que vous remarquerez sera de plus en plus bénéfique. Pour cesser de juger, il faut commencer par ne plus donner la préférence aux jugements dont on sait qu'ils sont négatifs. Ce que nous remarquons n'est pas le fruit du hasard. Vous pouvez commencer dès maintenant à tourner votre attention vers les opportunités de vous éveiller. En soi, cela suffira à grandement accélérer votre évolution personnelle.

RIEN N'EST PLANIFIÉ

L'avenir est inconnu et imprévisible, que ce soit dans les minutes, les années ou les décennies qui vont suivre. Et votre prochaine pensée est aussi inconnue que l'état du monde dans un siècle. Face à l'inconnu, nous faisons continuellement des projets, dont certains aboutissent ; et même cela est imprévisible. Toutefois, on peut adopter une autre perspective. Pour prévoir, il est bon de saisir une vérité fondamentale : rien n'est planifié. À un certain niveau, nous en avons tous instinctivement conscience ; mais nous ne réagissons pas en sautant de joie. Car cela signifie qu'il faut constamment affronter l'inconnu. S'agit-il d'une opportunité créative ou est-ce source de peur ?

Comme pour presque tout dans la vie, les opposés coexistent dans la difficulté. Nous sommes simultanément heureux et craintifs, sans jamais être en permanence l'un ou l'autre. De plus, nous sommes simultanément libres et limités, raison pour laquelle nous insistons pour être des individus, ce qui traduit notre liberté, tout en tombant dans le conformisme afin de nous intégrer dans la société, ce qui traduit nos limites. Car la marginalisation implique la peur de la sanction, comme le sait tout adolescent meurtri qui a été malmené sur Facebook. Malgré notre peur, notre incertitude et nos doutes, nous portons un masque sous lequel nous cachons ces sentiments malvenus. Les êtres humains ont une capacité illimitée à être deux choses à la fois. Dans un État totalitaire, les citoyens vivent dans la peur, tout en faisant l'éloge de leur « leader bien-aimé ».

Tremblez mais osez !, de Susan Jeffers, est un classique parmi les livres de développement personnel. Ce slogan est de bon conseil, mais très souvent, les gens tremblent et fuient, ne s'autorisent pas à trembler ou refusent de reconnaître qu'ils ont peur. En d'autres termes, nous compensons constamment. Nous faisons l'autruche afin de vivre avec la peur et avec tous types d'expériences indésirables. Faire bonne figure n'est que le début ; nous pouvons mettre tellement de conviction dans notre fuite en avant que nous pouvons nous fourvoyer et nous croire heureux dans une situation difficile. Prenez le nombre de mariages dans lesquels l'un pense que tout va bien, pendant que l'autre a tous les jours envie de rompre.

Ces compromis, ce conformisme et ces comportements compensatoires seraient pour l'essentiel inutiles si nous acceptions une fois pour toutes que rien n'est programmé. Car, à chaque moment, nous sommes face à l'inconnu. Soit ce fait peut devenir source d'optimisme, de créativité et de joie, soit c'est toute une vie de compensation qui attend l'individu qui va tenter d'échapper à des sentiments inéluctables et à une insécurité qui ne s'atténuera jamais. Votre cœur ne saurait prédire quand il battra la chamade et quand il ralentira. Vos poumons ne sauraient prédire quand ils halèteront et quand ils respireront de manière parfaitement détendue. Même pour ces organes, munis d'un modèle comportemental figé, rien n'est programmé.

Pourtant, à l'horizon de l'inconnu, il existe une possibilité accessible uniquement à *Homo sapiens* : l'éveil. Quand on est pleinement conscient, on ne craint pas l'inconnu, car il n'est ni une menace ni une opportunité. En effet, ces mots appartiennent au domaine des opposés, dans lequel nous évoluons dans une pure inertie. L'esprit humain est entraîné à accepter ou rejeter, à éprouver une attirance ou une répulsion, à juger autrui (et lui-même) positivement ou négativement. Le fait que rien ne soit programmé signifie que vous pouvez vous libérer de ce genre de conditionnement, qui ne sert qu'à rendre la vie aussi prévisible que possible.

Le besoin de prévoir les choses devrait être réservé aux domaines où cela est utile, par exemple aux prévisions météorologiques, au courant électrique chez vous ou à la fiabilité des appareils ménagers. Mais appliquer la prévisibilité à l'esprit humain ne fait que falsifier la réalité. Nous sommes faits pour penser, imaginer, créer, explorer, découvrir et évoluer librement. Toute limitation entravant ces libertés est une création individuelle qui est autodestructrice. La raison la plus fondamentale pour laquelle il est important de vivre comme si vous étiez pleinement éveillé est que vous l'êtes déjà. Sauf que vous ne le savez pas encore. Le mental se voile la face. Il crée des barrières, puis se sent piégé à l'intérieur d'elles, oubliant qu'il peut déconstruire tout ce qu'il a créé.

Tel est le paradoxe auquel la méditation de la complétude apporte une solution. Ainsi, vous pouvez sortir du chaos déconcertant de la vie et vous éveiller à la clarté et à la certitude, en sachant d'abord clairement qui vous êtes vraiment et ce que vous êtes venu faire ici.

TOUT EST MÉDITATION

LEÇON 18 : LA SPONTANÉITÉ

La liberté totale est le but de la méditation de la complétude. Mais notre compréhension habituelle de la notion de liberté est très limitée. Certaines expériences nous effraient ou nous tourmentent. Nous nous disons alors que beaucoup de choses sont hors de portée.

Il existe un fossé considérable entre une liberté limitée et la liberté totale. La première s'appuie sur ce que l'on peut raisonnablement attendre de la vie. Quant à la seconde, elle part du principe que, dans la vie, il existe un nombre infini de possibilités. Il faut faire preuve de persuasion pour que la liberté totale ne passe pas pour une chimère. Est-il déjà désirable de se sentir illimité ? Car le résultat pourrait être l'illusion ou alors, il pourrait conduire à l'anarchie.

En tant qu'êtres humains, nous sommes partagés entre ce que nous voulons faire et ce que nous pensons pouvoir obtenir. Aucune autre créature n'éprouve ce genre d'incertitude. Si un tigre domestiqué se retourne contre son dompteur et lui inflige une blessure mortelle, il n'éprouvera aucun remords. Ce n'est qu'aux yeux des êtres humains que le tigre aura basculé. Heureusement, pour la plupart d'entre nous, la vie quotidienne n'est pas faite de menaces de cette ampleur ; malgré tout, nous négocions constamment avec nos désirs : nous cherchons à en assouvir certains et refoulons les autres.

Le problème est la spontanéité. Par défaut, la société se méfie des comportements spontanés et vote des lois et des règles à leur encontre. Faire appliquer des lois et des règles est le moyen le plus sûr de cadrer les gens. C'est en tout cas ce que croient ceux qui s'y attachent. Il est possible d'atteindre des extrêmes presque inimaginables pour ce faire. Aux États-Unis, lorsque vous allez dans une banque pour demander un emprunt, la procédure habituelle est la suivante : la banque vérifie votre solvabilité, vos revenus et votre endettement. Mais en Chine, les sociétés de prêt en ligne réalisent des contrôles électroniques à l'aide de données stockées sur le *cloud*. Ainsi, un demandeur utilisant son téléphone portable se voit exprimer l'acceptation ou le rejet de son prêt en un dixième de seconde, après que la société de prêt a vérifié pas moins de 5 000 facteurs personnels, y compris la fermeté avec laquelle sa main s'est déplacée lorsqu'il a rempli son formulaire et jusqu'à quel point il laisse sa batterie de téléphone se décharger avant de la recharger.

Chacun d'entre nous est content de s'imposer des règles. Nul besoin qu'un représentant de l'autorité s'en occupe à notre place. L'autodiscipline et la maîtrise des pulsions sont considérées comme des qualités reflétant la maturité d'un adulte. Il existe une expérience célèbre réalisée en psychologie : un enfant s'installe sur une chaise face à une table sur laquelle est posé un chamallow. On lui explique qu'il peut manger le chamallow tout de suite, mais que s'il attend cinq minutes, il en recevra deux de plus. Puis l'expérimentateur quitte la pièce et observe la scène à travers un miroir sans tain. Certains enfants ne tiennent pas en place et résistent à l'envie d'une satisfaction immédiate.

D'autres saisissent immédiatement le chamallow ou attendent patiemment la fin des cinq minutes (vous pouvez voir leurs comportements sur une vidéo YouTube attachante, en tapant « test du chamallow »).

Cette expérience implique que nous ayons déjà (ou non) une prédisposition à l'égard de la maîtrise de nos pulsions, dès un très jeune âge. Le fait que la récompense aille à l'enfant faisant preuve de maîtrise de soi indique quel genre de comportement la société attend. Cependant, bon nombre des plus belles expériences de la vie nécessitent de faire preuve de spontanéité, par exemple tomber amoureux, apprécier la beauté, composer de la musique, faire de l'art, avoir un déclic et avoir ce que l'on appelle des expériences paroxystiques.

Comment faire de la spontanéité quelque chose de bénéfique sans éprouver le besoin de la refouler ? Nous contrôlons tous nos pulsions par peur d'être embarrassés, rejetés ou d'éprouver de la honte ou de la culpabilité. Il s'agit de puissants mécanismes de survie dans la psyché humaine. Des infractions mineures, par exemple laisser tomber un chewing-gum sur le trottoir, peuvent avoir de graves conséquences à Singapour (un paradis de l'obéissance aux règles), tandis qu'en Chine, avec les progrès de la technologie numérique, les piétons indisciplinés apparaissent immédiatement sur un écran public, ce qui les couvre de honte aux yeux d'autrui.

Chacun trouve un juste milieu entre « tout est permis » et « tout est interdit », sans vraiment savoir où placer la frontière. Se retrouver sur une plage naturiste pendant les vacances correspondra à l'idée qu'une personne se fera de la liberté en plein air et à l'idée que se fera une autre de l'humiliation publique. Pour la plupart des gens, manger cinq hot-dogs à un repas indique un sérieux manque de maîtrise de ses pulsions ; mais en 2018, un homme a battu un record du monde en consommant 74 hot-dogs en dix minutes lors d'un concours (« je me sentais bien aujourd'hui », a déclaré avec satisfaction le vainqueur, quelques minutes après avoir avalé 21 000 calories).

La solution à notre conflit intérieur consiste à nous autoriser à être spontané plutôt qu'à restreindre cette spontanéité. Cela n'est possible qu'en se plaçant du point de vue de la conscience du tout. Car, sinon, on reste enfermé dans les limitations que l'on s'impose, dans l'obéissance aux règles, dans la crainte d'être embarrassé ou humilié et dans des inquiétudes similaires qui sont naturelles quand on a passé toute sa vie à répondre aux envies de l'ego. On ne peut résoudre un conflit intérieur en restant au niveau du moi séparé.

La guerre que nous faisons à nos désirs se déroule justement dans le moi séparé. Beaucoup de choses doivent être délaissées, car il est vain de tenter de résoudre chaque conflit au coup par coup. Quand on tente de décider d'être plus ou moins spontané, on se retrouve confronté à un mélange de jugements, de croyances, de peurs des répercussions, de souvenirs embarrassants et d'inhibitions socialement acquises. Le moi séparé est bien avisé de ne pas avoir confiance en lui-même.

Heureusement, chacun dispose d'une liberté suffisamment grande pour vivre des moments de spontanéité et si l'on est suffisamment conscient, on peut rire, être joyeux et s'amuser toute sa vie (si seulement c'était la norme !). La vérité spirituelle la plus profonde stipule que la liberté est absolue. Quand on est centré et qu'il n'y a plus de part d'ombre à craindre, plus rien n'est dissimulé. Les effets nuisibles du refoulement s'atténuent chaque fois que vous faites quelque chose pour vous débarrasser des jugements que vous émettez à votre encontre. Les interdits ne font que rendre plus tentantes les mauvaises conduites, par exemple quand on laisse des biscuits sortis, en disant à un jeune enfant de ne pas en prendre. On sait tous ce qui se passe lorsque la mère tourne le dos.

Actuellement, vous êtes à la fois celui qui se charge de faire appliquer les règles à l'intérieur de lui et celui qui se rebelle contre elles. Il faut emprunter le chemin de la conscience pour accéder à l'unité. Vous n'êtes pas fait pour vous attaquer et vous défendre à la fois. Vous êtes fait pour que la chose que vous allez maintenant faire soit la meilleure pour vous. C'est une façon radicale de repenser ce que la société nous dit de croire, mais quand on adopte un mode de vie fondé sur la conscience, on est dans la réalité. La spontanéité est l'essence de la vie et l'âme de la créativité.

ENRICHISSEZ VOTRE PRATIQUE

RESSENTIR LE MIRACLE

10 exercices simples

En cet instant, si vous étiez pleinement éveillé, vous auriez le sentiment que votre vie est miraculeuse. Tant que vous n'avez pas ce sentiment, il n'y a pas de miracle. Nous devrions prendre au sérieux une célèbre citation d'Einstein : « Il n'y a que deux façons de vivre sa vie : l'une en faisant comme si rien n'était un miracle, l'autre en faisant comme si tout était un miracle. » Ces paroles sont inspirantes, mais comment faire, concrètement, pour vivre en ayant conscience que tout est miraculeux ?

Voici dix exercices de méditation de complétude pour répondre à cette question. Dans chacun, il vous est demandé de partir d'une expérience du quotidien et de porter un nouveau regard dessus. Le but n'est pas de vous relier à un miracle religieux ou à quoi que ce soit de surnaturel. Le monde qui nous entoure est miraculeux. Partout, il abonde en mystères ; néanmoins, il n'est pas important que nous sachions les expliquer. Car ils continuent d'exister quel que soit notre point de vue.

La raison pour laquelle il vous sera bénéfique de changer votre vision du monde est que vous vous rapprocherez ainsi de votre source, la conscience pure, qui a pour rôle de créer tout ce qui dénote le miracle dans nos vies. Rien n'est plus fondamental. Si vous voulez vivre comme si rien n'était un miracle, la perception scientifique des choses confirmera votre croyance. Car, en science, l'idée est de partir des phénomènes physiques et de donner à chacun la meilleure explication rationnelle possible. Je ne cherche pas à dévaloriser la contribution de cette approche, car il est évident que nous sommes entourés par une technologie de pointe et par tous ses bienfaits (et menacés par ses dangers cachés et plus visibles).

Le problème de la vision scientifique du monde n'est pas tant qu'elle met de côté la possibilité qu'existent les miracles. Le problème est surtout que la conscience n'a jamais eu de place dans l'histoire de la science, jusque très récemment. Si l'on met de côté les années 2010, au cours desquelles le « problème difficile », qui consistait à tenter d'expliquer l'origine de la conscience, a commencé à attirer l'attention des scientifiques, ces derniers ont considéré deux hypothèses comme allant de soi. La première est qu'il n'y a pas de nécessité à expliquer la conscience, il suffit de l'accepter comme étant un fait, tout comme l'air que nous respirons. La seconde est que si la conscience doit être expliquée, il est suffisant de le faire dans les limites imparties par les processus physiques. Fondamentalement, l'idée est que le mental révélera tous ses secrets une fois que les neurosciences seront capables de cartographier le cerveau aussi complètement que possible.

Aucune de ces deux hypothèses n'est valable. Car c'est vous qui tombez amoureux, et non votre cerveau. Car c'est vous qui avez des envies, des rêves, des croyances, des peurs, des inspirations, des préjugés et de la curiosité, et non votre cerveau. Je ne saurais prédire à quel moment la science acceptera le fait que la conscience est l'aspect le plus important de l'existence de tout un chacun. Quoi qu'il en soit, vous et moi sommes sans l'ombre d'un doute entièrement dépendants de la conscience. Pour ne pas considérer ce fait comme allant de soi, il est bon de prendre conscience, ici et maintenant, du fait que la conscience est miraculeuse. Ce n'est qu'à ce moment-là que vous franchirez le seuil et que vous commencerez à vivre comme si tout était un miracle.

Essayez les dix exercices qui suivent. Ils sont si brefs et simples que vous pouvez tous les faire consécutivement ou sinon, un à la fois, en faisant une pause pour réfléchir à vos découvertes. Certaines informations ont été préalablement présentées de manière plus détaillée dans cet ouvrage, mais en concentrant la dose et en y ajoutant votre expérience personnelle, ces exercices de méditation pourront vraiment vous toucher en profondeur.

MIRACLE 1
LA LUMIÈRE

Exercice :

Fermez les yeux et visualisez l'obscurité totale. Vous pourriez utiliser l'image d'une mine de charbon, d'une grotte dans les profondeurs de la terre, d'un ciel nocturne sans étoiles ou simplement d'un tableau noir. Ouvrez maintenant les yeux et regardez la pièce qui se trouve autour de vous.

Où est le miracle ?

Quand vos yeux étaient fermés et que vous n'avez imaginé rien d'autre que l'obscurité, vous avez vu la pièce dans laquelle vous vous trouvez telle qu'elle est vraiment. En effet, il ne peut y avoir de lumière sans que vous accomplissiez un miracle : celui de transformer des photons invisibles en une brillance, des couleurs et des formes. En réalité, le ciel nocturne est noir. Les étoiles ne brillent pas. De même, à midi, le ciel est noir. Et le soleil ne brille pas.

La physique sait que les photons sont invisibles ; or, ce sont ces particules élémentaires qui transportent la lumière. Ainsi, le fait que nous puissions voir est un phénomène qui est totalement propre à la conscience. Le cerveau est aussi sombre à l'intérieur qu'une grotte souterraine. Il n'existe pas d'image dans le cortex visuel. En physique, on ne sait expliquer comment les éléments chimiques ordinaires qui composent le cerveau, à savoir l'hydrogène, le carbone, l'azote et l'oxygène essentiellement, produisent le monde tridimensionnel que nous voyons et dans lequel nous vivons. Tout ce mystère est la quintessence de la nature miraculeuse du quotidien.

MIRACLE 2
LA TRANSFORMATION

Exercice :

Assis sur votre chaise, soyez conscient de l'air qui entre dans votre nez et en ressort. Ressentez sa fraîcheur et le mouvement des inspirations et expirations. Maintenant, prenez un verre d'eau et buvez une gorgée.

Où est le miracle ?

L'air que vous respirez est très comparable à l'eau que vous buvez. Tous deux se composent de deux gaz, l'oxygène et l'hydrogène (il y a également d'autres gaz dans l'air, en particulier l'azote). La différence entre l'air et l'eau est la transformation. Néanmoins, derrière ce mot, il y a un miracle. On ne sait expliquer rationnellement ni pourquoi l'eau est humide ni pourquoi elle est le solvant universel. Et à notre connaissance, on ne peut expliquer comment il se fait que deux gaz invisibles puissent potentiellement donner naissance à l'unique substance sans laquelle la vie ne pourrait exister.

Le sodium, un métal instable, et le chlore, un gaz vert, sont, pris séparément, des poisons mortels. Toutefois, combinés, ils forment du chlorure de sodium, autrement appelé sel de table, qui non seulement n'est pas un poison, mais en plus est une composante nécessaire à chaque cellule de votre corps. Il n'y a rien de miraculeux au fait que des atomes de sodium s'associent à des atomes de chlore ; c'est de la chimie élémentaire. Mais le miracle est qu'un processus aussi simple transforme subitement deux éléments chimiques en un élément inattendu, inexplicable et imprévisible. Si l'eau n'existait pas, il serait impossible de prédire le fait que deux gaz puissent la produire. Si le sel n'existait pas, on ne pourrait prédire que l'association de deux poisons rend possible la vie unicellulaire, qui est à l'origine de l'enchaînement d'événements qui a permis l'apparition d'*Homo sapiens* et a permis à vous et moi de faire toutes nos expériences depuis que nous sommes nés.

MIRACLE 3
LA BEAUTÉ

Exercice :

Regardez une photographie d'une personne que vous trouvez belle. Il peut s'agir d'une vedette de cinéma, d'un bébé ou d'une personne que vous aimez, mais ce doit être une photo et non pas seulement une image mentale. Mettez cette photo à l'envers et regardez-la à nouveau.

Où est le miracle ?

Lorsque vous renversez la photo d'un visage, vous ne pouvez plus reconnaître la personne. Ce phénomène est lié à la manière dont le cerveau reconnaît ce qu'il voit. Le cortex visuel est fait de telle sorte qu'il reconnaît les êtres et objets à l'endroit (le fait que l'on puisse reconnaître immédiatement les visages familiers n'a jamais été expliqué, mais laissons cela de côté, c'est un miracle secondaire).

Ce qui est miraculeux est de voir qu'à l'endroit la beauté du visage apparaît, tandis qu'elle disparaît quand il est à l'envers. Où s'en est allée cette beauté ? On ne peut répondre à cette question sans se demander quelle est l'origine de la beauté. Il est dit que la beauté se trouve dans les yeux de l'observateur, mais ce n'est pas vrai, car vos yeux ne pourraient trouver belle une photo à l'envers, la beauté étant une caractéristique de la conscience. Nous voyons donc différemment cet attribut abstrait qu'est la beauté. Car il est probable qu'une personne qui vous est chère soit pour moi une inconnue. La beauté spéciale qu'une mère voit dans son propre bébé est plus intense que celle qu'elle voit dans le bébé de la voisine ou dans les nouveau-nés alignés dans une salle de maternité.

Nul n'a inventé la beauté. C'est quelque chose que nous connaissons, sans avoir besoin d'expliquer son origine. Les neurones traitent les images visuelles, mais seule la conscience y ajoute ou y soustrait la beauté. Comment la beauté naît-elle ? Pourquoi apparaît et disparaît-elle ? Qu'est-ce qui nous rend si sensibles à elle ? Ce sont là des miracles du quotidien.

MIRACLE 4
L'AMOUR

Exercice :

Cet exercice nécessite que vous choisissiez quelque chose que vous aimez. Si vous adorez le chocolat, mangez-en un bout et essayez de ne pas l'aimer. Essayez d'obtenir un goût neutre, voire de lui trouver un mauvais goût. S'il y a un film que vous adorez, souvenez-vous d'une scène ou peut-être simplement des acteurs à l'œuvre. Maintenant, essayez de détester ce film et de le trouver nul, d'avoir l'impression que vous perdez votre temps. Vous avez compris le fonctionnement de cet exercice. Prenez toute chose que vous aimez, ou même la personne que vous aimez le plus au monde, et ôtez votre amour à cette image afin qu'elle devienne neutre, voire qu'elle éveille en vous le dégoût.

Où est le miracle ?

Une fois que l'on aime quelqu'un ou quelque chose, il est impossible de faire disparaître cet amour. Je ne parle pas ici d'un amour ayant laissé place à la haine ou d'une relation amoureuse ayant mal tourné. L'idée est de penser à quelque chose ou quelqu'un que vous aimez vraiment, en ce moment. La caractéristique qu'est l'amour a fusionné avec l'objet de votre amour, tels le sucre et son goût (que l'on ne peut pas non plus faire disparaître). Nul ne sait comment l'amour se porte sur une personne ou une chose, s'y associe et refuse de s'en aller.

Songez aux histoires d'amour qui connaissent une fin tragique. La personne aimée s'en va ou meurt. Mais pour l'autre, l'amour ne meurt jamais. Et comme nous le savons tous, cela génère une multitude de complications. Cependant, la fascination pure et fondamentale qu'exerce l'amour est inexplicable. On peut amener une personne à ressentir un élan d'amour en augmentant la quantité de certaines hormones, mais on ne fait que manipuler la sensation d'amour, ce qui est un cas isolé. L'amour dans toute sa plénitude et sa complétude nous transporte infiniment plus loin que de simples sensations physiques, comme on peut le constater grâce aux légendes et mythes qui remontent à des milliers d'années.

Que vous pensiez à tout l'amour que vous éprouvez pour votre animal de compagnie ou à tout l'amour que Dieu ressent pour vous, le mystère de l'amour est lié à la conscience. Nous connaissons l'amour et nous l'avons toujours connu, de mémoire d'homme. Puisque l'on ne sait expliquer pourquoi l'amour est universel, il fait partie des miracles de la vie quotidienne et il s'agit là d'un miracle que l'on peut personnellement ressentir.

MIRACLE 5
LE LIEN

Exercice :

Pensez à une personne que vous aimeriez contacter. Vous devez ressentir que cette personne est reliée à vous. Il est donc utile d'imaginer son visage, sa voix ou un souvenir agréable avec elle. Posez l'intention de vouloir entrer en contact, puis attendez de voir si la personne se met sous peu en rapport avec vous.

Où est le miracle ?

C'est le seul exercice que vous ne pouvez terminer immédiatement. Personnellement, je suis tombé dessus presque par accident. Alors que j'enregistrais un podcast sur Facebook, j'ai demandé aux internautes d'imaginer une personne avec laquelle ils aimeraient entrer en contact. J'ai proposé cet exercice dans l'idée de débattre des synchronicités, car il nous est à tous arrivé de penser à une personne et qu'elle nous appelle dans la minute qui suit sans raison apparente. C'est l'une des techniques les plus connues pour prendre conscience du phénomène des synchronicités, c'est-à-dire des coïncidences qui ont du sens.

Les synchronicités sont spontanées. En temps normal, on ne communique pas avec les autres simplement en pensant à eux. Mais le matin de ce podcast, une multitude d'internautes m'ont envoyé le même message : « Je viens de penser à une amie que je n'ai pas vue depuis des années et elle vient de m'appeler. Incroyable ! » J'étais très surpris. Il est risqué de demander aux gens de faire appel à la télépathie, ou quel que soit le nom que l'on veuille donner à cette faculté, la télépathie étant jugée par les sceptiques comme étant de la pure superstition.

En réalité, tout phénomène qui se produit dans la conscience n'a nul besoin de notre croyance ou de notre scepticisme, de notre approbation ou de notre désapprobation, de notre acceptation ou de notre rejet. La conscience est constamment en mouvement à l'intérieur d'elle-même. Tout ce qui existe au sein de la conscience est relié, car on ne peut en subdiviser ou en séparer le moindre aspect. La conscience est complète. Au quotidien, nous agissons comme si nous étions séparés, isolés les uns des autres. Mon mental est différent de celui des autres. Mais cette phrase contient une hypothèse erronée. En effet, si mes pensées sont différentes de celles d'autrui, notre conscience est la même.

Nous sommes avant tout reliés, parce que nous faisons partie de la conscience humaine. Nous n'entendons pas les sons qu'entendent les dauphins ni ne sentons les odeurs que sentent les chiens. Nous ne goûtons pas non plus à l'air à l'aide de nos langues, comme le font les serpents. Mais au sein de ce lien universel, il existe des liens particuliers. Par exemple, un certain nombre de personnes partagent une même religion ou une même nationalité. Et de manière plus spécifique, il existe les liens familiaux. Au sein desquels on trouve parfois de vrais jumeaux, qui sont connus pour avoir un lien tellement intime qu'ils peuvent sentir ce qui arrive à l'autre à distance. On trouve ainsi de nombreux récits de jumeaux ayant ressenti le moment où l'autre est mort.

Les liens de ce genre dépassent toute explication physique. Si vous posez l'intention d'avoir des nouvelles d'un ami et qu'il vous appelle sans aucune raison, le signal qui est émis et reçu n'est pas un signal radio transmis dans l'air. Nos liens sont un miracle supplémentaire du quotidien. Être conscient, c'est faire partie intégrante de la conscience du tout. Il n'existe aucune séparation entre vous-même et le tout.

MIRACLE 6
ÊTRE CONSCIENT

Exercice :

Asseyez-vous au calme et prenez conscience de la moindre sensation ou pensée qui vous vient. Vos yeux peuvent être ouverts ou fermés. Vous pouvez regarder à l'intérieur de vous ou regarder votre environnement physique. Maintenant, devenez complètement inconscient. Faites complètement le vide.

Où est le miracle ?

Une fois que l'on se rend compte que l'on est conscient, on ne peut devenir inconscient. En d'autres termes, cet exercice est impossible à faire. Un jour, on a demandé à un célèbre enseignant spirituel indien de prouver l'existence de la vie après la mort. Sa réponse a été surprenante :

> « Vous êtes induit en erreur dans votre question. Vous croyez que vous êtes né et que vous mourrez, parce que c'est ce que vos parents vous ont dit quand vous étiez enfant. Eux aussi tiennent la même histoire de leurs parents. Si vous voulez connaître la vérité, oubliez cette histoire et examinez votre

> expérience personnelle. Pouvez-vous imaginer que vous n'existez pas ? Pouvez-vous ressentir ce que vous étiez avant de naître ou ce que vous serez après la mort ? Vous aurez beau essayer, le fait que vous soyez conscient est incontournable. C'est en cela que se trouve le secret de la vie éternelle. »

Dans ce livre et dans de nombreuses traditions spirituelles, être éveillé équivaut à être conscient. La recherche de l'illumination s'appuie sur le fait d'être de plus en plus conscient. Avec le recul, cette quête paraît étonnante. Être conscient, c'est être conscient. C'est un état sans lequel on ne peut exister. Vous aurez beau essayer, il vous sera impossible d'éradiquer la conscience. Pour réussir, il vous faudrait cesser d'exister.

Exister et être conscient ne vont pas seulement de pair, mais en réalité c'est la même chose. Et il y a là deux miracles. Le premier est le simple fait d'être conscient, à défaut d'être des pierres ou des zombies. Et le second est le fait de savoir que nous le sommes. La quête de l'illumination ne nécessite pas de devenir plus conscient, mais d'*acquérir plus de connaissances au sujet de ce miracle qu'est la conscience*. Pour en savoir plus, nous devons faire plus d'expériences, dans lesquelles il y aura plus d'amour, de créativité, de compassion ou toute autre caractéristique consciente. Un déclic peut s'accompagner d'une révélation qui nous submerge. Mais rien de tout cela ne serait possible si nous n'étions pas conscients. D'où le fait que la conscience est un miracle de la vie quotidienne.

MIRACLE 7
LA RÉVÉLATION

Exercice :

Cet exercice est complètement ouvert. Marquez une pause pendant quelques instants et attendez la prochaine pensée.

Où est le miracle ?

La moindre pensée que vous ayez jamais eue, ainsi que la suivante, est une révélation. À partir du rien, la lumière jaillit. C'est une définition raisonnable du terme « révélation ». Il n'est pas nécessaire que ce phénomène soit connoté religieusement. Le simple fait d'avoir une pensée montre à l'évidence qu'il s'agit d'un miracle fondamental. Les pensées sont imprévisibles. Nul ne sait d'où elles viennent. Même si vous affirmiez qu'elles proviennent du cerveau en désignant une IRM montrant l'activation de certaines aires cérébrales, il ne faut pas oublier que ce type d'image ne fait que détecter des gradations de chaleur et de métabolisme. Notre cerveau est bourré d'activités électriques et chimiques, dont aucune n'est une pensée.

Si une pensée est une révélation, alors que révèle-t-elle ? Elle-même. Prenez une pensée simple, par exemple « le ciel est bleu ». Un fait est énoncé, mais il ne s'agit là que du contenu de la pensée. Avant de recevoir le message concernant le contenu, la pensée s'annonce : « Me voilà, je suis ta prochaine pensée. » Elle révèle qu'à partir du néant quelque chose émerge. La création constante de quelque chose à partir de rien est considérée comme le mystère ultime : celui de la création de l'univers au moment du big bang.

Chaque jour, il se produit en vous des milliers de « petits bangs », sous forme de pensées, d'images, de sensations et de sentiments qui se révèlent à vous. Vous ne leur avez pas demandé d'exister et nul ne sait comment le rien accomplit une prouesse extraordinaire : se transformer en « quelque chose ». C'est une révélation totale. C'est pourquoi la révélation est aussi un miracle du quotidien.

MIRACLE 8
LA TRANSCENDANCE

Exercice :

Pensez à la couleur rose tout en visualisant une barbe à papa. Maintenant, visualisez que la barbe à papa est bleue, puis verte. Enfin, voyez-la disparaître.

Où est le miracle ?

Il est assez facile de visualiser une image mentale et de la faire changer de couleur ou disparaître. Mais au lieu de considérer que cette faculté va de soi, réfléchissez quelques instants. Êtes-vous l'image de la barbe à papa que vous avez vue ? Manifestement non. En manipulant mentalement cette image, vous avez la preuve que vous ne l'êtes pas. Vous la transcendez. De même, vous transcendez toute pensée que vous avez. Rien de ce qui se passe dans votre mental n'est vous. Vous êtes attentif, ou non, à ce qui se passe dans votre tête, mais qui est attentif ?

Ce qui est attentif transcende l'activité constante du mental, tel un piéton attendant au coin de la rue que le feu passe au rouge.

La circulation et les autres piétons sur le trottoir sont constamment en mouvement, tandis que notre piéton attend et observe. Son attention a beau être attirée par quelque chose, il transcende ce qu'il regarde.

Lorsque vous avez vu la barbe à papa changer de couleur dans votre tête, un processus plus profond était à l'œuvre. Vous avez créé la couleur que vous avez choisie. D'où tenez-vous cette aptitude à créer ? Vous n'êtes allé nulle part physiquement et vous n'avez pas non plus accédé dans votre tête à une palette de couleurs sur laquelle vous avez choisi le rose. Vous créez des images mentales simplement en étant créatif ; il s'agit d'un aspect de la conscience qui existe partout et nulle part. Tous les êtres humains font appel à cet espace quand ils sollicitent leur imagination, font une peinture, se laissent aller à une rêverie ou laissent remonter un souvenir.

Le miracle est que vous soyez là à faire un exercice trivial de visualisation d'une barbe à papa, tout en accédant à la créativité pure, qui n'a aucun emplacement dans le temps et l'espace. En d'autres termes, vous êtes atemporel dès lors que vous le voulez. Et même, vous êtes atemporel, que vous le vouliez ou non. En tant qu'être transcendantal, vous passez du fini (le temps qui passe à chaque seconde sur une pendule) à l'infini (l'atemporel). Même si vous ne vous êtes jamais perçu ainsi, il s'agit bien d'un miracle du quotidien.

MIRACLE 9
LA JOIE PURE

Exercice :

Mentalement, visualisez un nourrisson qui marche en titubant dans une pièce. Sa mère est à quelques mètres devant lui. Elle tend les bras. Le nourrisson a très envie de rejoindre sa mère. Il arbore un large sourire, ses yeux brillent tandis qu'il se précipite pour l'enlacer et en même temps, il y a dans son regard un ravissement de pouvoir marcher.

Où est le miracle ?

Nous avons tous un jour vu le visage d'un bébé s'éclairer et déborder de joie. En créant cette image mentale, le nourrisson que vous avez imaginé semblait extatique. Vous l'avez vu ; vous l'avez senti. Mais à qui appartenait cette joie pure ? Vous l'avez attribuée à un enfant imaginaire. Pourtant, c'est bien vous qui l'avez ressentie. En un sens, ce bonheur absolu était une projection. Il vous appartient, mais il a aussi été projeté sur le bébé.

Toute expérience joyeuse est similaire. L'émotion de la joie vous appartient, mais elle est également projetée sur ce qui vous a fait vibrer, quoi que ce soit. Le poète anglais William Wordsworth décrit l'expérience du bonheur absolu dans les vers suivants issus de son poème « Surpris par la joie » :

> « Surpris par la joie, avec l'impatience du vent,
> Je voulus partager mon enthousiasme, mais avec qui
> Sinon toi, depuis longtemps enfouie sous la tombe
> muette. »

Il s'agit d'un moment particulier pour le poète, parce qu'il a eu envie de partager sa joie avec sa jeune fille, avant de se souvenir juste après que cette dernière était morte. C'est un moment touchant, voire déchirant pour lui et le lecteur. Pourtant, qu'y a-t-il de plus exaltant qu'une joie sans raison ? Elle jaillit de nulle part et disparaît de son propre chef. Elle peut apparaître à tout instant. Nous sommes surpris par un moment de joie, puis il se dissout, généralement en douceur, sans que nous le remarquions. Ou peut-être soupirons-nous quelques instants, lorsque nous prenons conscience que cette joie n'est pas éternelle.

Le miracle est celui de l'existence de cette joie pure, toujours prête à nous surprendre, en particulier quand nous nous y attendons le moins. Bien qu'un bébé ne puisse pas verbaliser sa joie et qu'aucune pensée n'accompagne les va-et-vient de cette émotion, il est capable de la vivre. Cet aspect de la conscience ne peut être expliqué. Il s'agit tout simplement d'un miracle du quotidien.

MIRACLE 10
ÊTRE

Exercice :

Imaginez-vous au bout d'un plongeoir, prêt à vous élancer. D'un coup d'œil vers le bas, vous vous apercevez qu'en dessous de vous il n'y a pas une piscine, mais un océan de lumière blanche. Il s'étend dans toutes les directions. Il vous attire. Ayant hâte de plonger dans la lumière blanche, vous fléchissez les genoux, vous déployez vos bras et vous vous élancez. Maintenant, au moment le plus fort de votre plongeon, figez l'image. Voyez-vous en train de faire un saut de l'ange, immobile en plein air, au-dessus d'un océan infini de lumière blanche.

Où est le miracle?

Chacun d'entre nous est sûr d'exister. Mais cet état est indescriptible. On peut dire «je suis», sans spécifier d'action: je suis avocat, je suis affamé, je suis en train de marcher, je suis sur le point d'être promu. Mais il n'y a nul besoin d'ajouter quoi que ce soit à ce «je suis». Il se suffit à lui-même.

Mais même ce «je suis» ne nous rapproche pas de la réalité de l'être. Dans cet exercice, vous avez recréé le sentiment que vous éprouvez quand vous rêvez que vous volez, dont la plupart des gens qui ont vécu cette expérience onirique s'accorderont pour dire qu'elle éveille un sentiment de liberté et d'extase absolues. Rêver que l'on vole nous libère de la gravité et de la peur de tomber. Être aussi.

Être est immuable. Dans le deuxième tome de la *Bhagavad-Gîtâ*, le seigneur Krishna fait une description consacrée de l'êtreté: «Les armes ne sauraient la trancher, ni le feu la brûler; l'eau ne saurait l'humidifier, ni le vent l'assécher.»

Un commentateur a fait une remarque avisée au sujet de ce vers célèbre: «Ici, l'invisible a été expliqué grâce au visible.» Quand on y réfléchit quelques instants, ces paroles décrivent toute notre existence. Nous extériorisons le champ infini et invisible de la conscience pure grâce au monde que nous voyons, entendons, touchons, goûtons et sentons.

Nous exprimons le champ de la conscience pure en le transformant en pensées. Tel un plongeur immobile, en l'air, au-dessus d'un océan de lumière blanche, nous n'allons nulle part. L'êtreté ne se meut pas, et nous sommes cette êtreté. Mais quand la conscience pénètre dans le monde, nous avons le sentiment d'être en mouvement, de naître, de vivre et de mourir. À tout moment où cela se produit, nous sommes en réalité immobile en l'air, au-dessus de l'océan de la conscience, de l'océan de l'êtreté.

Ce dernier exercice résume tout. Quand vous comprenez que vous êtes l'expression de la conscience pure, de l'êtreté pure, alors, naturellement, tout est miraculeux. La création a jailli d'elle-même et elle vous prend dans ses bras. À tout point de vue, le simple fait d'être ici est un miracle.

PROGRAMME DE MÉDITATION EN SEPT JOURS

Des prises de conscience au quotidien

LES PRISES DE CONSCIENCE ET LES SEPT BUTS DE LA VIE

Jusqu'ici, la méditation de la complétude a mis en avant plusieurs vérités :

Le mental se rééquilibre naturellement.

Quand vous êtes équilibré, vous êtes en mode méditatif.

Il n'y a pas d'effort à faire pour atteindre le silence intérieur.

Le silence intérieur est destiné à être utile.

C'est ce dernier point qui fait l'objet de cette partie, qui vous apprend à tirer parti du silence. Qu'est-ce qui vous motive dans la vie ? Malgré toutes leurs différences, depuis des milliers d'années, les êtres humains se lèvent le matin pour réaliser les mêmes objectifs et les mêmes rêves. Si le silence intérieur nous est effectivement bénéfique, alors il doit nous aider dans ce sens.

QUE VOULONS-NOUS TOUS VRAIMENT ?

Laissez-moi d'abord lister les sept objectifs fondamentaux qui nous motivent tous :

- la sécurité ;
- le succès et la réalisation ;
- l'amour et le sentiment d'appartenance ;
- donner du sens et de la valeur à sa vie ;
- la créativité et la découverte ;
- un but supérieur et la spiritualité ;
- la complétude et l'unité.

Aujourd'hui, comme chaque jour de votre passé et de votre avenir, vous allez poursuivre ces sept objectifs. Malgré la complexité de la nature humaine, vous êtes capable de chercher à réaliser simultanément plus d'un de ces objectifs. Parfois, ils se confondent. Par exemple, votre emploi peut vous apporter la sécurité, le succès et la dignité. Vous avez trouvé un but qui vous apporte ces trois aspects. Et si en plus, votre métier est créatif, cela ajoute une dimension supplémentaire.

Au sein de votre couple ou avec vos autres proches, vous avez naturellement envie de vous sentir en sécurité. Vous avez envie que l'autre vous apporte son affection et crée en vous un sentiment d'appartenance. Cela suffit-il à donner du sens à votre vie ? Pendant très longtemps, les femmes se sont entendues dire (par les hommes) que ce genre de vie suffisait. Mais aujourd'hui, la situation pour les deux sexes est plus complexe et confuse que jamais.

Il est bon de dissiper en partie cette confusion en acceptant que les modèles traditionnels ne définissent plus ce que devrait être la vie de couple. Si l'on veut être réaliste, on peut dire qu'il n'existe aucun modèle universel auquel se conformer dans la vie. Le but est de réaliser ces sept objectifs de manière personnelle. Car vous et votre vie êtes la résultante unique de la fusion de votre corps, votre mental et votre esprit.

Dans la vie, on ne peut rien atteindre sans passer par la conscience. On n'accède pas par hasard, aveuglément, à l'amour, au sens de la vie, au succès et à la créativité. C'est plutôt une évolution qui doit permettre d'accéder à ces domaines de la conscience. Il serait satisfaisant pour la partie logique du mental que toutes les choses belles et utiles dans la vie arrivent de manière linéaire, mais ce n'est pas ainsi que cela fonctionne. Les enfants ne sont pas de jeunes plants. Ils ne grandissent pas selon un calendrier établi pour finir par donner des pommes ou des roses. Certaines personnes prennent le temps de définir des objectifs pour les cinq prochaines années. Peut-être les réaliseront-elles, ou pas. Quoi qu'il en soit, une chose est certaine : dans la vie, les choses les plus précieuses arrivent de manière imprévisible.

L'UTILITÉ DES PRISES DE CONSCIENCE

Mon postulat est que ces sept objectifs peuvent être tous atteints. Votre moi véritable est là pour vous aider, en vous faisant suivre une trajectoire unique. En ce moment même, votre moi véritable est prêt à vous transmettre tout ce que vous devez savoir pour réaliser vos objectifs. Pour cela, il procède grâce aux prises de conscience, qui s'enchaînent au quotidien. Une prise de conscience peut être définie comme un moment où l'on cherche la vérité et où elle nous est donnée. La conscience est vivante. Le silence devient utile. Il y a des moments où vous avez un déclic, où vous prenez conscience de vérités importantes. Par exemple, vous savez soudain quel est le but de votre vie ou qui vous voulez épouser. Ce sont là de grandes décisions. Mais les prises de conscience ne portent pas nécessairement sur des choses importantes. Tout message en provenance de votre conscience silencieuse est porteur d'une prise de conscience.

Si cette affirmation vous paraît trop abstraite ou idéaliste, c'est que vous devez réaliser que vous cherchez constamment ce genre de prises de conscience, et que vous les recevez. Vous accédez à la conscience silencieuse chaque fois que vous faites les choses suivantes :

Vous vous demandez comment vous vous sentez vraiment.

Vous voulez savoir si vous devez aller plus loin dans vos rapports avec une personne.

Vous cherchez une idée brillante.

Vous priez pour vous-même ou autrui.

Vous demandez à être guidé par une puissance supérieure invisible.

Vous voulez savoir comment quelqu'un se sent vraiment.

Vous voulez comprendre comment donner envie à quelqu'un de faire quelque chose qui vous est cher.

Vous êtes curieux de savoir ce qui fait vibrer quelqu'un.

Vous voulez clairement savoir quel est le but de votre vie et dans quelle direction aller.

Vous voulez prévoir ce qui vous attend.

Comme vous pouvez le constater, tout le monde est en quête de prises de conscience et votre bonheur dépendra de votre aptitude à trouver vos vérités. Cette faculté est déjà présente en vous, car, au niveau du moi véritable, vous êtes pleinement conscient.

UNE SEMAINE DE PRISES DE CONSCIENCE

Les prises de conscience viennent naturellement, mais ne proviennent pas toujours du même niveau. Il faut des prises de conscience profondes pour réaliser les sept objectifs dans sa vie. Fort heureusement, vous pouvez accéder à ce genre de révélations qui sont de nature à vous permettre d'atteindre vos buts dans la vie. Car votre moi véritable a une vision claire des possibilités qui s'offrent à vous, vision que votre ego ne peut avoir. La méditation vous rapproche de votre moi véritable. Quand vous êtes centré et calme, le contact s'établit. Il vous suffit alors d'en faire bon usage.

Les prises de conscience sont là, pourvu qu'on les cherche. Or, nul ne nous a appris à organiser notre vie de la sorte. Au lieu de cela, nous faisons des choix en fonction d'un méli-mélo d'habitudes, d'opinions reçues, de conditionnements sociaux, ainsi que de croyances, d'expériences et de souvenirs que chacun porte en lui. Cependant, apprendre à avoir des prises de conscience est d'une simplicité presque enfantine. Vous pouvez dès maintenant mettre de côté ce magma d'habitudes, de conditionnements et de croyances en entrant simplement en mode méditatif et en posant à votre moi véritable les questions vraiment importantes pour réaliser votre objectif.

TROIS QUESTIONS QUI COMPTENT VRAIMENT

Qu'est-ce que je fais de bien ?

Qu'est-ce qui n'est pas bon pour moi ?

Quelle est la prochaine étape ?

Si vous aviez des réponses à ces trois questions chaque fois que vous le vouliez, vous vous porteriez à merveille. Vous vous épanouiriez. Les objectifs qui vous sont chers seraient atteints en conscience. En sanskrit, on dirait que vous accomplissez votre *dharma*, c'est-à-dire que vous suivez la trajectoire qui va le plus naturellement et le plus efficacement dans le sens de vos désirs.

Puisqu'il existe sept objectifs principaux, il est utile d'organiser vos méditations sous forme de programme de sept jours. L'idée est que votre moi véritable est l'enseignant et que vous êtes l'élève, ou le chercheur. Il n'y a pas d'emploi du temps défini et pour rester en phase avec les grands principes de la méditation de la complétude, vous n'avez pas à faire d'effort. Le premier jour, vous travaillerez sur la sécurité, le deuxième sur le succès et la réalisation, etc.

Ce programme en sept jours est destiné à vous guider en permanence, l'idéal étant qu'il devienne un mode de vie. Votre moi véritable a dans toute situation une vérité à vous révéler. Une fois que vous apprendrez à chercher des réponses dans la conscience silencieuse, vous constaterez que c'est la bonne méthode pour faire vos choix. Plus vous organiserez votre semaine autour des sept objectifs de votre vie, plus rapidement vous les atteindrez, en faisant appel à la puissance et à la sagesse de la conscience pure.

Vous vous connaissez mieux que quiconque. Ces méditations vous aideront à mieux vous connaître encore. En contemplant les trois questions qui comptent, vous cherchez la vérité, et pas seulement une opinion distraite ou une pensée que vous avez très souvent alimentée. Le mental est enclin aux habitudes ; il a tendance à faire émerger les mêmes pensées. Ces dernières sont généralement suffisantes pour que nous puissions nous en sortir dans la vie, mais elles ne nous révèlent rien de nouveau. Demander une prise de conscience est un processus qui doit manifestement être fait en conscience et une fois que vous avez appris cela, ce processus se fait naturellement. Vous serez surpris de voir que le monde qui vous entoure se révélera à vous sous un nouveau jour, dans toute sa beauté.

COMMENT DEMANDER DES PRISES DE CONSCIENCE

Asseyez-vous seul dans un endroit au calme et centrez-vous. Pour ce faire, fermez les yeux, prenez quelques respirations profondes et placez votre attention au niveau de votre cœur.

Posez-vous intérieurement une question.

Laissez de côté la question et attendez une réponse.

Ayez confiance, une réponse vous sera donnée.

Tôt ou tard, la réponse viendra spontanément.

Ce processus n'a rien de mystérieux. Très souvent dans notre vie, nous prenons du recul et nous nous demandons, généralement avec perplexité : « Mais qu'est-ce que je fais de mal ? » ou « Et maintenant ? Qu'est-ce que je fais ? » Toutefois, le plus souvent, nous ne sommes pas dans le bon état d'esprit pour nous poser ce genre de question. Car nous sommes généralement dans la confusion ou dans l'impasse. Nous sommes confrontés à une résistance et il nous faut une solution. Étant sous pression, nous essayons de trouver une réponse, alors que nous sommes toujours stressés. C'est ce que j'appelle être bloqué au niveau du problème. Dans ces méditations, l'idée est de vous hisser au niveau de la solution, c'est-à-dire au niveau de votre moi véritable. Lorsque vous posez intentionnellement une question importante et que vous demandez une prise de conscience avec relâchement, vous ouvrez la porte à la conscience supérieure et vous avez donc plus de chances d'obtenir des réponses.

Le corps-mental est un tout. Par conséquent, les prises de conscience ne sont pas seulement mentales. Elles donnent aussi lieu à des sensations. Vous aurez au moins une ou deux d'entre elles :

LES SENSATIONS ASSOCIÉES À UNE PRISE DE CONSCIENCE

Vous êtes surpris et généralement ravi.

Il y a un déclic, vous découvrez quelque chose de nouveau.

Votre prise de conscience s'accompagne d'un sentiment de certitude.

Vous n'éprouvez pas le besoin de la remettre en question ou d'en douter.

Cette prise de conscience a un sens pour vous.

Vous avez le sentiment d'être arrivé à un tournant.

Peut-être ressentez-vous physiquement des picotements ou une légèreté.

Ces indications peuvent vous aider à distinguer les prises de conscience des pensées quotidiennes. Avoir ses propres prises de conscience est merveilleux, on est enthousiaste et on se sent motivé. J'ai précédemment expliqué qu'une révélation peut être tellement marquante qu'elle peut changer votre vie. Mais les prises de conscience plus anodines comptent elles aussi. Et au fil du temps, elles deviendront très familières. Vous pourrez ressentir dans votre cœur et dans votre moelle que vous prenez conscience de quelque chose.

Soyez également attentif aux changements de perception. J'entends par là les sensations physiques telles qu'une légèreté dans le corps ou un sentiment agréable de détente. Sur le plan visuel, le monde qui vous entoure vous paraîtra peut-être plus brillant ou alors, vous porterez un regard nouveau sur des choses que vous avez l'habitude de voir. Gardez à l'esprit que ce genre d'expériences vous aide à devenir plus conscient.

Maintenant que nous avons évoqué les principes de base, il ne nous reste qu'à commencer. Au départ, il vous faudra faire preuve de patience, car le fait de demander des prises de conscience est une pratique nouvelle et, pour la plupart des gens, inconnue. Lorsque vous agissez sans avoir eu de déclic, vous êtes endormi et nombre de vos choix sont inconscients, raison pour laquelle votre vie répond à des schémas prévisibles. Ainsi, si vous tentez de demander avec désinvolture à votre moi véritable de vous inspirer, les résultats ne seront pas nécessairement immédiats. Il existe en effet un fossé entre la personnalité égotique à laquelle vous êtes habitué et votre moi véritable.

Pour combler ce fossé, j'ai énoncé au début du descriptif de chaque journée quelques principes pour vous lancer. Certains sont issus de mon propre cheminement, tandis que d'autres proviennent des saints, sages et guides spirituels des différentes traditions de sagesse du monde. Ces principes émanent du moi véritable, qui s'exprime au nom de la conscience pure. Lisez-les attentivement avant de commencer votre méditation, cela aidera votre mental à se concentrer sur l'objectif du jour. Je ne vous demande pas de les considérer comme des réponses toutes faites. Car une sagesse indirecte ne peut nullement se substituer à des prises de conscience directes.

Néanmoins, il n'y a rien de mieux que de s'aligner sur les vérités spirituelles les plus élevées. De génération en génération, elles nous ont aidés à devenir plus conscients. Je garde toujours en tête un adage spirituel de mon enfance en Inde : « Une étincelle suffit à brûler toute une forêt. » Autrement dit, une fois que vous avez un premier aperçu de votre moi véritable, cela vous donne la motivation nécessaire pour aller jusqu'au bout de votre quête. Puissent ces méditations être votre étincelle. Le flambeau de l'éveil attend de s'allumer et ce flambeau, c'est vous.

JOUR 1 : SÉCURITÉ

VOTRE OBJECTIF : vous sentir parfaitement en sécurité

Principes du jour :

Votre sentiment de sécurité découle de ce que vous ressentez intérieurement.

Votre moi véritable n'est jamais menacé.

Le monde reflète votre sentiment de sécurité ou d'insécurité intérieure.

Quand vous êtes complet, vous êtes en parfaite sécurité.

Être en sécurité, c'est être présent ici et maintenant.

Au niveau du moi véritable, vous êtes parfaitement en sécurité. Il n'existe aucune menace qui peut ébranler cette sagesse, car elle est innée et provient directement de la conscience pure. Manifestement, le quotidien est rempli de situations qui éveillent le sentiment exactement inverse. Les informations nous abreuvent de récits de désastres et de dangers imminents. Les pires scénarios se bousculent dans notre mental lorsque nous nous sentons menacés. En soi, le stress est lui-même une menace, même à petite dose, parce qu'il déclenche la réaction de stress, dont nous avons hérité pour faire face aux menaces en prenant la fuite ou en nous défendant.

La méditation de la complétude permet une prise de conscience majeure, car on commence à découvrir la vérité : le sentiment de sécurité est un état de conscience. Aujourd'hui, vous pouvez cheminer vers un état de conscience qui vous permet de vous sentir en parfaite sécurité.

LES TROIS QUESTIONS QUI COMPTENT

Aujourd'hui, vous pouvez renforcer votre sentiment de sécurité en réfléchissant aux trois questions qui comptent. Le plus efficace sera probablement d'en choisir une seule. Laissez votre attention se diriger vers les problématiques qui vous questionnent personnellement.

QU'EST-CE QUE JE FAIS DE BIEN ?

- Tout ce qui crée un sentiment de sécurité intérieure est juste. Fondamentalement, l'idée est d'entrer en mode méditatif chaque fois que vous commencez à vous sentir sous pression ou insécurisé. Ainsi, votre conscience est tirée vers le haut et n'est plus stressée.
- Asseyez-vous dans un endroit calme, prenez quelques inspirations profondes, puis soyez attentif à vos signaux corporels. Quand vous ressentez une contraction, une tension, un mal-être ou une douleur, tournez-vous vers ces sensations. Tandis que vous respirez lentement et uniformément, votre attention se dirige vers la sensation de mal-être. Ne forcez rien. Faites preuve de patience et laissez votre

conscience apaiser naturellement la sensation qui vous perturbe.

- Remarquez les personnes qui vous entourent et leur état de conscience. Le stress se propage très facilement. Minimisez le temps que vous passez en compagnie de personnes tendues ou qui vous mettent la pression.
- Nous avons tous pour habitude de nous laisser fasciner par les mauvaises nouvelles, les catastrophes naturelles et toutes les formes de désastre. Prenez pour habitude d'accorder le moins possible votre attention à ce genre d'histoires. Si elles créent en vous un sentiment d'anxiété ou d'insécurité, dites intérieurement « je ne suis pas en danger ici » et attendez de vous sentir à nouveau en sécurité.
- Entourez-vous de personnes qui éprouvent un sentiment de sécurité et de confiance intérieures. Souvent, ce sont les personnes les plus calmes et les plus réconfortantes.
- Créez un environnement qui reflète un état de sécurité intérieure. Concentrez-vous sur la paix, la sérénité, l'ordre, la beauté visuelle et la lumière.

QU'EST-CE QUI N'EST PAS BON POUR MOI ?

- Tout ce qui crée un sentiment d'insécurité intérieure n'est pas bon pour vous.

- S'inquiéter ou angoisser n'a jamais résolu de situation. Dès le premier signe d'inquiétude, centrez-vous et retrouvez votre calme.
- La compagnie de personnes insécurisées, anxieuses et sur la défensive peut vous donner l'impression d'être plus fort ou créer en vous un sentiment d'appartenance. Mais ce n'est pas la bonne manière de vous y prendre. Cela ne fait que renforcer la croyance que le monde est dangereux et que vous n'y êtes pas en sécurité.
- Ruminer les pires scénarios n'est pas efficace. Vous perdez votre temps et votre énergie à entretenir des pensées qui vous sortent inutilement de vos repères.
- Évitez d'éprouver le besoin de vous justifier. Être sur la défensive, ce n'est pas se protéger. Plus vous vous défendez, plus vous créez un sentiment d'insécurité intérieure.
- Céder donne le sentiment de manquer intérieurement de force. Aussi, évitez toute personne qui ne vous traite pas sur un pied d'égalité et qui manque de respect et de considération à votre égard.
- Se sentir visé par des menaces extérieures n'aide pas à nourrir un sentiment de sécurité.
- Si de mauvaises nouvelles ne vous affectent pas personnellement, envoyez des pensées d'espoir et de compassion aux personnes concernées, puis tournez votre attention vers autre chose.

- S'accrocher à la force de quelqu'un d'autre n'aide pas à créer un sentiment de sécurité intérieure. Vous deviendrez dépendant et chaque fois que vous devrez vous défendre, vous douterez de vous et vous vous sentirez insécurisé.
- Fonder son sentiment de sécurité sur un supplément d'argent, de statut, de pouvoir ou de possessions ne fonctionne pas. Vous ne faites que refuser de voir votre propre peur et insécurité. Votre objectif doit toujours être la sécurité intérieure.

QUELLE EST LA PROCHAINE ÉTAPE ?

- Votre priorité absolue : faire plus ce que vous faites déjà bien. Et faire moins ce qui n'est pas bon pour vous.
- Visualisez une lumière blanche au niveau de votre cœur. Asseyez-vous au calme et entrez en communion avec cette lumière.
- Trouvez le temps de vous rendre dans un endroit d'où se dégage un grand sentiment de paix et de sécurité. Faites de ce lieu votre sanctuaire et fermez la porte à toute menace ou pression extérieures. Imprégnez-vous du sentiment qui domine cet endroit afin qu'il y ait le même sentiment de paix à l'intérieur et à l'extérieur.

- Prenez le temps de soutenir une personne dont vous savez qu'elle a besoin d'aide. Réconfortez-la, rassurez-la et venez-lui en aide. Ainsi, vous partagez votre propre sentiment de sécurité. En apportant votre soutien à autrui, vous exprimez votre force et votre sécurité intérieure.
- Penchez-vous sur le domaine qui crée le plus de stress dans votre vie : votre travail, votre famille ou vos relations. Trouvez dès aujourd'hui une façon de réduire ce stress. Voici quelques exemples : parlez à une personne qui vous stresse et demandez calmement de l'aide. Au bureau, évitez de prendre parti en vous rendant disponible pour tout le monde, en toute objectivité. Chez vous, réduisez le bruit et les distractions. Partagez sincèrement vos sentiments avec votre partenaire amoureux, en évitant les accusations et les reproches.

Votre prise de conscience du jour :

JOUR 2 : LE SUCCÈS ET LA RÉALISATION

VOTRE OBJECTIF : incarner la conscience dans le travail que vous faites

Principes du jour :

Votre travail exprime votre niveau de conscience (votre travail correspondant globalement à l'activité principale qui vous occupe tout au long de la journée).

Votre travail et votre vie sont tous deux en expansion ou en contraction.

Plus vous faites votre travail en conscience, plus vous êtes épanoui.

Le travail que vous accomplissez représente ce que vous pensez mériter.

Être conscient est le plus beau succès qui soit.

Votre travail et votre vie vous procurent la même joie quand vous êtes conscient.

Si votre moi véritable vous accompagne dans votre travail, ce dernier, quel qu'il soit, vous épanouira. Pour la plupart des gens, cette deuxième journée est tournée vers leur activité professionnelle, mais la réussite s'applique aussi aux retraités et aux parents au foyer. À tout âge, nous cherchons tous la satisfaction et la réalisation à travers l'activité principale que nous accomplissons au quotidien.

Chaque jour, vous pouvez trouver un moyen de devenir plus conscient, ce qui donne un sens plus profond à votre travail et à votre activité quotidienne en général. Grâce à cette expansion de conscience, le stress et l'ennui seront de l'histoire ancienne. Ce n'est pas une image. La raison pour laquelle des millions de personnes sont stressées, s'ennuient et ne se réalisent pas dans leur travail est qu'au fond, elles ont concrétisé leurs attentes. Pour la plupart d'entre elles, cela se produit inconsciemment, mais si vous grattez en dessous de la surface, vous découvrirez la vérité : pour elles, le travail est considéré comme un lieu insécurisant et dominé par l'autorité. Lassées par leur travail, mais craignant de le perdre, ces personnes courbent l'échine, se forcent à aller travailler et ont hâte d'être en week-end.

Bien sûr, le tableau n'est pas toujours aussi noir. Nous avons naturellement tendance à tirer parti des situations et en règle générale, les gens aiment ce qu'ils font. Malgré tout, à notre travail, c'est notre personnalité sociale qui est aux manettes, c'est-à-dire l'image que nous voulons projeter afin de nous intégrer et de bien nous entendre avec les autres. Or, toutes les images sont artificielles. Elles ne sont absolument pas l'expression du moi véritable. Ce dernier est là pour que vous puissiez devenir plus conscient, vous éveiller et vous épanouir quoi que vous fassiez.

Vous avez le choix de devenir plus ou moins conscient dans votre travail. Rien ne vous empêche d'exprimer votre moi véritable. Il vous sera bénéfique de faire preuve de bienveillance, d'empathie, d'acceptation, de respect à l'égard de tous et de manifester toute autre qualité. Dans tous les cas, votre travail représente votre niveau de conscience.

La méditation de la complétude vous fera grandement progresser, car vous commencerez à découvrir la vérité : votre travail et votre vie sont tous deux en expansion ou en contraction.

LES TROIS QUESTIONS QUI COMPTENT

Aujourd'hui, vous pouvez favoriser votre réussite et votre réalisation en réfléchissant aux trois questions qui comptent. Le plus efficace sera probablement d'en choisir une seule. Laissez votre attention se diriger vers les problématiques qui vous questionnent personnellement.

QU'EST-CE QUE JE FAIS DE BIEN ?

- Tout ce qui vous donne un plus grand sentiment d'épanouissement est juste. En entrant en mode méditatif, vous ressentez le calme et le silence intérieurs, qui, au fond, ne sont que le seuil de la réalisation personnelle, car le moi véritable est déjà réalisé.
- L'épanouissement se traduit par la joie. Toute expérience joyeuse est synonyme de succès. Valorisez les expériences joyeuses et prenez conscience que la manière dont vous vous sentez à votre travail est importante.
- Prenez quelques instants pour être fier du travail que vous accomplissez et faites l'éloge professionnel de quelqu'un

d'autre afin que cette personne puisse elle aussi se sentir fière.

- Si vous remarquez que vous vous ennuyez, entrez en mode méditatif et retrouvez votre sentiment de bien-être.
- Faites preuve d'empathie à l'égard de vos collègues ou des membres de votre famille. Quand vous éprouvez l'envie de vous rapprocher d'une personne (je ne vous parle pas d'avoir une aventure à votre travail), soyez à l'écoute de votre ressenti.
- À votre travail ou pendant la journée, prenez le temps de vous retrouver seul et au calme. Si cela vous est possible, allez vous promener en nature pour vous régénérer.
- Tout au long de la journée, levez-vous et marchez pour redonner de l'énergie à votre corps.
- Au cours des réunions, soutenez les projets que vous valorisez vraiment. Soyez prêt à dire votre vérité lorsqu'elle a une valeur positive.
- Souvent, que ce soit au travail ou chez vous, quand vous êtes occupé, vérifiez comment vous vous sentez. Soyez conscient de votre humeur, c'est un aspect essentiel pour devenir plus conscient.
- Acceptez de nouveaux défis qui élargissent votre contribution à un projet.

QU'EST-CE QUI N'EST PAS BON POUR MOI ?

- Tout ce qui vous donne le sentiment d'être bloqué, frustré et de ne pas vous épanouir dans votre activité n'est pas bon pour vous.
- Faire preuve de passivité alors que la situation vous déplaît n'est pas bon pour vous.
- Se plaindre, colporter des ragots et prendre parti à son travail ne fait qu'augmenter l'insatisfaction intérieure.
- Résistez à l'envie de répondre aux exigences de votre travail en vous surmenant ou en faisant des heures supplémentaires chez vous. Ces habitudes font de votre travail une source de pression et d'obligations, ce qui n'a rien à voir avec la notion d'épanouissement.
- Il n'est pas bon de serrer les dents pour avancer dans un travail que vous détestez, simplement pour gagner votre pitance. Cela ne fera que contracter votre conscience et plus vous serez en état de contraction, moins vous serez en mesure d'échapper au train-train quotidien.
- Être celui qui travaille le plus n'est productif que si cela renforce votre sentiment de dignité et d'épanouissement. Cela n'est pas bon pour vous si vous vous y sentez obligé, car vous vous traitez comme une machine.
- Résistez à l'envie de considérer les autres comme des perdants ou des gagnants. Car même si vous essayez de

faire partie des gagnants, vous serez hanté par la peur de faire partie des perdants.

- Si vous avez constamment hâte d'être en week-end, soit vous vous êtes trompé de métier, soit vous faites le travail qui vous convient, mais de manière compulsive. Et au fil du temps, cela ne peut que vous rendre compulsif dans les autres domaines de votre vie.

QUELLE EST LA PROCHAINE ÉTAPE ?

- Votre priorité absolue : faire plus ce que vous faites déjà bien. Et faire moins ce qui n'est pas bon pour vous.
- À votre travail, demandez à un collègue de confiance de vous dire franchement si, à son avis, vous réalisez votre potentiel.
- Demandez à un proche si vous semblez heureux dans votre travail et si vous en parlez positivement.
- Vérifiez si vous avez des symptômes inconscients qui montrent que vous ne vous réalisez pas. Par exemple, vous avez besoin de prendre un verre après le travail, vous vous plaignez de vos collègues, vous avez l'air de vous ennuyer ou d'être fatigué et vous parlez rarement, voire jamais de vos rêves.
- Ayez un grand objectif et progressez, même lentement, vers sa réalisation.

Votre prise de conscience du jour :

JOUR 3 : L'AMOUR ET LES LIENS AFFECTIFS

VOTRE OBJECTIF : incarner l'amour inconditionnel

Principes du jour :

L'amour est une expression de la conscience pure, qui est éternelle.

Votre moi véritable transmet l'amour inconditionnel.

Dans l'amour inconditionnel, il n'y a pas de différence entre soi et l'autre.

L'amour veut partager, il est donc prompt à tisser des liens avec autrui.

Le dévouement est la marque de l'amour inconditionnel.

Le paroxysme du dévouement est le bonheur ininterrompu.

Le moindre moment de joie vous donne un aperçu de l'amour inconditionnel.

Lorsque c'est votre moi véritable qui est aux commandes dans votre vie, vous êtes libre de recevoir et de donner l'amour inconditionnel. Mais pour cela, vous devez être complètement éveillé. Car, dans cet état, vous êtes toujours relié à votre moi véritable, raison pour laquelle l'amour s'écoule continuellement. Si vous êtes des fois conscient et d'autres fois non, l'amour fait des va-et-vient. C'est naturel. Il y aura des périodes dans lesquelles vous ne ressentirez pas l'amour, mais tous les moments où vous y serez vous donneront un aperçu du but. L'amour est par conséquent l'un des chemins les plus positifs.

Avant d'être pleinement éveillé, l'amour que vous recevez et donnez est conditionnel. Il peut varier, voire s'effacer. Pour beaucoup, l'amour devient une transaction. C'est donnant-donnant. Notre bien-aimé doit satisfaire notre personnalité égotique. Mais en mode méditatif, les choses changent : ce petit jeu cesse. Car vous fusionnez avec la source de l'amour inconditionnel. À mesure que cette expérience s'approfondit, vous devenez capable d'aimer autrui sans dépendance ni exigence. Puisque vous vous suffisez à vous-même, vous faites don de votre amour sans attachement.

Dans la mesure où l'amour inconditionnel est éternel, il ne fait jamais de va-et-vient, et reste toujours le même. Puisque vous n'êtes pas obligé de mériter cet amour immuable, vous l'identifiez avec grâce. À vous de voir, d'ailleurs, si vous voulez parler de grâce divine ou de grâce de la conscience pure. Pour beaucoup, il est plus facile de se consacrer à Dieu, parce qu'ils cherchent à témoigner leur dévotion à une forme humaine, par exemple un père divin ou une mère divine. Dans les plus pures traditions de sagesse, Dieu est une forme qu'a prise la conscience pure, et vous pouvez choisir de vivre dans la grâce et la félicité en étant pleinement imprégné de votre moi véritable. Tout ce qui vous couvre d'amour est bon pour vous, car le chemin qu'emprunte chacun pour parvenir à l'amour inconditionnel est unique. La seule chose dont il faille se souvenir est que l'amour n'est pas séparé de vous. Chaque fois que vous perdez de vue l'amour, cela indique qu'il y a un fossé entre vous-même et votre moi véritable, fossé que vous pouvez définitivement guérir grâce à la méditation de la complétude. L'envie de nouer des liens avec autrui qui émane naturellement de l'amour symbolise le souhait le plus profond de ce dernier, qui est de demeurer éternellement dans le moi véritable.

LES TROIS QUESTIONS QUI COMPTENT

Aujourd'hui, vous pouvez vous rapprocher de l'amour inconditionnel en réfléchissant aux trois questions qui comptent. Le plus efficace sera probablement d'en choisir une seule. Laissez votre attention se diriger vers les problématiques qui vous questionnent personnellement.

QU'EST-CE QUE JE FAIS DE BIEN ?

- Tout ce qui vous permet de vivre l'amour est juste. En entrant en mode méditatif, vous vous ouvrez à la félicité qui émerge aisément du silence intérieur. La félicité, la joie et l'extase, bien qu'éphémères, sont des aperçus de l'amour inconditionnel.
- Saisissez toute opportunité de faire preuve de bienveillance. Dans la mesure où la gentillesse ne demande rien en retour, elle exprime l'amour désintéressé. Et l'amour inconditionnel est toujours désintéressé.

- Le dévouement est une forme d'amour. Toute personne ou toute chose envers lesquelles vous exprimez votre dévouement sont bonnes pour vous, tant que ce dévouement est une émanation de l'amour.
- Le cœur est l'endroit le plus sensible du corps-mental qui touche à l'amour. Aujourd'hui, plusieurs fois, placez votre attention sur votre cœur et restez-y pour ressentir son rayonnement chaud et aimant. Si toutefois cette sensation est limitée, voire absente, faites quelque chose pour la faire revenir, l'idéal étant de voir une personne que vous aimez (à faire au moins une heure par jour dans la mesure du possible). Mais toute expérience joyeuse liée à la nature, l'art, la musique, des enfants en train de jouer ou l'écriture inspirante nourrit également le cœur.
- Pensez à six personnes, y compris vos proches, avec lesquelles vous avez un lien particulier. Prenez le temps de renouer le contact au moins une fois par semaine, de préférence en vous voyant ou à défaut en vous appelant.
- Chaque fois que vous voyez quelqu'un, donnez-vous généreusement, en commençant par offrir un sourire et un mot gentil à l'autre.
- Irradiez l'amour qui est dans votre cœur. Visualisez la personne à laquelle vous envoyez votre amour et un lien de lumière entre vous. Cette connexion de cœur à cœur est silencieuse et il suffit d'y consacrer quelques instants

seulement. Mais au niveau du moi véritable, c'est enrichissant pour vous-même et pour l'autre.

- Envoyez des pensées aimantes et de la sympathie à des personnes qui sont en dehors de votre cercle immédiat. Faites-le chaque fois que votre cœur est touché par leur situation. Et c'est encore mieux si vous pouvez agir dans l'amour. Vous pouvez faire une bénédiction silencieuse quand l'élan vous vient, même à un inconnu.
- Quand vous remarquez qu'une pensée ou une envie qui ne sont pas alignées sur l'amour commencent à se répéter, entrez en mode méditatif, faites le calme intérieurement et dites à cette pensée qu'elle n'est plus nécessaire. Répétez cela jusqu'à ce qu'elle disparaisse, sans lui opposer de résistance, mais en l'informant simplement que vous n'êtes plus réceptif.

QU'EST-CE QUI N'EST PAS BON POUR MOI ?

- Tout ce qui peut vous donner envie de retenir votre amour n'est pas bon pour vous.
- En vous isolant, vous vous coupez de l'amour qui pourrait venir à vous.
- Demander à quelqu'un de faire ce que vous voulez pour se faire aimer de vous finira un jour par ne plus marcher.

Car l'autre pourra toujours trouver une meilleure affaire ailleurs.

- Le manque d'affection ne peut pas vous faire aimer des autres. Ils auront beau être obligeants et compatissants, un moment viendra où le ressentiment commencera à s'accumuler.
- Si vous n'êtes pas prêt à donner de vous-même, vous ne pouvez connaître l'amour désintéressé, que votre moi véritable essaie de vous donner.
- Refuser d'aimer, y compris d'avoir des rapports sexuels, pour se venger perturbe une relation amoureuse.
- Une sexualité dépourvue de sens ne conduit jamais à l'amour. Certes, la sexualité à elle seule peut être gratifiante, mais elle prend tout son sens, toute sa valeur et elle vous comble quand elle est associée à l'amour.
- Il n'est pas bon de demander de l'amour à une personne qui n'en a pas à donner, même si vous mourez d'envie d'en recevoir d'elle.
- S'il vous est beaucoup plus facile de donner de l'amour que d'en recevoir, il est probable que votre amour s'appuie sur un sentiment d'insécurité. Au fond, vous compensez le sentiment de ne pas être digne d'être aimé.

QUELLE EST LA PROCHAINE ÉTAPE ?

- Votre priorité absolue : faire plus ce que vous faites déjà bien. Et faire moins ce qui n'est pas bon pour vous.
- Exprimez davantage votre appréciation à l'égard des autres d'une manière qui vous semble facile.
- Si vous ressentez qu'un lien se forme avec quelqu'un d'autre, encouragez-le en étant affectueux et en développant votre bonne entente. N'ayez pas d'attente et ne faites aucune prédiction. Laissez le lien se développer de lui-même.
- Laissez les autres êtres fidèles à eux-mêmes sans les juger. Et si malgré tout, vous êtes dans le jugement, ayez au moins le désir d'être neutre. On ne vous demande pas d'aimer toutes les personnes que vous connaissez, mais vous pouvez cesser d'envoyer des signes de désapprobation et de refuser l'amour.
- Lisez des écrits et des poèmes inspirants qui exaltent l'amour inconditionnel. Cela vous donnera une nouvelle vision de l'amour éternel tel qu'il est vécu ici sur terre.
- Trouvez un moyen d'irradier l'amour désintéressé en étant dans le service. Apaiser la solitude, l'isolement ou l'état de pauvreté d'autrui, c'est faire un pas en direction de l'amour inconditionnel.
- Commencez à remarquer tous les signes qui indiquent que vous vous jugez. Vous n'avez pas besoin d'essayer de

vous aimer ; car ce n'est généralement que la personnalité égotique qui essaye de gonfler son image. Entrez plutôt en mode méditatif et laissez ces jugements s'évanouir. Vous n'êtes pas obligé d'être dans la résistance. Il vous suffit de cesser de les écouter.

Votre prise de conscience du jour :

JOUR 4 : DONNER DU SENS ET DE LA VALEUR À SA VIE

VOTRE OBJECTIF : vous assurer d'avoir une bonne estime de vous-même dans votre vie

Principes du jour :

L'estime de soi vient quand on vit sa vérité.

Quand on se tourne vers son moi véritable, la vie prend un sens.

plus vous valorisez votre moi véritable, plus cela donne de sens à votre vie.

Le but dans la vie est d'être pleinement conscient.

Quand on est pleinement conscient, on exprime toutes les vérités.

Le sens de la vie est à trouver dans le moment présent et dans notre attitude à son égard.

La conscience pure est le réservoir du nombre infini de possibilités qui existent, c'est elle qui donne un sens à notre vie.

Tant que vous existez, votre vie a un sens. La conscience du tout circule dans la moindre de vos cellules. L'univers entier est à l'œuvre dans la création du moment présent. Au niveau de votre moi véritable, la véracité de ces concepts est très clairement établie. Votre dignité ne fait aucun doute. La vie donne un sens à l'existence de chaque individu simplement en le dotant de la conscience. Mais quand cette dernière est limitée, l'individu doute de sa valeur. La personnalité égotique est coupée du moi véritable. Par conséquent, elle se demande toujours si elle est digne. Vivre dans l'ego, c'est se demander si l'on compte vraiment.

Dans la méditation de la complétude, l'état de calme et de silence intérieur se justifie de lui-même. Vous n'avez ni à travailler pour l'obtenir ni à le mériter. Il en va de même quand vous n'êtes pas en mode méditatif. Votre existence a eu du sens à chaque instant depuis votre naissance, mais vous n'en avez pas conscience. La réalisation est la clé. Vous devez voir et ressentir votre dignité. La plupart des gens cherchent l'approbation au mauvais endroit, c'est-à-dire à l'extérieur, avant même de s'estimer. Et si l'approbation tourne à la critique, ils sont abattus. Ce n'est pas en dépendant de l'approbation ou des critiques des autres que l'on peut atteindre une estime de soi durable et inébranlable.

L'aptitude de la personnalité égotique à se sentir digne est variable et temporaire. Il est typique de voir l'ego se tourner vers des repères extérieurs, tels que l'argent, les possessions et le statut, pour prouver sa dignité, mais ce ne sont que des façades. Les seules fois où l'ego se sent vraiment digne, c'est quand il a établi un lien avec les valeurs du moi véritable. Chez tout le monde, ce lien est plus ou moins présent selon le moment, ce qui démontre que le moi véritable essaie toujours de communiquer avec nous.

C'est pourquoi nous ressentons le besoin d'affection, l'absence de doute, le désir d'être reconnaissant et un sentiment de bien-être complet. Quoi que l'on fasse, au fond, on sent que l'on se suffit à soi-même. En établissant un lien permanent avec le moi véritable, ce qui se produit une fois que l'on est complètement éveillé, on se retrouve dans une position unique. La vie exprime tout ce que l'ego cherche à atteindre par la suffisance. Alors qu'en réalité on se sent humble et désintéressé. On est devenu l'instrument de la conscience supérieure qui irradie sa vérité dans le monde.

LES TROIS QUESTIONS QUI COMPTENT

Aujourd'hui, vous pouvez vous rapprocher d'un sentiment inébranlable de dignité et donner plus de sens à votre vie en réfléchissant aux trois questions qui comptent. Le plus efficace sera probablement d'en choisir une seule. Laissez votre attention se diriger vers les problématiques qui vous questionnent personnellement.

QU'EST-CE QUE JE FAIS DE BIEN ?

- Tout ce qui donne du sens à votre vie est juste. En entrant en mode méditatif, vous découvrez quelque chose de très simple et pourtant essentiel : la perception de soi. Quoi que vous pensiez, disiez, ressentiez ou fassiez, cette perception de vous-même observe silencieusement et ne change jamais.
- Ayez du plaisir à être vous-même. Prenez un moment pour ressentir à quel point il est bon d'être simplement là. Le « je suis » est le fondement du moi véritable.

- Visez l'autonomie à tout moment, dans la manière dont vous vous sentez, dans les croyances que vous exprimez, dans votre travail ou dans votre rôle au sein de votre famille. Ces choses n'appartiennent qu'à vous. Appréciez-les et valorisez-les.
- Laissez les autres faire votre éloge et vous témoigner leur appréciation. Il peut être difficile de recevoir l'amour et les louanges, mais ils reflètent votre dignité intérieure.
- Prenez part à un projet qui a vraiment du sens pour vous. L'estime de soi doit s'exprimer extérieurement. Penser de son côté que l'on pourrait être quelqu'un de merveilleux ou que l'on compte peu est un faux-semblant construit par l'ego. Quand vous vous donnez à un projet qui a du sens, vous permettez à votre estime de vous-même de grandir et d'évoluer.
- La modestie et l'humilité sont des signes d'une grande estime de soi lorsque ces sentiments proviennent du moi véritable.
- Le principe fondamental consiste à respecter autrui comme on se respecte soi-même. Tel est l'attitude naturelle du moi véritable, car il existe en tout un chacun, sur un pied d'égalité.

QU'EST-CE QUI N'EST PAS BON POUR MOI ?

Tout ce qui vous rabaisse ou vous donne le sentiment d'être insignifiant n'est pas bon pour vous.

Il peut être très intéressant de suivre une personne forte et accomplie, mais cela ne renforce en rien votre estime de vous-même. La plupart du temps, vous ne ferez que tenter de combler un vide en vous. Si cette personne solide s'en va, vous vous apercevez que ce vide n'a pas été comblé.

Se donner un air supérieur en rabaissant les autres est vain. Vous ne convaincrez personne et votre comportement engendrera du ressentiment. Créer un sentiment d'infériorité chez les autres ne fait que refléter sa propre sécurité.

L'image que l'on a de soi diffère du moi véritable. Embellir en surface votre image satisfera la personnalité égotique, mais ne fera rien pour vous rapprocher de votre moi véritable. Par nature, l'image qu'une personne a d'elle-même est trompeuse, car elle masque ce qui se passe en dessous. L'ego pense se faire du bien en dissimulant ce dont il a honte et ce qu'il ne veut pas que les autres voient. Mais c'est une grande perte, car cette façade dissimule le moi véritable, qui peut guérir toute faiblesse et toute blessure.

Essayer de se rendre important aux yeux des autres ne marche pas. Car, au fond, ils auront toujours leur propre opinion sur vous-même, qu'elle soit juste ou non. Laissez les autres vous donner de l'importance, ou non. Ce ne sont pas vos affaires.

QUELLE EST LA PROCHAINE ÉTAPE ?

- Votre priorité absolue : faire plus ce que vous faites déjà bien. Et faire moins ce qui n'est pas bon pour vous.
- Faites preuve de modestie et d'effacement, d'une manière qui vous semble facile. Au niveau du moi véritable, c'est la conscience pure qui a fait de vous ce que vous êtes, et non l'ego.
- Il est plus important d'être soi-même que de faire de son mieux. Bien sûr, il est bon de faire de son mieux, mais c'est avant tout votre êtreté, c'est-à-dire votre état de conscience, qui détermine votre estime de vous-même.
- Soyez reconnaissant envers votre source du moindre cadeau qu'elle vous a fait. Ce n'est jamais l'ego qui crée ce qui nous est précieux dans la vie.
- Si vous vous surprenez à répéter très souvent « je », entrez en mode méditatif et renouez avec qui vous êtes vraiment. Votre nature véritable est désintéressée.

Votre prise de conscience du jour :

JOUR 5 : LA CRÉATIVITÉ ET LA DÉCOUVERTE

VOTRE OBJECTIF : aller de découverte en découverte dans votre vie

Principes du jour :

Tant que vous ferez preuve de curiosité, vous ne vieillirez pas.

Le renouveau est l'éternel secret de la vie.

Tout ce à quoi vous êtes attentif peut révéler un mystère.

Quand vous explorez le monde, en réalité c'est vous-même que vous explorez.

Chaque découverte est aussi une découverte de soi.

Par nature, la conscience est créative et curieuse.

Pour être créatif dans votre vie, laissez-vous fasciner par le changement.

Chaque moment vous rapproche d'une découverte.

À la naissance, vous avez reçu une vie créative qui vous a été donnée par la conscience, celle-ci ayant par nature soif de connaissance et de compréhension. C'est pourquoi les enfants sont tellement fascinés par le monde. Ils sont émerveillés par les découvertes. Et justement, la vie n'est jamais à court de nouveautés. Tout ce vers quoi vous tournez votre attention peut vous révéler quelque chose d'inconnu. Mais si vous cessez d'être attentif, l'émerveillement disparaît et la vie devient prévisible et routinière.

Êtes-vous effrayé ou fasciné par le changement ? Les personnes qui résistent au changement en ont secrètement peur (ou peut-être pas si secrètement que cela). Elles sont forcées de prétendre que leur sécurité dépend d'une vie aussi routinière et prévisible que possible. Mais cette stratégie se heurte de plein fouet à la réalité, car la vie n'est que changement. Chaque journée est un nouveau monde en soi. Soit vous prenez conscience de ce fait et vous l'acceptez, soit vous vous condamnez à vivre dans une conscience limitée, dans un ennui croissant et à vous lasser de votre propre vie.

Pour votre moi véritable, la vie n'est que découverte. Il aspire à explorer toutes les possibilités qui font que chaque journée est nouvelle. Il n'y a là aucun secret : votre moi véritable exprime simplement la curiosité et l'émerveillement qui vous animaient à la naissance. Être conscient est un état imprévisible. Il doit en être ainsi, car la conscience cherche à tout instant à exprimer sa créativité.

Nous avons tellement soif d'informations qu'on nous en donne vingt-quatre heures sur vingt-quatre et sept jours sur sept à la télévision et dans les réseaux sociaux. Nous avons hâte de découvrir ce qui est arrivé aux autres. Pourtant, nous ne nous intéressons pas à nous-mêmes. La personnalité égotique craint de procéder à une introspection trop profonde, elle a peur de ce qu'elle pourrait y découvrir. Pour éviter que vous découvriez qui vous êtes vraiment, l'ego vous raconte une histoire fondée sur le passé. L'ego est fabriqué à partir de souvenirs. Quand vous vous levez le matin et que vous reprenez la même histoire que la veille, vous faites du neuf avec du vieux, pour ainsi dire.

Pour vraiment se renouveler, il faut commencer par entrer en mode méditatif. Quand vous vous reliez à votre moi véritable, chaque perception vous semble nouvelle. Le moi véritable vit dans le moment présent, seul espace dans lequel on peut faire des découvertes. L'éternel instant présent est l'éternel vous. C'est la découverte la plus importante que l'on puisse faire.

LES TROIS QUESTIONS QUI COMPTENT

Aujourd'hui, vous pouvez vous renouveler en réfléchissant aux trois questions qui comptent. Le plus efficace sera probablement d'en choisir une seule. Laissez votre attention se diriger vers les problématiques qui vous questionnent personnellement.

QU'EST-CE QUE JE FAIS DE BIEN ?

- Tout ce qui vous amène à faire preuve de curiosité est juste. En entrant en mode méditatif, vous régénérez votre mental dans le silence. Et seul un mental frais peut avoir des perceptions nouvelles. C'est ainsi que commencent toutes les découvertes.
- Soyez ouvert à toutes les personnes que vous rencontrez, sans a priori ni jugement. Chacune est aussi fascinante que vous l'êtes pour vous-même une fois que votre conscience s'élargit.

- Prenez pour habitude d'être attentif. La vie n'est ennuyeuse que si vous cessez d'accorder votre attention à la nouveauté en chaque instant.
- À tout moment, vous pouvez être centré en vous-même, tout en étant dans l'attente d'une nouvelle découverte surprenante. Le silence intérieur étant conscient, il sait continuellement que quelque chose de nouveau l'attend.
- Quand vous découvrez quelque chose qui a vraiment du sens, c'est tout à fait personnel. C'est vous-même dont vous voyez le reflet dans le monde extérieur. Au bout du compte, ce qui nous enchante le plus est de trouver quelque chose de nouveau en nous. Lorsque nous voyons quelque chose qui nous surprend, qui nous rend joyeux ou qui nous fascine, nous mettons en lumière ces caractéristiques propres au moi véritable.
- Il est plus important de vous explorer vous-même que d'explorer le monde. Dans la vie, toutes les vraies valeurs, à savoir la vérité, la beauté, la raison d'être, l'amour, la compassion ou toute autre valeur spirituelle, se dissimulent dans votre moi véritable. Quand vous partez à la découverte de vous-même, votre but est d'entrer de plus en plus en contact avec ces valeurs qui existent dans votre moi véritable.

QU'EST-CE QUI N'EST PAS BON POUR MOI ?

- Tout ce qui vous donne le sentiment que la vie est ennuyeuse, routinière et prévisible n'est pas bon pour vous.
- Il n'est pas bon de considérer que les gens ne changent pas. Car vous leur refusez la capacité à se renouveler, alors que c'est exactement ce que vous voulez pour vous-même.
- S'il n'y a plus rien qui vous intéresse vraiment, c'est que votre personnalité égotique est aux commandes. Vous avez basculé dans la routine, car le mécanisme de défense principal de l'ego consiste à maintenir le statu quo. Une vie prévisible donne à l'ego le sentiment erroné de contrôler la situation. En réalité, l'ego se satisfait d'une existence très limitée.
- Au bout du compte, résister au changement est vain. Car vous ne faites que renforcer la peur et la sécurité de l'ego. La réalité est en changement perpétuel. Une fois que vous acceptez ce fait, vous pouvez commencer à accueillir le changement sans angoisser. Mais si vous résistez, le changement ne fera que créer de l'anxiété en vous.
- Céder aux personnes qui ne veulent pas que vous changiez n'est pas bon. Si quelqu'un a envie de vous enfermer dans une case, sachez qu'en réalité la seule personne qui puisse le faire, c'est vous. Vous savez que vous vous êtes enfermé dans une case lorsque vous vous êtes lassé de

vous-même. Vous sombrez dans l'ennui dès lors que vous avez envie de vous mettre au diapason, de vous intégrer, de gagner l'approbation des autres et de vous soumettre aux conventions sociales.

QUELLE EST LA PROCHAINE ÉTAPE ?

- Votre priorité absolue : faire plus ce que vous faites déjà bien. Et faire moins ce qui n'est pas bon pour vous.
- Soyez plus ouvert aux nouvelles personnes et aux nouvelles expériences d'une manière qui vous semble facile.
- Trouvez la nouveauté dans toutes vos relations. Ce n'est pas parce que l'autre change que vous vous intéressez plus à lui. Ce regain d'intérêt vient quand vous commencez à le remarquer et à être attentif.
- Évitez d'avoir tendance à vous répéter. Les mêmes vieilles pensées, les mêmes vieilles habitudes et les mêmes vieux choix sont des symptômes du même phénomène : l'inconscience.
- Prenez le temps de savourer la lumière de la vie. Elle est présente chez les enfants, ainsi que dans l'art, la musique, les merveilles de la nature, la lumière de la conscience pure et la légèreté de l'être.

Votre prise de conscience du jour :

JOUR 6 : UN BUT SUPÉRIEUR ET LA SPIRITUALITÉ

VOTRE OBJECTIF : irradier les valeurs spirituelles qui vous sont chères

Principes du jour :

Le but supérieur de tout être est de s'éveiller complètement.

La conscience supérieure et la spiritualité ne font qu'un.

Vivre dans la séparation est une illusion dont vous pouvez sortir.

Votre lien avec la conscience pure est toujours présent.

Votre moi véritable irradie la présence divine.

Votre but le plus élevé dépend de qui vous êtes, et non de ce que vous faites.

Dans votre quintessence, vous êtes infiniment précieux.

Toute réalisation spirituelle se trouve dans le moi véritable, en attente d'être conscientisée.

Votre moi véritable incarne toutes les valeurs spirituelles que vous aspirez à vivre. Une fois éveillé, vous irradiez naturellement ces mêmes valeurs que sont l'amour, la compassion, la miséricorde, l'empathie et le pardon. Vous avez déjà des aperçus de ces valeurs en vous-même. En pratiquant la méditation de la complétude, ces aperçus se développent, ils deviennent plus profonds et plus fréquents.

Dans la vie moderne, beaucoup sont confrontés à un dilemme frustrant : ils aspirent à la spiritualité, mais se sentent empêchés de mener une vie spirituelle. La religion organisée étant devenue à de nombreux égards moins satisfaisante qu'auparavant, la spiritualité est devenue une aventure solitaire, qui donne beaucoup d'espoirs, mais également un sentiment d'incertitude et d'instabilité au sujet du cheminement intérieur. De plus, les exigences et les complexités liées aux vies trépidantes de chacun ne permettent que difficilement de trouver le temps « d'être spirituel ».

La réponse à ce dilemme consiste à demeurer constamment dans votre être spirituel, état de conscience qui se déploie grâce à la méditation de la complétude. Il n'existe pas vraiment de séparation entre le matériel et le spirituel, bien que nous ayons pris l'habitude, sous l'influence séculaire de la religion organisée, de respecter ce genre de frontière, en allant même jusqu'à en condamner l'existence dans le monde et à affirmer qu'elle est contraire à Dieu et à la dévotion. Mais tout se passe dans la conscience. Ainsi, vous ne disposez pas d'une conscience pour élever votre famille, aller travailler et faire vos courses, et d'une autre pour prier et faire vos dévotions. Le moi véritable exprime les valeurs humaines les plus précieuses. De son point de vue, l'amour est l'amour et la dévotion est la dévotion.

En partant de là, les valeurs spirituelles auxquelles les gens aspirent sont indissociables de la vie quotidienne et on y accède simplement en devenant conscient. *Plus vous serez conscient, plus vous incarnerez l'esprit. Le moi véritable sera présent dans tout ce que vous ferez, car l'essentiel n'est pas de faire, mais d'être.* Ce que vous êtes a plus de valeur spirituelle que les pensées et actions les plus révérencieuses. Le moi véritable vous donne une présence. On parle de présence divine, et personnellement, je considère qu'il s'agit de la présence de l'être pur. Dieu et l'être pur sont tous deux absolus, infinis, omniscients et omnipotents. Ce sont simplement d'autres noms que l'on donne à la source de la création.

Plus vous êtes proche de votre source, plus vous êtes proche de la source de la création. Car toutes deux ne font qu'un. Ce fait donne à votre existence une valeur infinie. Votre moi véritable est le même que celui des saints et des sages. Une fois que vous acceptez cela, votre quête spirituelle n'est plus frustrante et distante. Le moindre aperçu du moi véritable vous indique qui vous êtes vraiment et qu'il n'est pas nécessaire de cheminer laborieusement pour le découvrir.

LES TROIS QUESTIONS QUI COMPTENT

Aujourd'hui, vous pouvez mener une vie spirituelle en réfléchissant aux trois questions qui comptent. Le plus efficace sera probablement d'en choisir une seule. Laissez votre attention se diriger vers les problématiques qui vous questionnent personnellement.

QU'EST-CE QUE JE FAIS DE BIEN ?

- Tout ce qui vous permet de ressentir une présence spirituelle en vous est une bonne chose. En entrant en mode méditatif, vous ouvrez un canal à travers lequel toutes les valeurs spirituelles peuvent librement s'exprimer.

- Il est bon d'accepter que chaque personne ait le même moi véritable, ce qui signifie que nul n'est dénué du potentiel d'exprimer les valeurs supérieures que sont l'amour, la compassion et le pardon. Des aperçus de la conscience sont donnés à tout un chacun, même s'ils ne sont pas appréciés à leur juste valeur.
- Prenez pour habitude de remarquer et d'apprécier le moindre aperçu de votre moi véritable. Envisagez même d'interrompre ce que vous faites pour vous dire : « C'est ce que je suis vraiment. »
- Il est bon de ne pas définir les autres en fonction de leur comportement, de leur humeur, de leurs habitudes et de leurs faiblesses. Car tout le monde est coupé de son moi supérieur et en souffre. Soyez reconnaissant d'être en train de guérir de votre séparation, sans juger les autres.
- Agissez avec votre cœur autant que possible. C'est le moyen le plus sûr de renouer avec votre moi véritable. Le cœur guérit les blessures et encourage l'acceptation, ce dont nous avons tous besoin.

QU'EST-CE QUI N'EST PAS BON POUR MOI ?

- Tout ce qui vous donne le sentiment d'être isolé, seul et insignifiant n'est pas bon pour vous.
- Il est vain d'essayer d'être spirituel. Car ce n'est pas un substitut au moi véritable, qui est spirituel par nature.
- Il est vain de faire en sorte que quelqu'un d'autre se sente indigne. Car vous niez que cette personne ait un moi véritable. Soyez patient et indulgent dès que possible. Cela vous sera d'autant plus facile si vous n'oubliez jamais que vous-même n'avez pas une reliance parfaite avec votre moi véritable. Tout le monde est prêt pour la guérison.
- Il n'est pas bon de vénérer un Dieu sans pitié, vengeur et intolérant. Dieu est destiné à être un modèle pour l'humanité ; sans la grâce et la miséricorde, ce monde serait un enfer.
- Si vous perdez la foi et ne croyez plus à votre importance, vous vous coupez de votre moi véritable. En réalité, vous êtes infiniment précieux ; vous avez seulement besoin de retrouver cette vérité et de la ressentir. Avoir confiance en votre valeur spirituelle est l'un des meilleurs usages de la foi.

QUELLE EST LA PROCHAINE ÉTAPE ?

- Votre priorité absolue : faire plus ce que vous faites déjà bien. Et faire moins ce qui n'est pas bon pour vous.
- Identifiez-vous à ce qu'il y a de plus beau en vous. Rejetez les pensées avilissantes. Quand vous avez ce genre de pensée, dites-lui : « Je n'ai pas besoin de toi. Ce n'est pas ce que je suis vraiment. »
- L'humilité est une qualité spirituelle, contrairement à l'attitude qui consiste à se rabaisser. Cette dernière est un signe que vous vous jugez. Assurez-vous de ne jamais réagir au moindre commentaire ou à la moindre plaisanterie qui vous rabaisse ou qui entache votre dignité. Sachez que vous êtes au-dessus des critiques et de l'approbation d'autrui.
- D'une manière qui vous semble accessible, faites en sorte que les autres se sentent aussi valorisés que vous l'êtes.

Votre prise de conscience du jour :

JOUR 7 : LA COMPLÉTUDE ET L'UNITÉ

VOTRE OBJECTIF : vivre dans la liberté totale et le bonheur complet

Principes du jour :

Votre moi véritable n'est jamais né et ne mourra jamais.

Étant éternel et illimité, vous êtes complet.

Il est suffisant d'être ici et maintenant. Il n'y a rien de plus à chercher une fois qu'on en a pris conscience.

La conscience pure est complète, et vous êtes la conscience pure.

Au-delà du bien et du mal, du jour et de la nuit, tous les opposés se dissolvent. Alors votre existence est pure félicité.

Dans la complétude, vous êtes libre, parce qu'il n'y a rien qui s'oppose à vous et rien à quoi vous pouvez vous opposer.

Il existe de nombreuses choses que vous pouvez vous efforcer d'obtenir dans votre vie ; la vie est remplie d'une multitude de réalisations à atteindre. Mais il y a une chose que vous ne pouvez vous efforcer d'être : la complétude. Car soit vous êtes complet, soit vous ne l'êtes pas. La complétude ne se mesure pas à vos actes passés ou à venir. C'est quelque chose dont on prend conscience. Cela revient à regarder un miroir spirituel et à voir le reflet de la vérité qui nous est renvoyé.

Tant que vous n'êtes pas pleinement éveillé, la complétude est difficile à concevoir. Nous avons tous été éduqués à vivre dans la séparation. Ainsi, nous scindons nos expériences en opposés, par exemple le bien et le mal, « vous » et « moi », sans compter toutes ces choses que nous aimons ou n'aimons pas. La personnalité égotique est constamment occupée à accepter telle chose et à rejeter telle autre. Il semble n'y avoir d'autre choix que de définir l'ego comme un méli-mélo de tout ce que nous acceptons ou rejetons. Tant que nous nous identifierons à la personnalité égotique, à n'en pas douter, nous continuerons à la graver dans le marbre.

Mais il existe une autre possibilité, que l'on peut décrire simplement de la manière suivante : « Tout est bien ainsi. » Derrière ces quatre mots, la liberté. Car si tout est bien ainsi, il peut y avoir une fin au combat, à la résistance, à la peur et à la limitation. Ces aspects n'existent que parce que la personnalité égotique considère que certaines choses ne sont *pas* bien. Tant que l'on s'identifie à l'ego, il est impossible que tout soit bien et puisque nous faisons tous cela, il est presque impossible, ou tout du moins déroutant, d'avoir un point de vue différent.

Le principe « tout est bien ainsi » décrit l'état naturel d'un corps en bonne santé. Car chaque cellule est coordonnée avec toutes les autres. Et tous les processus internes fusionnent en un seul. Alors pourquoi est-il si difficile de traduire cette complétude dans le reste de notre vie ? Ce n'est pas en critiquant la nature humaine ou l'état déplorable du monde que l'on trouvera la réponse. Tous deux reflètent un état de conscience traduisant seulement la séparation. Si le monde est dominé par l'affrontement des opposés, c'est parce que nous-mêmes fonctionnons de la sorte dans nos vies.

J'ai conscience qu'instinctivement, le lecteur réagira peut-être en entendant que tout est bien ainsi, parce que nous sommes tous conditionnés à nous en sortir du mieux possible dans l'état de séparation. Quand nous voyons des choses négatives, nous voulons les améliorer. Et quand nous voyons des choses positives, nous voulons les renforcer. Il semble tout à fait normal de procéder ainsi, mais la dynamique de l'éveil est différente et nécessite un changement interne.

La complétude est aussi naturelle pour le mental que pour le corps, car tous deux ne font qu'un. Quand l'un ou l'autre aspect du corps-mental est déséquilibré, il retourne à la complétude de lui-même. Ce processus prend du temps, parce que certains déséquilibres sont figés, tandis que le processus de retour à la complétude est toujours à l'œuvre. Il n'y a que la personnalité égotique qui puisse faire empirer les déséquilibres, voire les rendre permanents.

Les caractéristiques principales de la complétude existent en vous en cet instant même. Vous avez des aperçus de la complétude dans les moments de liberté, de calme, de sérénité et de félicité. Cette dernière se démarque, les autres signes étant passifs. Le calme et la sérénité correspondent à l'absence de perturbation. En revanche, la félicité est une expérience vibrante. Sa joie et son extase ne trompent pas. Même si nous sommes reconnaissants d'avoir vécu une expérience de félicité, le but véritable est d'atteindre un bonheur permanent, immuable. Votre moi véritable le ressent déjà et à mesure que vous deviendrez plus conscient, vous fusionnerez avec votre moi véritable et ressentirez que la félicité est constante, et qu'elle ne peut donc vous être retirée.

LES TROIS QUESTIONS QUI COMPTENT

Aujourd'hui, vous pouvez vivre dans la félicité en réfléchissant aux trois questions qui comptent. Le plus efficace sera probablement d'en choisir une seule. Laissez votre attention se diriger vers les problématiques qui vous questionnent personnellement.

QU'EST-CE QUE JE FAIS DE BIEN ?

- Tout ce qui crée la félicité en vous est juste. Le fait d'entrer en mode méditatif rend cela possible autant qu'on le souhaite. Vous pouvez déclencher l'expérience de la félicité simplement en restant assis calmement à vous remémorer les moments de ravissement et de joie que vous avez vécus par le passé. Dans ces moments-là, vous induisez ce que les psychologues appellent un « bonheur sans cause », c'est-à-dire que c'est vous-même qui déclenchez cette grande joie, sans intervention du monde extérieur. Mais à votre insu, il en a toujours été ainsi. Car la félicité apparaît dans la conscience, et nulle part ailleurs.
- Pour être dans la félicité, vous ne devez avoir aucun conflit intérieur, c'est-à-dire ni doute vous concernant, ni sentiments partagés, ni envie de résister, ni subir de résistance d'autrui, ni alimenter de vieilles rancœurs. Soyez conscient de tout moment où l'un de ces signes apparaît et ayez

l'intention de les faire disparaître. Ne nourrissez pas ces sentiments. Cessez d'être rancunier.

- Prenez pour habitude d'être ouvert. La complétude ne met pas de barrière et n'est pas dans le rejet, tout comme votre moi véritable.
- Inventez votre manière d'être à l'écoute de votre joie. La voie de la complétude suit ce même chemin. Chaque jour, voire idéalement plusieurs fois par jour, prenez le temps de renouveler votre sentiment de joie.

QU'EST-CE QUI N'EST PAS BON POUR MOI ?

- Tout ce qui crée des conflits intérieurs n'est pas bon pour vous.
- Vous incitez au conflit en vous opposant aux autres.
- Vous serez entouré de conflits si vous croyez que le monde est contre vous.
- Croire que le bonheur est réservé à autrui est inefficace. Le bonheur est le résultat naturel du sentiment que les choses vont bien. La cause première de votre malheur est le fait que vous vous jugez.
- Accepter l'amertume et la douceur est généralement signe que vous vous attendez tout autant à ce que les choses aillent bien qu'à ce qu'elles aillent mal. Dans votre moi

véritable, il n'y a pas d'amertume, car cette dernière naît des regrets et des rancœurs du passé. Le fait que la nature véritable de la conscience est extatique doit être gardé à l'esprit, même en cas de difficultés. Ce n'est pas parce qu'une pomme est gâtée qu'il faut jeter toute la récolte.

QUELLE EST LA PROCHAINE ÉTAPE ?

- Votre priorité absolue : faire plus ce que vous faites déjà bien. Et faire moins ce qui n'est pas bon pour vous.
- Définissez un objectif aussi élevé que possible, passant par la liberté et la félicité. Célébrez chaque moment où vous transcendez une limitation que vous vous imposez.
- Faites de votre mieux pour aborder les situations en évitant d'imaginer des vainqueurs et des perdants, une opposition entre vous et autrui ou toute autre forme de séparation. En effet, toutes les séparations naissent et meurent en vous.
- Plongez-vous dans toute littérature inspirante du monde qui exprime l'extase et la liberté. Rien de tel pour renforcer votre joie chaque fois que vous le souhaitez.

Votre prise de conscience du jour :

FAIRE VIBRER LE SILENCE

52 mantras

Vous trouverez dans cette partie du livre 52 mantras pouvant être utilisés sous forme de cours annuel de méditation des mantras ou pouvant être choisis un par un, spontanément, pour enrichir votre vie intérieure. Pour commencer, intéressons-nous à l'importance des mantras.

Quel est le meilleur moyen de faire usage du silence ? Cette question s'est posée il y a des milliers d'années quand on a découvert l'existence du silence mental. Comme je l'ai préalablement mentionné : soit le silence est utile, soit il ne l'est pas. En soi, il n'a pas de valeur particulière. C'est simplement que le mental a interrompu son activité incessante. Mais une fois qu'on a jadis remarqué l'existence du silence, une deuxième découverte a été faite : il n'est pas qu'une simple inactivité. En réalité, il s'agit d'un état de conscience supérieur dans lequel des opportunités créatives spéciales se présentent à nous.

En effet, on peut tout créer à partir de la « substance » invisible du silence. Vous vous servez déjà de cette faculté, puisque tout au long de votre vie vous avez créé une multitude de pensées et de sentiments. Chaque idée, qu'elle soit triviale ou bouleversante, émerge du silence. Naturellement, on a envie que ce soit le meilleur qui en jaillisse. Plus vos pensées seront créatives et bénéfiques, mieux vous vous sentirez.

Toute une science vibratoire (connue en sanskrit sous le nom de *shabda*) est née spécifiquement en Inde pour tirer parti de ce silence. La caractéristique centrale de cette science est le mantra, un mot utilisé en méditation pour son importance vibratoire. En l'occurrence, le mot « vibration » ne fait pas référence aux vibrations sonores qui parviennent à l'oreille. Ce terme est beaucoup plus proche de la physique quantique, qui réduit toutes les formes de matière et d'énergie à des vibrations ou à des ondes dans le champ quantique. Avant qu'un chat soit un chat, il est constitué d'atomes. Ces atomes sont eux-mêmes composés de particules subatomiques, qui disparaissent dans le champ quantique et deviennent des ondes ou des vibrations invisibles.

De là, on constate que les vibrations sont créatives et le but d'un mantra est de créer dans le silence les grandes valeurs de la conscience que sont l'amour, la sérénité, la compassion, l'empathie, la créativité et bien d'autres. En faisant vibrer le silence, le mantra enrichit la vie intérieure d'une personne, ce qui a de nombreuses conséquences sur sa vie extérieure.

COMMENT UTILISER LES MANTRAS

Chaque mantra est proposé sous deux formes : sous forme de son mental en sanskrit et à répéter en silence, et sous forme d'affirmation traduisant l'effet du mantra. Certains mantras sont simples, par exemple *Om*, qui est facile à répéter silencieusement, tandis que d'autres peuvent faire quelques syllabes ou plus. Si les mantras plus longs vous semblent plus difficiles à mémoriser, sentez-vous libre d'utiliser à la place l'affirmation lui correspondant.

Dans la mesure où 52 mantras vous sont proposés, vous pouvez les pratiquer un par un, chacun pendant une semaine, tout au long de l'année. Mais certaines personnes préféreront choisir leur mantra aléatoirement et pratiquer le premier mantra sur lequel elles tombent.

Il est très simple d'utiliser un mantra :

1. Sélectionnez le mantra que vous voulez pratiquer.
2. Fermez les yeux et méditez sur ce mantra entre cinq et dix minutes. La prononciation correcte est donnée entre crochets.
3. Regardez l'affirmation qui accompagne le mantra et contemplez-la pour vous aligner sur les bienfaits du mantra.

Il n'est pas nécessaire de réciter intérieurement le mantra pour créer un rythme. Dites-le simplement chaque fois que vous remarquez qu'il n'est plus là. N'essayez pas de le répéter autant que possible, c'est inefficace.

Toute la pratique doit se faire dans la détente et la facilité. Laissez le mantra agir comme tout autre mot qui vous vient à l'esprit : laissez-le pénétrer dans votre conscience et en ressortir librement. Tant que vous êtes à l'aise, c'est le signe que ce sera efficace. Il n'y a pas de mauvaise manière de pratiquer la méditation des mantras.

POUR ALLER PLUS LOIN

Les mantras sont des sons sanskrits fondamentaux qui contiennent une énergie et une intention, celle de favoriser l'évolution spirituelle. Ce sont des techniques d'éveil qui soutiennent le processus naturel de la transformation spirituelle. C'est l'intelligence intrinsèque de la conscience pure qui est à l'œuvre. Comme vous l'avez appris dans ce livre, votre mental veut naturellement retourner à sa source, dans la conscience silencieuse et illimitée. La méditation des mantras est un bon moyen d'utiliser le temps que vous consacrez au mode méditatif.

Vous avez probablement entendu parler de la possibilité de recevoir un mantra personnel. En réalité, il existe des milliers de mantras, mais il est pratique de commencer par ces mantras germes, ou *bija mantras*, personnalisés. En sanskrit, le mot *bija* signifie germe, ou graine. Les mantras germes correspondent aux vibrations les plus fondamentales, aux sons primordiaux de la conscience pure. Ils existent et agissent à un niveau bien plus fondamental que la pensée, ou même l'émotion.

Les sons primordiaux étant considérés comme les vibrations fondamentales de la conscience, qui existaient avant l'apparition du langage, les mantras germes ne correspondent à rien de ce que nous connaissons : ils n'ont pas de sens distinct. Il s'agit plutôt de fréquences fondamentales de la conscience, associées à un son sur lequel on peut méditer d'une manière très pure. C'est pour cette raison que je commence par des mantras germes. Ils alignent la vie du pratiquant sur l'impulsion créative et l'intelligence de la conscience.

Les mantras qui suivront auront des applications plus spécifiques qui seront chaque fois expliquées. Parmi toutes les pratiques méditatives, c'est la méditation des mantras qui a fait l'objet des recherches les plus poussées. On sait désormais très bien qu'ils réduisent l'anxiété et la tension artérielle, qu'ils permettent de gérer efficacement le stress et qu'ils ont d'autres bienfaits au niveau du corps-mental. Je vous encourage donc à pratiquer ces mantras, car, parmi toutes les techniques proposées dans le cadre de la méditation de la complétude, ils sont très prometteurs. Si vous trouvez un des mantras trop difficile à prononcer, méditez sur la pensée de centrage.

1. OM

[om]

La conscience pure est la source de la création.

Ce mantra germe n'a pas de sens spécifique. Il est associé à l'existence universelle, qui s'exprime par la vibration primordiale *Om*. C'est le son, ou la vibration de la conscience, à travers lequel tout processus créatif se fait.

2. HRIM

[hrim]

Je suis la vérité et la joie.

Ce mantra germe désigne l'énergie de la conscience associée au cœur spirituel de l'individu. Il en émane une lumière porteuse de vérité, de force, d'amour, d'expansion et de bonheur.

3. KLIM

[klim]

Je suis la puissance de l'amour et l'accomplissement.

Ce mantra germe correspond au flot de la conscience qui, à jamais, crée, nourrit, régénère, revitalise, attire et enchante. On peut dire que c'est l'énergie qui réalise les désirs les plus profonds du cœur, non seulement l'aspiration à l'amour, mais également à la réalisation ultime : l'éveil.

4. SHRIM

[shrim]

Je suis la beauté, l'abondance et la joie.

Ce mantra germe correspond à l'énergie de la conscience pure manifestant l'abondance, la générosité bienveillante, le dévouement, l'appréciation, la beauté et le plaisir. C'est une énergie douce qui soutient la bienveillance dans la conscience humaine.

5. HUM

[houm]

Je suis la puissance de la transformation.

Ce mantra germe exprime la puissance transformatrice de la conscience. On le visualise sous la forme d'un feu spirituel, qui illumine et affirme ce qui est vrai et durable, tout en purifiant et en brûlant ce qui est faux, négatif et transitoire.

6. KRIM

[krim]

Je suis la force de l'évolution.

Ce mantra germe exprime la capacité d'organisation de la conscience. C'est l'énergie qui permet à chaque cellule de fonctionner, qui ordonne la pensée et qui unit le corps et le mental en un tout en évolution.

7. GAM

[gam]

Je suis la complétude et l'harmonie.

Ce mantra germe crée une expansion de conscience qui permet de surmonter les obstacles et d'atteindre le succès. Quand on est dans l'impasse, ce mantra crée une ouverture de conscience au niveau de la solution, c'est-à-dire au niveau du moi véritable.

8. AIM

[aïm]

Je suis la créativité et l'inspiration.

Ce mantra germe éveille la conscience intérieure qui crée le succès en matière de compréhension spirituelle, de prise de conscience et d'inspiration créative. Il aide en particulier les personnes qui sont dans les domaines de l'apprentissage, de l'enseignement, de la recherche, de l'art et de la musique.

9. DUM

[doum]

Je suis fort et intrépide.

Ce mantra germe soutient l'énergie maternelle de la protection, de l'encouragement, de la force et de l'émancipation. Il représente le moi véritable qui surmonte les difficultés et triomphe des résistances.

10. HAUM

[haom]

Je suis la conscience ouverte et illimitée.

Ce mantra germe affirme que votre nature essentielle n'est conditionnée, limitée ou définie par aucune expérience, qu'elle soit positive ou négative. Votre moi véritable demeure un champ des possibles illimité, à tout moment et en toutes circonstances.

11. AIM KLIM SAUH

[aïm klim so]

Mon cœur est comblé.

Ce mantra est une combinaison de sons qui permet de réaliser les désirs qui nous sont chers. En régénérant le cœur, il apporte également des solutions à des problématiques de longue date : le stress, l'anxiété, la douleur et le chagrin.

12. HRIM SHRIM KLIM

[hrim shrim klim]

Je suis la sagesse, l'amour et la générosité.

Ce mantra active l'énergie du cœur spirituel en réalisant nos désirs les plus profonds. Il fait appel à l'omniscience de la pure conscience.

13. OM HAUM JUM SAH

[om haom djoum sa]

La lumière de la sagesse et de la vérité me guérit et me remplit.

Ce mantra guérit le corps-mental et soulage la douleur et la souffrance. Il contribue à faire disparaître les émotions négatives que sont le chagrin et le désespoir. Il élimine également la peur du changement en aidant l'individu à prendre conscience de l'immuabilité du moi véritable.

14. OM HRIM SHRIM DUM

[om hrim shrim doum]

Je suis fort, intrépide et sage.

Ce mantra rassemble les sons qui donnent intérieurement les ressources nécessaires en matière de force, de courage et d'intelligence pour faire face à toute épreuve.

15. LAM

[lam]

Je suis serein et en sécurité.

Lam est le premier des six mantras qui agissent sur les centres énergétiques spirituels, ou chakras, que l'on visualise le long de la colonne vertébrale. Ce son germe bénéficie au premier chakra, situé à la base de la colonne vertébrale, et qui nous relie à notre source de stabilité et de sécurité dans la vie. Il nous ancre dans la sécurité de la terre, qui représente l'existence physique.

16. VAM

[vam]

Je suis complet et satisfait.

Ce son germe travaille sur le deuxième chakra, situé dans le bassin. Le deuxième chakra est le centre énergétique associé à la créativité, la sexualité, le désir et le plaisir.

17. RAM

[ram]

Je suis la confiance et la force.

Ce mantra est le son germe du troisième chakra, situé dans la zone du plexus solaire. Il nous relie à notre source de force et d'estime de soi. C'est au niveau du moi véritable que l'on trouve la confiance et l'assurance.

18. YAM

[yam]

Je suis l'amour et la joie.

Ce son germe agit sur le quatrième chakra, celui du cœur, qui est l'espace dédié aux sentiments et aux émotions. Quand vous êtes dans l'instant présent, le chakra du cœur est ouvert à l'amour et à la joie.

19. HAM

[ham]

Je suis l'expression de la vérité.

Ce son germe agit sur le cinquième chakra, ou chakra de la gorge, centre énergétique dédié à la parole et à l'expression de soi.

Quand ce chakra est ouvert, votre vérité s'exprime clairement et complètement dans tout ce que vous dites et pensez. Vous êtes relié à la vérité éternelle de votre moi véritable.

20. KSHAM

[ksham]

Je suis la lumière de la connaissance pure.

Ce mantra agit sur le sixième chakra, qui se situe entre les sourcils. Il vous relie à la connaissance infinie de la conscience pure. Quand ce centre énergétique est activé, vos pensées, sentiments et actions sont guidés depuis l'intérieur dans la fluidité et l'aisance.

21. PRAJNANAM BRAHMA

[pra-guia-nam brah-ma]

La conscience est la complétude de la vie.

Ce mantra plus long a un sens. On considère que c'est l'une des grandes vérités de l'existence. En l'occurrence, cette grande vérité est que tout est conscience. En sanskrit, tout est Brahman, l'Un et le Tout. Brahman est la réalité ultime. C'est votre source et c'est la source de la Création. C'est le champ de la pure conscience.

22. AYAM ATMA BRAHMA

[ayam at-ma brah-ma]

Ma nature essentielle est Brahman.

Ce mantra déclare que l'âme de chaque personne est unie à toute la Création, ou à Brahman. Votre âme, ou Atman, est sur le plan spirituel la partie la plus intime de votre être. Même si énormément de personnes vivent dans la séparation dans le monde, chaque âme est en réalité l'expression de la complétude. Cela donne à chacun une valeur spirituelle égale, c'est-à-dire infinie.

23. TAT TVAM ASI

[tat tvam assi]

Je vois la conscience pure en tout et tous.

Ce mantra signifie « vous êtes Cela », en référence à notre essence spirituelle. Et nous partageons tous la même essence, qu'on l'appelle « moi véritable », « conscience pure » ou « être ». Le son de ce mantra renforce votre aptitude à voir l'être et l'essence de la même manière chez tout le monde. Cela s'accompagne d'une absence totale de jugement, et de la reconnaissance qu'en tout un chacun il existe une félicité illimitée au niveau du moi véritable.

24. AHAM BRAHMASMI

[ah-am brah-masse-mi]

Je suis Brahman.

Ce mantra signifie que le moi véritable englobe toute la Création, ou Brahman. Par cette déclaration, vous affirmez votre complétude spirituelle. Vous vous délectez de la lumière de la conscience pure, qui est votre essence.

25. EKAM EVA DVITIYAM BRAHMA

[é-kam é-va dvi-ti-yam brah-ma]

Brahman est l'unité, sans séparation.

Ce mantra signifie littéralement que Brahman est la seule et unique réalité. Vous l'êtes donc vous aussi. Même si vous vous sentez séparé, seul ou isolé, la complétude ne vous a jamais perdu de vue. La conscience pure attend de vous soutenir en tout. Et rien n'a plus de pouvoir que la conscience pure.

26. SO HAM

[so ham]

Je suis.

Ce mantra est tellement simple qu'il est difficile de saisir toute sa portée. « Je suis » signifie que votre moi véritable existe. Il n'a jamais été inexistant. Et il ne cessera jamais d'exister. Ainsi, quand vous affirmez « je suis », vous n'exprimez rien de moins que votre être immortel et éternel.

27. SARVAM KHALVIDAM BRAHMA

[sar-vam kal-vi-dam brah-ma]

En vérité, tout cela est Brahman.

Ce mantra souligne que toutes nos expériences, toutes nos pensées et tous nos sentiments, tout cela est l'activité de la conscience pure. Nous y sommes éternellement reliés. Du point de vue du moi véritable, la diversité de la Création ne peut dissimuler le fait que tout (Brahman) provient de la même source. La conscience pure est la matrice de la Création.

28. SAT CHIT EKAM BRAHMA

[sate chite é-kam brah-ma]

La réalité est une et complète.

Ce mantra affirme que la réalité est complète. Elle n'est pas séparée en expériences intérieures et extérieures. Soyez donc rassuré, vous n'êtes pas séparé et vous êtes connu. Vous faites partie du tout et votre vie est le fruit de l'existence éternelle.

29. OM TAT SAT

[om tat sat]

La conscience est le véhicule de la vérité éternelle.

Ce mantra est l'affirmation de la Vérité avec un V majuscule. Pour accéder à cette Vérité, il vous suffit d'être conscient. Car votre moi véritable, qui est pleinement conscient, ne connaît que la vérité. Puisque vous existez ici et maintenant, vous êtes le véhicule de la vérité éternelle. Votre vie est l'affirmation de la vérité et à mesure que vous devenez plus conscient, votre vérité devient plus forte et plus puissante.

30. SATYAM SHIVAM SUNDARAM

[sa-ti-am shi-vam soune-da-ram]

L'existence pure est bienveillance et beauté.

Ce mantra affirme que la conscience est la source de tout ce qui est bon, vrai et beau. Ces valeurs précieuses sont des dons en provenance de votre quintessence. Votre moi véritable considère que votre vie est l'expression continue de la beauté et de la vérité. Quand vous êtes éveillé, vous restez constamment dans cet état.

31. OM GAM GANESHAYA NAMAHA

[om gam ga-né-sha-ya na-ma-ha]

Je fais appel à l'intelligence infinie de la conscience.

Ce mantra sollicite le soutien de la conscience dans votre vie. Celle-ci abonde sous la forme de l'intelligence créative de la conscience pure. Votre moi véritable a été créé pour exprimer tous les dons que la conscience a à offrir. Ici, ce don est l'intelligence, qui permet de tout savoir et de tout résoudre.

32. OM SHARAVANA BHAVAYA

[om cha-ra-va-na ba-va-ya]

Je fais appel à la lumière de la transformation.

Vous êtes entouré par le changement et ce mantra fait justement appel à la transformation personnelle. C'est dans l'écart qui sépare l'ego du moi véritable que les tendances négatives apparaissent. La conscience pure peut les transformer du tout au tout. Ce mantra invoque la puissance de la conscience et lui demande d'accomplir tous les changements.

33. OM DUM DURGAYE NAMAHA

[om doum dour-ga-yé na-ma-ha]

Je fais appel à la puissance bienveillante et protectrice de mon moi véritable.

Ce mantra aide à se sentir intérieurement en sécurité. Par nature, l'ego est totalement différent du moi véritable. Le premier se sent insécurisé, en danger et est sur la défensive. Par opposition, le second étant dans la sécurité totale, il veille sur vous et vous protège. Lui seul peut vous donner le sentiment d'être parfaitement en sécurité.

34. OM TARE TUTTARE TURE SWAHA

[om ta-ré tou-ta-ré tou-ré soua-ha]

Je fais appel au soutien de tout ce qui est nécessaire dans ma vie.

Ce mantra vous aide à combler vos besoins grâce au soutien aimant de votre moi véritable. Quand l'ego a du mal à assouvir son méli-mélo de besoins, de souhaits, de désirs et de fantasmes, le moi véritable sait ce dont l'individu a besoin pour évoluer et grandir.

35. OM SAT CHIT ANANDA

[om sate chite a-nane-da]

Je fais appel à la conscience qui est dans la joie éternelle.

Ce mantra affirme que votre existence est la conscience extatique illimitée. Toute expérience heureuse vous donne un avant-goût de cette béatitude. Il n'y a pas de bonheur sans elle. Quand vous devenez conscient, la félicité émerge simplement et naturellement. Ainsi, trois éléments infinis s'associent : l'éternité, la conscience et la béatitude.

36. OM RAM RAMAYA SWAHA

[om ram ra-ma-ya swa-ha]

Je fais appel au pouvoir de guérison de la conscience.

Ce mantra active le pouvoir de guérison de la conscience. Les mécanismes de guérison font partie intégrante du corps humain et en méditation, on étend cette guérison au mental. La guérison fait partie du dessin de la conscience. Avec ce mantra, vous l'invitez à vous apporter une guérison physique, mentale et émotionnelle.

37. OM NAMO NARAYANAYA

[om na-mo na-ra-ya-na-ya]

Je fais appel à l'équilibre et à la complétude.

Ce mantra vous aligne sur l'aptitude de la conscience à équilibrer le corps et le mental. Vous retournez constamment à votre état naturel d'équilibre, mais certaines expériences peuvent créer des déséquilibres durables. Ce mantra demande à la conscience de trouver ces déséquilibres, quels qu'ils soient, et d'y remédier.

38. OM ARKAYA NAMAHA

[om ar-ka-ya na-ma-ha]

Je fais appel à la puissance que je suis.

Ce mantra aligne votre conscience sur la puissance infinie de la conscience pure. Étant complète, cette dernière n'a ni à se battre ni à se protéger. Son pouvoir est absolu. Grâce à ce mantra, vous faites appel à la puissance et à la force que seule la complétude peut apporter.

39. OM MANGALAYA NAMAHA

[om man-ga-la-ya na-ma-ha]

Je fais appel à l'énergie et à la passion.

La conscience est infiniment dynamique et elle déborde d'énergie. Ce mantra fait justement appel à l'énergie dans votre vie afin que vous puissiez la vivre avec passion. La passion va plus loin que l'émotion. Elle exprime le dynamisme infini de la conscience pure qui vous traverse.

40. OM AIM SARASWATIYE SWAHA

[om aïm sa-ra-swa-ti-yé swa-ha]

Je fais appel à la sagesse et à l'inspiration.

Ce mantra active votre sagesse intérieure. La sagesse n'est pas seulement la connaissance ou l'expérience. Elle incarne la vérité, qui s'applique aux situations de la vie quotidienne, et part des profondeurs de votre être, c'est-à-dire de votre moi véritable. Avec ce mantra, vous lui demandez de vous apporter les bienfaits de sa sagesse.

41. OM SHRIM MAHA LAKSHMIYE NAMAHA

[om shrim ma-ha lak-ch-mi-yé na-ma-ha]

Je fais appel à l'abondance et à la prospérité.

Ce mantra traite de la plénitude de la vie. La conscience est à tous points de vue abondante et votre moi véritable vous relie à l'abondance infinie de la conscience pure. Dans votre moi véritable, il n'y a aucun sentiment de manque. Grâce à ce mantra, vous vous alignez sur ce point de vue et triomphez de tout sentiment de manque dans votre vie.

42. OM HRAUM MITRAYA NAMAHA

[om ra-om mi-tra-ya na-ma-ha]

Je me relie à toute la vie.

La révérence à l'égard de la vie est une valeur spirituelle éternelle. Ce mantra fait appel à l'énergie qui soutient la vie où qu'elle émerge. Vous faites partie intégrante de la trame de la vie, qui vous apporte son amour et son soutien. De même que la conscience pure vous soutient avec bienveillance, vous-même pouvez offrir ce soutien à la vie tout autour de vous.

43. OM GAM GURUBHYO NAMAHA

[om gam gou-rou-bio na-ma-ha]

J'invite la lumière spirituelle à venir dans mon cœur.

Ce mantra éclaire le chemin de l'éveil. Il existe une incroyable légèreté lumineuse dans votre être. Quand elle illumine votre cœur, vous avancez avec joie et optimisme sur votre chemin. Alors, vous vous épanouissez en cheminant. Il n'est donc pas nécessaire d'attendre l'objectif final, c'est-à-dire l'éveil total. Car, à tout moment du processus, la lumière et la vie sont là.

44. OM SHRIM SHRIYE NAMAHA

[om ch-rim ch-ri-yé na-ma-ha]

J'ouvre ma conscience à la réalisation totale.

Ce mantra fait appel à la réalisation intérieure complète. L'ego ne peut connaître de tels sommets, ni vous y conduire. Grâce à ce mantra, vous renforcez les attributs que sont le succès, l'abondance, la beauté, l'amour et la grâce dans chaque aspect de votre vie. Ainsi, vous apprenez que la réalisation totale n'est pas un objectif lointain, mais qu'elle est la nature même de votre moi véritable.

45. ARUL KARUNAI DAYA

[a-roul ka-rou-naï da-ya]

Je fais appel à la bienveillance et à l'empathie.

Ce mantra crée un espace de compassion et d'acceptation dans votre cœur. À mesure que la compassion y grandit, votre vie devient plus facile, plus appréciable et elle baigne dans la grâce et la bienveillance.

46. OM NAMA SHIVAYA

[om na-ma chi-va-ya]

Je fais appel au silence pur et à la transcendance.

La vie spirituelle transcende la vie quotidienne en l'ouvrant au silence pur, à la paix et à l'êtreté. La transcendance fait partie de tout chemin spirituel. Ce qui nous attire et nous motive est la paix qui dépasse l'entendement et qui existe dans les profondeurs de notre être. Ce mantra vous aide à approfondir votre silence intérieur afin que la transcendance devienne naturelle.

47. SIDDHO HAM

[si-do ham]

Je suis éveillé.

Ce mantra affirme que la conscience présente est toujours parfaite, ouverte, complète et dans l'acceptation. Rien ne manque dans votre être. Elle clame aussi que vous êtes complet tel que vous êtes, en ce moment même. C'est cette vérité qui vous donne votre importance et votre place nécessaire au sein de l'univers.

48. NARASIMHA TAVADA SO HAM

[na-ra-si-ma ta-va-da so ham]

Je suis la conscience invincible.

La conscience transcende toute négativité en ce qu'il y a de plus élevé. Ce mantra active cet aspect de notre conscience qui peut tout transmuter, y compris le problème le plus insoluble, pour parvenir à des solutions et, en fin de compte, à une évolution utile.

49. SHRI DHANVANTRE NAMAHA

[ch-ri dane-vane-tré na-ma-ha]

Je demande la guérison des blessures du passé.

Ce mantra aide à guérir les blessures et traumatismes du passé. Ces blessures sont trop profondes pour que l'ego puisse y accéder.

Car il a peur de revivre la douleur du passé. Mais le moi véritable guérit sans souffrance. Il n'y a rien à explorer ni rien à quoi penser. La puissance de guérison de la conscience œuvre en silence, avec un soin infini.

50. SHIVO HAM

[chi-vo ham]

Dans ma nature essentielle, je suis divin.

Ce mantra signifie « je suis divin » ; mais le « je » en question ne fait pas référence à l'ego. C'est votre moi véritable, qui est entièrement spirituel. En vous alignant sur le divin en vous, vous vous rapprochez de plus en plus de votre être éternel. Vous prenez alors conscience de ce que vous êtes vraiment. Il n'y a alors plus de séparation entre la matière et le divin.

51. AHAM PREMA

[a-ham pré-ma]

Je suis amour.

Ce mantra fait jaillir un nouvel aspect de votre identité véritable : vous êtes amour. Sachant cela, vous n'avez plus besoin de chercher l'amour. Car il fait partie de votre véritable nature. L'amour que vous recevez de l'extérieur est un reflet de votre amour. Plus vous avez conscience d'être amour, plus vous voyez l'amour éternel s'exprimer en tout.

52. OM SHANTI OM

[om chane-ti om]

J'irradie la paix.

Shanti est le son qui renvoie à la paix sous toutes ses facettes : la paix du mental, la paix dans le monde, la paix dans l'existence. Ce mantra calme le corps émotionnel et apaise le cœur. Il a pour effet de tranquilliser tout sentiment d'agitation et de conflit. En répétant intérieurement *Om Shanti Om* pendant votre méditation, vous affirmez en toute sérénité que la paix universelle est votre nature essentielle.

ÉPILOGUE

La méditation de la maîtrise

Il existe de nombreuses manières de décrire l'état d'éveil complet. Par exemple, on dit que l'individu se dissout telle une goutte dans l'océan infini ou qu'il irradie la lumière de la vie. Alors, dans toutes les directions, vous ne voyez que l'infini. Ces descriptions sont inspirantes, mais elles présentent un inconvénient majeur. Elles tentent d'exprimer l'inexprimable. Ce livre s'est fondé sur la notion selon laquelle le mental est naturellement capable d'entrer en méditation. Il m'a semblé que d'autres livres sur la méditation passaient à côté de ce fait simple et, pourtant, très profond.

Il est important d'avoir une vision de votre objectif. Sinon vous ne pouvez l'atteindre. Si le but de la méditation de la complétude est d'atteindre l'éveil total, ici et maintenant, définitivement, nous est-il possible de l'imaginer, de le visualiser ? Je crois que oui, grâce à une dernière méditation. C'est une méditation de la maîtrise incluant toutes les autres méditations. En la pratiquant, vous ne disparaissez pas dans l'océan de la conscience, bien au contraire. Votre expérience est très clairement que vous êtes présent partout, en cet instant même.

À l'inverse des autres méditations proposées dans ce livre, la méditation de la maîtrise comporte plus d'une étape, puisqu'il y en a sept au total. Il vous faudra donc entre cinq et dix minutes pour la faire.

LA MÉDITATION DE LA MAÎTRISE

ÉTAPE 1 : « JE SUIS PRÉSENT DANS TOUT CE QUE JE VOIS. »

Asseyez-vous au calme, fermez les yeux et recentrez-vous. Prenez cinq minutes pour méditer sur le mantra suivant : *Aham.*

Une fois que vous êtes serein, ouvrez les yeux, en restant intériorisé. Laissez votre regard se poser sur votre environnement sans être attentif à un objet en particulier.

Dites-vous : « Je suis présent dans tout ce que je vois. Sans moi, il n'y a rien à voir. »

ÉTAPE 2 : « JE SUIS PRÉSENT DANS TOUT CE QUE J'ENTENDS. »

Fermez les yeux et restez centré. Maintenant, portez pendant quelques instants votre attention sur les sons de votre environnement.

Dites-vous : « Je suis présent dans tout ce que j'entends. Sans moi, il n'y a rien à entendre. »

ÉTAPE 3 : « JE SUIS PRÉSENT DANS TOUT CE QUE JE TOUCHE. »

Les yeux toujours fermés, restez centré. Maintenant, laissez vos doigts toucher légèrement votre peau, vos vêtements et tout objet à proximité, par exemple le siège sur lequel vous êtes installé.

Dites-vous : « Je suis présent dans tout ce que je touche. Sans moi, il n'y a rien de tangible. »

ÉTAPE 4 : « JE SUIS PRÉSENT DANS TOUT CE QUE JE GOÛTE. »

Les yeux toujours fermés, restez centré. Maintenant, portez votre attention sur les goûts dans votre bouche. Mentalement, visualisez un citron que l'on coupe en deux à l'aide d'un couteau et les gouttes de jus qui en giclent. Goûtez à l'aigreur du citron.

Dites-vous : « Je suis présent dans tout ce que je goûte. Sans moi, rien n'a de goût. »

ÉTAPE 5 : « JE SUIS PRÉSENT DANS TOUT CE QUE JE SENS. »

Les yeux toujours fermés, restez centré. Maintenant, sentez calmement les odeurs autour de vous, quelles qu'elles soient.

Dites-vous : « Je suis présent dans tout ce que je sens. Sans moi, rien n'a d'odeur. »

ÉTAPE 6 : « JE SUIS PRÉSENT DANS TOUT CE QUE JE PENSE. »

Les yeux toujours fermés, restez centré. Maintenant, laissez votre mental libre de faire ce qu'il veut pendant quelques instants, et de s'intéresser à tout sentiment, toute sensation, image ou pensée de son choix, quels qu'ils soient.

Dites-vous : « Je suis présent dans tout ce que je pense. Sans moi, le mental n'existe pas. »

ÉTAPE 7 : « JE SUIS PRÉSENT PARTOUT. »

Les yeux toujours fermés, restez centré pour la dernière étape. Placez votre attention au niveau du cœur. Voyez des ondes invisibles qui en partent, dans toutes les directions. Suivez-les aussi loin que possible, jusqu'à ce qu'elles s'estompent. Pendant quelques instants, visualisez qu'elles s'étendent encore plus loin dans toutes les directions. Il vous sera peut-être utile d'imaginer la surface immobile d'un étang. Une goutte de pluie tombe soudain à sa surface, ce qui crée des ondulations circulaires qui s'étendent à perte de vue, jusqu'à disparaître. Alors, l'étang est à nouveau parfaitement immobile.

Dites-vous : « Je suis présent partout. Sans moi, rien ne peut exister. »

Pour terminer cette méditation, restez dans la conscience de votre être, qui est silencieuse, immuable, illimitée et présente. C'est ce que vous êtes vraiment.

Une fois que vous aurez pratiqué cette méditation quelques fois, les choses deviendront simples. Mais qu'est-ce que cela signifie ? Le sens de cette méditation variera selon votre état de conscience. Le but est le même pour tout le monde : découvrir qui vous êtes vraiment. Cet exercice est bénéfique, car nous changeons constamment d'identité. Vous n'êtes plus un bébé, un nourrisson, un enfant, un adolescent, ni même un jeune adulte. Ces différents stades de votre vie ont défini votre ego en relation à votre histoire personnelle. Mais chaque phase était provisoire ; par conséquent, chaque identité était temporaire, même si l'ego aime à prétendre qu'il est permanent et qu'il définit ce que nous sommes.

Mais étant soumis au changement et à l'impermanence, l'ego ne peut vous dire vraiment qui vous êtes. Vous ne commencez à entrapercevoir la vérité que lorsque vous remarquez que quels que soient les changements que vous traversez dans votre vie, il y a quelque chose qui demeure constant. Rares sont les personnes qui font une pause dans leur vie trépidante pour remarquer ce compagnon silencieux. Il n'a rien à dire, parce qu'il existe, tout simplement. Il est votre être. Les seuls mots qui puissent le décrire sont : « Je suis. »

Ce « je suis » n'a l'air de rien. Il ne prend pas part à votre histoire personnelle. Il ne choisit pas telle expérience pour en rejeter telle autre. Il n'a pas de préférences. On ne s'attend pas à ce qu'il y ait un secret caché dans le « je suis ». Pourtant, tel est le cas. Grâce à lui, vous êtes présent partout. Comme vous avez pu le constater dans la méditation de la maîtrise.

Vous êtes présent dans tout ce que vous voyez. Essayez de voir quoi que ce soit sans être présent. C'est impossible. Vous ne pouvez même pas vous imaginer sans être présent. Essayez d'écouter un son sans être présent. Là encore, impossible. Vous avez exploré les cinq sens et le mental (qui renvoie dans la fable indienne aux six aveugles qui cherchent à définir l'éléphant qu'ils ont face à eux), et chacun vous montre que vous êtes présent dans chaque expérience.

La raison pour laquelle les hommes sont aveugles dans la fable est qu'à moins d'avoir une expérience complète, en l'occurrence une perception entière de l'éléphant, les cinq sens et le mental ne peuvent saisir la réalité. C'est là qu'intervient la septième étape. Les ondulations qui se répandent dans toutes les directions sont celles de la conscience. Ces dernières apparaissent et disparaissent, et c'est ainsi que la création jaillit dans toute sa richesse et sa magnificence. Quel que soit l'aspect de la réalité que les êtres humains sont capables de percevoir, vous êtes présent. Essayez d'imaginer l'inexistence. Essayez d'imaginer un moment avant votre naissance ou après votre mort.

Il vous sera impossible d'imaginer cela, parce que vous avez fusionné avec les éléments qui persistent éternellement. Même si le temps, l'espace, la matière et l'énergie existent depuis des milliards d'années, ce n'est pas un temps éternel. L'éternité se compose de deux aspects qui ne peuvent changer ni être anéantis : l'existence et la conscience. Ce que vous êtes vraiment, c'est le « je suis », qui exprime justement votre existence et votre conscience. Sans l'ombre d'un doute, *vous savez que vous êtes.*

La méditation de la maîtrise évolue avec vous. Par exemple, la plupart des gens trouveront facile dans la première étape de percevoir qu'ils sont présents dans tout ce qu'ils voient. Les photons, qui transportent la lumière, sont invisibles. En soi, la lumière n'est pas brillante. Elle n'a pas de couleur. Aussi, à moins que vous ne soyez présent dans tout ce que vous voyez, rien ne peut être vu. Il n'y a même pas de lumière, de couleur ou d'images dans le cerveau. Car ce n'est pas le cerveau qui voit, mais *vous*.

À mesure que vous vous éveillerez, cette vérité deviendra plus intime, personnelle et forte. Cela pourra créer des errances mentales. Quand vous vous dites « sans moi, il n'y a rien à voir », votre ego réagit forcément : « Ridicule ! Bien sûr que les étoiles sont visibles sans moi. Elles existaient déjà des milliards d'années avant ma naissance. » Mais la méditation permet de se jouer de l'ego. La prochaine fois que vous vous direz « sans moi, il n'y a rien à voir », il est possible que votre ego ne tombe pas dans la moquerie. Il pourra simplement hésiter et dire : « Hmm. »

C'est ainsi que l'ego progressera, non pas en ligne droite, mais en s'égarant de-ci de-là, apparemment. Car vous êtes confronté à des notions qui laissent l'ego perplexe, étant donné les limites, l'isolement et la séparation auxquels vous vous identifiez depuis votre naissance. Heureusement, l'éveil est réel. Grâce à lui, vous commencez à perdre la foi en le moi limité. Un jour viendra, peut-être très vite, ou peut-être plus tard, où vous vous direz : « Sans moi, il n'y a rien à voir », sans plus résister, hésiter, réfléchir, ou être dans la confusion et la distraction.

Vous serez pris d'émerveillement. Imaginez, tout ce temps pendant lequel vous avez cru être ce minuscule moi insignifiant en faisant tout votre possible pour vous sentir en sécurité, alors qu'en réalité vous étiez la quintessence de tout ce qui peut être vu. Même microscopique, vous êtes la conscience qui permet de voir. Même cosmique, vous êtes l'essence qui permet de voir. Dans un moment d'émerveillement, il tombe de vos yeux comme des écailles, le mental conditionné lâche prise et vous fusionnez silencieusement avec ce que vous êtes vraiment.

C'est l'apogée de l'expérience humaine. Elle existe depuis l'aube des temps. J'adore explorer les tenants et les aboutissants de la conscience, car il n'y a rien de plus fascinant que d'explorer le « je suis » et de se rendre compte que la moindre découverte est contenue à l'intérieur. Mais l'envie me vient tout particulièrement de m'émerveiller des mystiques et des poètes, qui ont l'art et la manière d'exprimer l'extase. Ils ont transcendé l'émerveillement et vivent dans la félicité de la création éternelle.

> « Ô Dieu,
> J'ai découvert l'amour !
> Comme il est merveilleux, bienveillant et beau !
> Je présente mes salutations
> À l'esprit passionné qui a créé et exalté tout cet univers
> et tout ce qu'il contient. »

Ce sont les paroles caractéristiques de Rûmî. Quand nous serons éveillés, nous parlerons tous comme lui. Il nous ouvre ainsi une fenêtre qui donne sur ce que nous sommes vraiment. Ce qui est miraculeux est que, bien qu'endormis, nous ressentons la vérité quand nous la rencontrons. Après tout, une création faite d'amour et de passion paraît très humaine. Et elle doit l'être, car nous sommes l'essence de la création et nous ne devons jamais l'oublier.

REMERCIEMENTS

Ce livre a été achevé pendant les mois sombres de la pandémie de Covid-19. Plus que jamais, j'éprouve de la gratitude à l'égard des personnes qui font désormais partie de ma famille élargie. J'ai un lien particulier de dévouement à l'égard de la Fondation Chopra et de Chopra Global, ma maison d'édition, et en particulier de mon éditeur de longue date, Gary Jansen, qui est remarquablement juste et ingénieux dans notre collaboration. Il y a aussi Carolyn Rangel, tout aussi remarquable dans son infatigable dévouement. De tout mon cœur, je vous remercie tous. Ma femme, Rita, et moi-même avons la bénédiction d'être entourés d'enfants et de petits-enfants qui demeurent pour nous aussi précieux que depuis le jour où ils sont venus au monde. Puissent ces liens encore se renforcer à mesure que le monde apprend à nouveau à se guérir.

À PROPOS DE L'AUTEUR

Deepak Chopra, qui a créé la Fondation Chopra, une organisation caritative destinée à la recherche sur le bien-être et l'humanitarisme, ainsi que Chopra Global, une société moderne spécialisée dans le domaine de la santé et au croisement de la science et de la spiritualité, est un pionnier mondialement réputé dans les domaines de la médecine intégrative et de la transformation personnelle. Le Dr Chopra est professeur à l'université de Californie à San Diego, où il enseigne la médecine familiale et la santé publique ; de plus, il officie en tant que scientifique référent au sein de la Gallup Organization. Il est l'auteur de 90 livres traduits en plus de 43 langues et comprenant de nombreux best-sellers. Le précédent, *Métahumain*, révèle des secrets qui permettent de transcender nos limitations actuelles et d'accéder à un infini champ des possibles. Le magazine *Time* a classé le Dr Chopra parmi « les 100 héros et icônes du siècle ».

Composition : Soft Office

Achevé d'imprimer en janvier 2021
sur les presses de la Nouvelle Imprimerie Laballery
58500 Clamecy
Dépôt légal : janvier 2021
Numéro d'impression : 101087

Imprimé en France

La Nouvelle Imprimerie Laballery est titulaire de la marque Imprim'Vert®